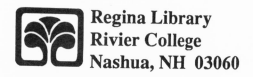

TEXTO Y CONTEXTOS

FILOLOGÍA
Director: FRANCISCO RICO

FRANCISCO RICO

TEXTO Y CONTEXTOS

Estudios sobre la poesía española del siglo XV

EDITORIAL CRÍTICA

BARCELONA

Diseño de la colección: Enric Satué
© 1990: Francisco Rico
© 1990 de la presente edición para España y América:
Editorial Crítica, S. A., Aragó, 385, 08013 Barcelona
ISBN: 84-7423-501-4
Depósito legal: B. 42.370-1990
Impreso en España
1990. - HUROPE, S.A., Recaredo, 2, 08005 Barcelona

PRÓLOGO

Presento aquí media docena de pequeñas contribuciones al conocimiento de la poesía española del siglo XV y a un cierto modo de entender el estudio de la literatura. Tres, que se llevan los dos tercios del libro, son nuevas e inéditas hasta ahora; las otras tres, viejas, casi antediluvianas, y publicadas en buena parte. Pero todas, ayer igual que hoy, comprueban que un texto no se deja explicar adecuadamente si no se contempla a la luz de los varios contextos —literarios y no literarios, en la sincronía y en la diacronía— en que por necesidad está inserto.

El crítico se deslumbra a veces con la ilusión de encerrarse en el poema como en un universo que se basta a sí mismo y que proporciona desde dentro la totalidad de las claves para descifrarlo. El historiador sabe que el texto no es comprensible sin contextos, ni aun existe sin ellos, porque tampoco existe sino en una lengua y en las coordenadas de una sociedad, sobre el fondo de unas tradiciones, con unos ideales artísticos, frente a un horizonte de géneros, en un sistema de valores... A un texto de otros tiempos, en particular, o lo restituimos a los contextos que le son propios, o bien, a conciencia o a ciegas, le imponemos los nuestros. Nihil est tertium.

En cualquier caso, los trabajos impresos a continuación nacieron siempre al observar que una determinada perspec-

tiva más amplia que 'la obra en sí' devolvía al texto un sentido que el simple análisis interno ni revelaba ni podía revelar. Confío, sin embargo, en que tampoco sean ajenos al punto de vista contrario y complementario y puedan dar unas cuantas muestras de que el texto se gobierna frecuentemente por leyes válidas asimismo para largos contextos, de modo que el pormenor de suyo apenas interesante en el uno contribuye a iluminar los otros, y con ellos hechos literarios de mayor relieve.

Si no me engaño en esas apreciaciones, tal vez el artículo femenino del subtítulo no carezca de pertinencia y el conjunto de los estudios anejos sugiera algunas ideas también sobre el conjunto de nuestra poesía del Cuatrocientos, por encima de cada una de las obras consideradas. En la mayoría de los manuales, como en muchos programas de estudio y hasta en bastantes memorias de oposiciones, la 'poesía española del siglo XV' tiende a reducirse a tres o cuatro obras maestras y a una sola dirección de la 'lírica de cancionero'. Es una simplificación injusta con la poderosa inspiración de la época y con la multitud de caminos, senderos y veredas que ensayó.

No recuerdo, así, que en ninguna historia de la literatura se abra capítulo sobre los romances distintivos del período (ni siquiera se lo dedica la espléndida monografía de Pierre Le Gentil, no digamos otras de menor envergadura), con suficiente noticia de las bodas que los enlazaron con los géneros eruditos y trovadorescos. No obstante, cuando la trayectoria de los motivos de Fontefrida nos conduce a un espacio y a un tiempo relativamente bien caracterizados, no sólo el texto gana lejos y sombras (como los gana toda obra anónima al entrevérsele por lo menos la silueta de un autor: porque unas palabras cariñosas no valen lo mismo en boca de una niña y en boca de una trotera, ni la elegancia de una labradora es igual a la de una condesa disfrazada de maja), sino que estamos asistien-

do a la aparición de uno de los fenómenos que han marcado un rumbo más nuevo y han tenido más consecuencias en todo el curso de la poesía española.

Fontefrida *se revuelve y se pierde a menudo en el saco sin fondo del romancero y de lo 'popular'.* A la Doctrina *de Pedro de Veragüe, en cambio, ha llegado a colársela entre los poemas doctos, anexionándola al «mester» de no se sabe qué «clerecía», y a emparejársela con una pieza tan personal como los* Proverbios *de Sem Tob, atribuyéndole un significado imposible en el marco del siglo XIV. Careada con el* Libre de bons amonestaments *a cuyo arrimo surge, en una confluencia entre literaturas peninsulares sumamente representativa de tantas otras de fecha cercana, y por ende restablecida en el Cuatrocientos, descubre más bien la desmaña del coplero vulgar, de la especie cuyos versos estaban destinados a correr en deleznables pliegos sueltos, para instrucción de los más ignorantes.*

La leyenda del Aristóteles español, sobre fascinante por sí misma, ayuda a definir el itinerario creativo e intelectual de Juan de Mena y el aire que respiran todos nuestros prerrenacentistas. Porque es demasiado corriente imaginarlo de una sola pieza, como tallado de una vez por todas (ahí está uno de los puntos menos sólidos en el magno libro de doña María Rosa Lida), pero Mena vacila, busca, da golpes de timón, en el Calamicleos *no es el mismo que en las* Coplas de los pecados mortales*, y la presencia o la ausencia de la tal leyenda es un buen testimonio de la evolución paralela de su poesía y de su cultura. En un proceso similar de inercias y progresos fue afianzándose el humanismo en España.*

A las endechas a la muerte de Guillén Peraza, uno de los plantos más hermosos de la Edad Media, se les ha prestado atención casi exclusivamente en el panorama de los géneros folclóricos, y bien está. Pero folclore no supone intemporalidad ni falta de vínculos con otros ámbitos.

Por ahí, diría yo, es experiencia singularmente instructiva atisbar al autor de esos versos prodigiosos traduciendo a un espíritu de lírica tradicional las pompas de Juan de Mena, los retruécanos cancioneriles y los loci classici *de la Biblia o el ritual eclesiástico.*

Cuando se averigua que las fiestas de Valladolid en 1428 tuvieron un brillo tan inusitado y tales implicaciones en la batalla por el poder, que permanecieron durante decenios en el recuerdo de los castellanos, se confirma que las estrofas más célebres de las Coplas *manriqueñas no son vaga y mecánica generalización de moralista sobre la fugacidad de todo esplendor, sino precisa referencia a sucesos históricos. Esa concreción acrece el tono melancólico de la pregunta por «el rey don Juan» y «los Infantes de Aragón», mas a la vez subraya las dimensiones políticas de todo el poema.*

Los géneros mínimos como los motes y las «invenciones y letras de justadores» yacen hoy enterrados en la sepultura del olvido, pero en los alrededores del 1500 (y aún bastante después) para muchos estaban cerca de ser la poesía por excelencia: poesía en imagen y en acción, poesía práctica, con un papel específico en la realidad social. El juego de palabras fundado en el doble sentido de pena *permite seguir la tenaz fortuna de unas formas literarias —la lírica cancioneril, la ficción caballeresca— que fueron también formas de vida, y luego, hasta los tiempos 'barrocos', de supervivencia, para la vieja nobleza de la Edad Media.*

*Tales me parecen algunos de los aspectos en que los concretos estudios del subtítulo hacen cierta justicia a la generalidad del título. Un título, por otra parte, con paralelos bien conocidos en George Steiner, T. van Dijk (*horresco referens!*), Daniel Devoto y qué sé yo cuántos más, pero cuya falta de originalidad quizá se deje disculpar si en él se lee en cifra la definición del objeto y el método de un arte admirable: la historia de la literatura.*

NOTA DE PROCEDENCIAS

Las tres contribuciones nuevas arriba aludidas llevan aquí los números 1, 4 y 6. La primera (1) debiera aparecer algún día, con unas cuantas variantes, en una miscelánea lisboeta en honor de Luciana Stegagno Picchio. La segunda (4), aligerada, fue discurso de clausura en el III Congreso de la Asociación Hispánica de Literatura Medieval (Salamanca, octubre de 1989), y Pedro M. Cátedra tiene prometido incluirla en las actas correspondientes. La tercera (6) recoge casi todos los datos aducidos en «Un penacho de penas. Sobre tres invenciones del *Cancionero general*», *Romanistisches Jahrbuch*, XVII (1966), pp. 274-284, pero les añade muchos otros, está enteramente reescrita y, sobre todo, difiere en la orientación y en el alcance de las conclusiones.

Los actuales capítulos 2 y 5 se publicaron, con los títulos que conservan, en el *Bulletin of Hispanic Studies*, L (1973), pp. 224-236, y en el *Anuario de estudios medievales*, II (1965), pp. 525-534, respectivamente. Llevan ahora adiciones [entre paréntesis cuadrados], principal pero no solamente de índole bibliográfica.

No me he visto con ánimos para rehacer de cabo a rabo «*Aristoteles Hipanus*. En torno a Gil de Zamora, Petrarca y Juan de Mena», *Italia medioevale e umanistica*, X (1967), pp. 143-164 (y reimpreso con una «Posdata» en Aurora Egido, ed., *Mitos, folklore y literatura*, Zaragoza, 1987, pp. 59-77), pero he procurado integrarle órganicamente los no escasos materiales nuevos y en especial le he ampliado la sección sobre Juan de Mena y la génesis del Prerrenacimiento (3).

El *Excurso* «El amor perdido de Guillén Peraza» vio la luz en *Syntaxis*, núm. 22 (invierno de 1990), pp. 27-34, y agradecería que no se olvidara que fue escrito para una revista de creación antes que de historia. La *Nota complementaria* de la coda salió primero en los *Estudios ... al profesor Emilio Orozco Díaz*, Granada, 1979, vol. III, pp. 87-89, pero ya entonces destinada a mi *Primera cuarentena y Tratado general de literatura*, Barcelona, 1982, pp. 65-68; como no quiero desmentir el colofón de ese librito, agotado años atrás, y el tema casaba bien con «Un penacho de penas», no me ha parecido inoportuno traerla también a las presentes páginas.

Los estudios ahora reunidos (con la generosa colaboración de Rafael Ramos, que los ha preparado para la imprenta, y de José María Micó, que ha corregido las pruebas) van *grosso modo* en el orden cronológico de los poemas del siglo XV que examinan. Las dedicatorias mantienen las de los tomos de homenaje para los que se redactaron algunos trabajos, recuerdan deudas contraídas en ocasión de otros o son sencillos y humildes testimonios de gratitud y admiración.

1

LOS ORÍGENES DE «FONTEFRIDA» Y EL PRIMER ROMANCERO TROVADORESCO

A Luciana Stegagno Picchio

Las más antiguas versiones de *Fontefrida* que hoy conocemos se copiaron o imprimieron en el primer tercio del siglo XVI. La más memorable fue ya entonces la glosada por Tapia en el *Cancionero general* de 1511 y de ahí reproducida tanto en otras colecciones como en pliegos sueltos[1]. Ciertamente, nunca cansa volver a leerla.

---

1. Vid. J. Romeu Figueras, *Cancionero musical de Palacio*, Barcelona, 1965, vols. 3-A y 3-B (*La música en la corte de los Reyes Católicos*, vols. IV-1 y IV-2), núm. 142, pp. 315, 535, y G. Piacentini, *Ensayo de una bibliografía analítica del romancero antiguo*, fasc. 1 (Pisa, 1981), pp. 62-63, y fasc. 2 (1986), pp. 85-87. Seguramente acierta el profesor Romeu cuando sostiene que el llamado *Cancionero del British Museum* es «más reciente de lo que se ha supuesto» (p. 218), toma en cuenta al *General* y de él extrae, junto a bastantes textos, la glosa de *Fontefrida* por Tapia. La versión del *Cancionero musical de Palacio* y las empleadas por Carasa (también en el *Cancionero del British Museum*, ed. H. A. Rennert, en *Romanische Forschungen*, X [1899], pp. 28-29) y por Tapia se publican enfrentadas en el fundamental artículo de don Eugenio Asensio: «*Fonte frida* o encuentro del romance con la canción de mayo», en la *Nueva revista de filología hispánica*, VIII (1954), pp. 365-388, y en su libro *Poética y realidad en el cancionero peninsular de la Edad Media*, Madrid, 1957 y 1970[2], pp. 230-262 (cito por la segunda edición, aumentada, y, en general, no repito las referencias bibliográficas contenidas ahí).

Fonte frida, fonte frida,
fonte frida y con amor,
do todas las avezicas
van tomar consolación,
si no es la tortolica,
qu'está biuda y con dolor.
Por allí fuera passar
el traydor del ruyseñor;
las palabras que le dize
llenas son de trayción:
«Si tú quisieses, señora,
yo sería tu seruidor».
«Vete d'aý, enemigo,
malo, falso, engañador,
que ni poso en ramo verde,
ni en prado que tenga flor;
que si ell agua hallo clara,
turbia la bevía yo;
que no quiero aver marido,
porque hijos no haya, no;
no quiero plazer con ellos,
ni menos consolación.
Déxame, triste enemigo,
malo, falso, mal traydor,
que no quiero ser tu amiga,
ni casar contigo, no».

La autoría, la fecha exacta y la formulación original del romance se nos escapan sin remedio. «Lo único que podemos asegurar —con Eugenio Asensio— es que, cuando por primera vez nos sale al paso, ya está folclorizado, es decir, ha absorbido las mañas y maneras, el vocabulario y estilo del romancero tradicional. Cuando Carasa y Tapia lo glosan, ya es *viejo*». W. J. Entwistle y don Ramón conjeturaron, sin demasiado hincapié, que los textos conservados responden al fragmento de «una composición extensa, donde la fugaz acción y el diálogo hallase su encaje y su explicación oportuna». Un admirable trabajo de Marcel

Bataillon mostró la sustantividad del retrato que *Fontefri-da* pinta de la heroína: no ya no incompleto, sino, a la luz de una secular historia natural, moral y literaria, casi se diría que exhaustivo[2], de suerte que no es oportuno postular cabos sueltos en la acción: todos los antecedentes necesarios están contenidos en la caracterización de la tortolica. Al aportar otras cien novedades, Asensio subrayó que el romance sigue puntualmente el diseño de la pastorela: suponerlo desgajado de un contexto mayor —debemos entender— equivaldría a postular otro tanto para las serranillas de Santillana; y el diálogo, en efecto, se cierra con la negativa habitual en el género.

No nos hallamos, pues, ante ningún *disiectum membrum*, sino ante un poema cabal, cuya versión primitiva probablemente no difería de las conocidas mucho más de cuanto ellas difieren entre sí: en la línea argumental y en los motivos básicos, no gran cosa. Cuestión distinta es la procedencia y cronología del arquetipo, inaccesible, a no ser por milagro, pero no enteramente inasequible. Porque la imposibilidad de catalogarlo bajo el nombre de un autor no significa que carezca de interés situarlo en una época o en un ambiente; y que la tradición lo desborde, multiplicando las variantes y dando nueva jerarquía a los materiales que mantiene, no implica que hayamos de desentendernos del momento, 'sagrado' o profano, de su concepción.

El testimonio de Jaume d'Olesa

Solo un eco, que yo sepa, parece romper el silencio anterior al Quinientos y proponernos un *terminus ad quem*

2.   «La tortolica de *Fontefrida* y del *Cántico espiritual*», en la *Nueva revista de filología hispánica*, VII (1953), pp. 291-306, y en su *Varia lección de clásicos españoles*, Madrid, 1964, pp. 144-166 (cito por la reimpresión).

para *Fontefrida*. En 1421, Joaneta, «uxor hon. domini Jacobi Cupini», le regaló a su sobrino Jaume d'Olesa, «studens in iure civili», un «liber» misceláneo, en cuyo fol. 48 se lee la que pudiera ser la más temprana transcripción que poseemos de un romance: «Gentil dona, gentil dona, dona de bell parasser...»[3] Esa madrugadora versión de *La dama y el pastor* nos intriga con una cuarteta que suena a calco de *Fontefrida*:

> Por hi passá ll'escudero
> mesurado e cortés;
> les paraules que me dixo
> todes eren d'emorés[4].

En seguida se nos vienen a las mientes, claro está, los versos más familiares:

> Por ahí fue a pasar
> el traidor del ruiseñor;
> las palabras que le dixo
> todas eran de traición[5].

3. Vid. E. Levi, «El romance florentino de Jaume de Olesa», en la *Revista de filología española*, XIV (1927), pp. 134-160, y, con adiciones, en su libro *Motivos hispánicos*, Florencia, 1933, pp. 39-73 (cito por el libro). El manuscrito para en la Biblioteca Nacional de Florencia: Conventi Soppressi, códice G, 4, 313. La nota de posesión, recortada de las cubiertas originales en pergamino y encolada en la encuadernación moderna, reza así: «Iste liber est Jacobi de Olesia, studentis in iure civili, filii hon. et discreti [Levi, p. 45, leyó *distincti*] viri domini Johannis de Ol[es]ia, not. Maioricensis, qui fuit sibi datus per hon. dominam Johanetam, uxorem hon. domini Jacobi Cupini, avunculi sui, et fuit sibi datus .XXIII. die septembris anno domini M.º CCCC.º XXJ».

4. La mejor edición se debe a [dom] Josep Massot, «El romancero tradicional español en Mallorca», en *Revista de dialectología y tradiciones populares*, XVII (1961), pp. 157-173 (159), donde, por ejemplo, se imprime «passá», pretérito, y no «passa».

5. Doy aquí la lección del *Cancionero musical de Palacio*; arriba queda la de Tapia; la de Carasa es «Por ahí pasó cantando / el traidor del ruiseñor; / palabras que le dezía / llenas son de traición».

Sentado que no se trata de fórmulas regulares[6], cabe preguntarse en qué dirección se establece la dependencia. Ahora bien, las versiones sefardíes, que han conservado «Gentil dona» con asombrosa fidelidad, traen todas equivalente de la primera pareja de octosílabos («Por ahí passó un cavallero [mancebico, infantito ...] mesurado y bien cortés [tan galán y tan cortés ...]»), pero ninguna muestra el menor rastro de la segunda. Por el contrario, esta nunca falta en las versiones de *Fontefrida*, sean antiguas o modernas[7]. Nótese, por otro lado, que la forma «emorés» 'amores', al entrar con calzador en la serie de asonancias, se nos descubre como una deturpación (típica del romancero catalán, opino) forzada por la necesidad de adaptar a un nuevo uso los versos llegados de otro contexto[8]. Será *Fontefrida*, pues, quien se los presta a *La dama y el pastor*, en contaminación particularmente explicable por el común esquema de pastorela y por la coincidencia en el rechazo del personaje que solicita al otro.

6.   R. H. Webber, *Formulistic Diction in the Spanish Ballad*, Berkeley-Los Ángeles, 1951, p. 268, señala que *Fontefrida* (núm. 116) está enteramente libre de ingredientes formularios.

7.   Cf. R. Menéndez Pidal, *Romancero hispánico*, I (Madrid, 1953), pp. 339-343, y *Romancero tradicional*, ed. D. Catalán y otros, X (Madrid, 1977-1978), pp. 41-56. De la tradición moderna, E. Asensio, p. 259, recoge una versión de Burgos: «Por allí fuera a pasar / el traidor del ruiseñor; / las cuitas que de su vil pecho brotan / llenas son de traición».

8.   Los editores del *Romancero tradicional*, pp. 25-27, interpretan «emorés» como una dislocación acentual pareja a las de «la lírica popular y popularizante de los siglos XVI y XVII» (*morená, molinó*, etc.), pero sin documentar casos análogos en el romancero. Adviértase, sin embargo, que los romances catalanes de origen transpirenaico consiguen a veces la asonancia distorsionando las desinencias para introducir -*é* o -*er*: *cerqué* 'cercar', *Francé* 'França', *homoé* 'home', *parlaré* 'parlarà', etc. (*apud* M. Milà y Fontanals, *Romancer català*, ed. J. A. Paloma, Barcelona, 1980, p. 127); otras versiones desfiguran a conveniencia la acentuación de voces castellanas, como en *brillón* 'brillo' (p. 135). Con tal panorama, no puede sorprendernos «emorés», y tanto menos cuanto *amores* es castellanismo frecuente en los romances catalanes (pp. 79, 139, etc.; cf. R. Menéndez Pidal, *Romancero hispánico*, II, pp. 204 y 319, y, en general, M. de Riquer, *Història de la literatura catalana*, III [Barcelona, 1964], pp. 553-557).

Pero ¿cuándo y dónde se hizo esa impagable copia de «Gentil dona», ya con reminiscencias de *Fontefrida*? El único dato seguro es que Joaneta in Cuppini le dio la miscelánea a Jaume d'Olesa el 23 de septiembre de 1421[9], mas a partir de ahí caben varias inferencias perfectamente plausibles. En primer término, la precisión con que se consigna el día del regalo inclina a pensar que no corrió mucho tiempo hasta que se puso la nota de posesión (por más que pudiera haber sido un día señalado para Jaume por motivos que se nos ocultan). Por otro lado, ya Ezio Levi, descubridor del códice, afirmó que «la caligrafía de la nota que contiene la fecha corresponde exactamente a la misma del romance»[10], y de la no variación de la letra se despren-

9.   Con los datos que desde Mallorca le comunicaron, E. Levi, *Motivos hispánicos*, pp. 45-46, concluye que nuestro Jaume de Olesa es el individuo de ese nombre que casó con una Elisenda en 1394 y, tras enviudar en 1409, contrajo nuevas nupcias con Romea Vallodar (quien testa en 1465) y murió en 1443. Pero no parece creíble que el marido de Elisenda, incluso si fue al altar apenas cumplidos los veinte años, se convirtiera en «studens» en puertas de la cincuentena, hacia 1421, y para entonces no hubiera pasado de la fase diáfanamente rudimentaria que muestran los apuntes de los fols. 1-2 y 49 y sigs. (cf. también *Romancero tradicional*, X, p. 28). Más bien se diría que, si nos hallamos ante una sola persona, no puede ser el estudiante de 1421, mientras si este es el que falleció en 1443, el marido de Elisenda ha de ser otro de los no pocos homónimos que siempre ha habido en Mallorca. De hecho, José de Oleza y de España, *La familia de Oleza en Mallorca durante setecientos treinta años (1230-1960)*, Palma de Mallorca, 1973, pp. 41-51, coincide con Levi en la reconstrucción de la biografía de Jaume (aparte divergencias menores y puntos dudosos como el nombre de Romea y las fechas de sus testamentos), pero menciona el parecer de «El Donado Calafat, gran investigador y genealogista», quien «hace figurar [al Jaume de Oleza de que tratamos] como hijo de Bernardo de Oleza y Torrebadal, poniendo como hijos de este a dos llamados Jaime, los cuales llegaron a la mayor edad» (p. 51). Como sea, mientras no se desmarañe mejor la selva de los Oleza mallorquines, nos quedamos sin el útil *terminus ad quem* que podría haber sido 1443.

10.   La afirmación no se hace en el artículo de la *Revista de filología española*, sino en la reimpresión de *Motivos hispánicos*, p. 73, y he podido corroborarla personalmente sobre el códice (en compañía de experto tan seguro como Michele Feo, y no sin que María Teresa Cacho, gentilmente, hubiera hecho ya para mí una primera inspección *in situ*). Conviene precisarlo, porque

de que la transcripción de «Gentil dona» y de las *coblas*
catalanas que vienen a continuación hubo de hacerse en un
momento próximo a ese martes 23 de septiembre: podrían
haber pasado incluso cinco años, difícilmente diez, y sólo
por raro fenómeno una escritura personal se habría mantenido tan estable por tres o cuatro lustros. Pero más indica-
tivo al respecto es todavía el carácter de los apuntes de
Jaume[11]. La rudimentariedad de los esbozos latinos (fols.

---

los dictámenes paleográficos de Levi no siempre son de recibo. Tampoco es
válida la hipótesis de «que desde el fol. 45 comienzan las anotaciones personales
del estudiante mallorquín» (*Romancero tradicional*, X, p. 24), por más que ahí
se inicien los textos catalanes y la fecha mencionada en uno de ellos —pero
explícitamente como futuro— sea 1421. La letra de Jaume de Olesa se reconoce
en los fols. 1-2, 49vo., 50vo.-51, 53vo. (ocupados mayormente por algunas consideraciones elementales sobre el derecho en su relación con las demás disciplinas
y sobre el quehacer del jurista), y asimismo en la copia de «Gentil dona» (fol. 48r.)
y en los dos poemas catalanes que la siguen: una esparsa a la Virgen («Mayres de
Dieu, cristall de puritat...», fol. 48vo., col. *a*) y un *Clam de Fortuna*, en cuatro
coblas («O tu, Fortuna, qui fas rodar lo mon...», fol. 48vo., col. *b*), editados
por el mismo E. Levi, «Poesie catalane in un codice fiorentino», *Estudis universitaris catalans*, XV (1930), pp. 160-167, con la disparatada adición de la «escorra-
guda» o cantar que remata «Gentil dona» (vid. *Romancero tradicional*, X,
pp. 23-25). Entre el éxplicit del *De ludo schaccorum* que constituye el núcleo del
códice (fols. 3-44) y los textos finales añadidos por Jaume, se hallan un *Compta
de la luna* (fols. 45-47) y un *Compta... de Pascha* (fols. 47vo.-48) que «comença
en l'any de mcccxxx e va puys tro a xci any, qui és en any de mccccxxi, e puys
torna al cap primer, so és que aytal dia con és la Pascha en l'any de mcccxxx
—qui és a viii dies d'abril— en aquell jorn matex serà en l'any de mccccxxj e
puys tota via axí, tro que sien passats xci any, e puys torna de cap...», y que se
interrumpe en 1370 (quizá por advertir el compilador que estaba equivocándose
en casi todas las entradas). Ahora bien, esos dos cómputos son de mano claramente distinta de la de «Gentil dona», como se puede apreciar incluso en la
fotografía de parte del fol. 48 dada en *Motivos hispánicos* (no así en *Revista de
filología española*, *Estudis universitaris catalans* y *Romancero tradicional*), mientras, por otro lado, el *Compta* pascual, a juzgar por el epígrafe y el año en que
se detiene, debió ser compilado antes de 1421. Vale decir: el códice incluía ya
textos en catalán antes de que Na Joaneta se lo regalara a Jaume (vid. nota 12)
y, contra Levi, no puede aseverarse que son de aquel todos los que se leen en el
manuscrito.
    11. C. V. Aubrun, «Le romance 'gentil dona gentil dona'. Une énigme
littéraire», *Iberoromania*, XVIII (1983), pp. 1-8, opina que «le 'Clam contra
Fortuna' [del fol. 48] est fait de quatre huitains d''arte mayor', structure intro-

1-2, 49 y sigs.) y la falta de destreza notoria en los castellanos y catalanes corroboran que se trataba de un «studens»
y además hacen sumamente verosímil que fuera muy joven;

duite par Auzias March (mort en 1459). Il est en catalan et non en provençal, qui
est la seule langue dont usaient les poètes catalans dans le premier tiers du xv^e
siècle... Le jeune écolier... pouvait trouver son modèle dans le Chant XXXI de
Auzias March 'Molts homens hoig clamarse de Fortuna'»; como, por otra parte,
y con razón, tampoco le resulta fácil aceptar que nuestro «studens» sea el propuesto por Levi, decide que no cabe «faire foi au témoignage de la bande de
parchemin» con la nota de posesión y que el copista de «Gentil dona» y autor de
los dos poemillas del fol. 48 es un más tardío Jaume de Olesa, el conocido lulista
que florece en el último cuarto del siglo xv y que, según mi admirado amigo el
profesor Aubrun, debiera haber sido «étudiant en Italie de droit civil vers 1470»:
«Dussions-nous accuser Jaume de Olesa d'un *lapsus calami* [«m.cccc.xxi» por
«m.cccc.lxxi», entiendo], nous préférons l'identifier à ce jeune et fougueux écolier plutôt qu'au falot notable majorquin de 1421, ce vieil homme».

Efectivamente, la identificación de Levi es más que problemática, pero ello
no significa que el personaje que aquí nos interesa pueda confundirse con el
Jaume de finales de siglo. En particular, no es cierto que las *coblas* usadas en el
Clam de Fortuna fueran introducidas por Ausias March (y aun de ser verdad, no
tendríamos que irnos mucho más allá de 1425), ni lo es que la lengua de la pieza
se aparte sensiblemente de los usos de los poetas catalanes «dans le premier tiers
du xve siècle» (el propio Aubrun concede que «l'auteur de la transcription recourt
à l'occasion à des formes traditionelles de la poésie en 'lemosí'», en tanto M. de
Riquer, *Història de la literatura catalana*, III, p. 379, subraya que la esparsa a la
Virgen es «força aprovençalada»). Nada hay en las obritas de Olesa que no entre
limpiamente en el marco de la poesía catalana hacia 1421: nada, salvo la inhabi-
lidad con que versifica el autor (el *Clam* ni siquiera lleva *tornada*), la manifiesta
impericia que lo delata como principiante. Ni hay en absoluto huellas del canto
XXXI ni de ningún otro texto de Ausias March: por el contrario (según me
señala Lola Badia), si el *Clam* fuera de 1471 sorprendería que Olesa, y más con
el tema de la Fortuna, se mostrara tan ajeno a las maneras ausiasmarchianas
entonces imperantes (vid., por ejemplo, M. de Riquer y L. Badia, «Les poesies
de Ramon Boter i l'herència d'Ausias March», en *Estudis de literatura catalana
en honor de J. Romeu i Figueras*, II [Montserrat, 1987], pp. 253-293). Por mi
parte, añadiré que los poemas del Jaume de Olesa lulista no ofrecen la menor
afinidad con los del manuscrito de Florencia, ni en lengua, ni en métrica, ni en
estilo, ni en pensamiento (cf. la edición de C. Miralles de Imperial y Gómez,
«Tres poemas de Jaime de Olesa», *Boletín de la Real Academia de Buenas
Letras de Barcelona*, XXI [1948], pp. 175-195). Nada induce a desmentir la
fecha expresa en la nota de posesión.

Con todo, el artículo del profesor Aubrun (que no conocía hasta que Giuseppe Di Stefano me llamó la atención sobre él, cuando el presente estudio se
hallaba ya en la imprenta) contiene una interesante sugerencia sobre *La dama y*

a su vez, el hecho de que en el cartapacio falte todo rastro de un estadio intelectualmente más maduro obliga a suponer que sólo se interesó por él breve y pasajeramente: lo usó como cuaderno a poco de recibirlo y pronto lo postergó hasta el punto de darlo, venderlo o, en todo caso, dejarlo en Italia al volver a Mallorca. Porque, diciéndose «studen*s*» como se dice, es legítimo conjeturar que Jaume residió en Italia un período corto —pocos compatriotas suyos cursaban *ius civile* por más de un trienio— y regresó después a las Islas. Como fuera, el círculo cronológico en que nos encierra el manuscrito no abarca más allá de los años de una ampliación de estudios, de una reducida etapa de formación en el extranjero. No veo cómo podríamos cruzar la frontera de 1424 o 1425.

Insistamos en otro aspecto importante: la transcripción de «Gentil dona» se realizó indudablemente en Italia. En efecto, la miscelánea en cuestión procede de los fondos de Santa Maria Novella, en Florencia; Cuppini o Coppini es apellido italiano, y, amén de Joaneta (tía materna, si nuestro «studen*s*» emplea rectamente *avunculus*), parece que Jaume tuvo cuando menos otro pariente en el lugar y el período que nos interesan: Bernat d'Olesa, que enseñó en Bolonia a finales del Trescientos y cuyas deudas con cierto catedrático de la ciudad fueron saldadas por los Olesa palmesanos a través del banquero florentino Francesco Datini (a quien asimismo se le encargó recuperar los libros que Bernat había depositado en prenda)[12]. Según ello, se haría

el pastor: «Sur ce fond urbain et dans un cadre mi-castillan mi-catalan, le vieux thème acquiert une tonalité originale et se situe en Italie, à Rome ou mieux encore à Bologne, dans un milieu de clercs castillans, aragonais ou spécifiquement valenciens, catalans ou majorquins» (p. 7).

12. Cf. E. Levi, pp. 47-48 (y 73, donde precisa que el catedrático aludido murió en 1412). «Quién sabe si entre los libros rescatados por el banquero florentino no se encontrase también [la miscelánea con 'Gentil dona']» (p. 48): si fue así, los *comptas* mencionados en la nota anterior podrían ser de Bernat.

cuesta arriba no concluir que fue en Italia donde Jaume d'Olesa recibió el regalo de Joaneta, donde aprendió y copió *La dama y el pastor*, y donde a la postre se quedó el códice. Los duros catalanismos de la grafía certifican que no tenía a la vista un texto castellano, y el mero hecho de que transcribiera el romance en su cuaderno señala que no llegó de Mallorca sabiéndolo de memoria[13] (de haberlo sabido de tiempo atrás, holgaba la copia), antes bien lo escribió allí, como novedad, por temor a que se le olvidara.

Las «naturas» de la tórtola

Hacia 1421, pues, *Fontefrida* circulaba ya y había llegado a contaminar una versión de *La dama y el pastor*. Nada más, y ni siquiera eso con plena seguridad, se nos alcanza por ahora sobre los orígenes del romance. Pero juzgo que todavía son posibles algunos atisbos valiosos si volvemos sobre el punto más llamativo de la pieza: la presentación de las *proprietates* o «naturas» de la tórtola. Marcel Bataillon dibujó de mano maestra la trayectoria del tema en la Edad Media europea y en la Castilla del siglo XVI, pero sin detenerse en la España medieval. Contando como contaba con el reciente artículo de Bataillon (a cuya elaboración había además contribuido con eruditísimas noticias), Eugenio Asensio prefirió concentrarse menos en los precedentes de la tórtola que en otros aspectos de *Fontefrida*, incluidas gustosas ojeadas a la posteridad del poema[14]. En

---

13. Concuerdo con J. Massot, art. cit., p. 160.
14. Vid. también L. Calvert, «The widowed turtledove and amorous dove of Spanish liric poetry: a symbolic interpretation», en *Journal of Medieval and Renaissance Studies*, III (1973), pp. 273-301, y, ahora, Daniel Devoto, en el *Bulletin Hispanique*, XCI (1989), pp. 175-177; ahí se encontrarán varias referencias sobre la fortuna de la tórtola en la lírica tradicional: no viene al caso aumentarlas ni en ese ni en otros terrenos.

verdad, pocos asuntos más fascinantes: el vuelo de la ave-
cica nos lleva hasta la fraseología y el folclore de España y
América, hasta la poesía, el teatro y la pintura del Siglo de
Oro, hasta la primera novela de Paloma Díaz Mas y la
última de Juan Goytisolo, *Las virtudes del pájaro solitario* (1988). Pero la perspectiva reveladora a nuestro propósito se logra al repasar y ordenar las apariciones de la
tórtola simbólica en la literatura española no más allá del
otoño de la Edad Media [15].

La tórtola había sido descrita por los naturalistas clásicos como perpetuamente fiel a su pareja. Ciertas redaccio-
nes del *Fisiólogo* la definen a la vez como «monógama y
solitaria», amiga del retiro en lugares desiertos, como Jesús lo fue y deben serlo los cristianos [16]. Los Padres la
contemplaron con notable insistencia en tanto emblema de
la viudez casta y desolada, y por ahí figura de la Iglesia.
Pero si las *proprietates* de la tórtola llegaron al conocimien-

---

15. De entre los textos citados a continuación, E. Asensio adujo ya el de
Gómez Manrique, y N. A. Lugones, «Algo más sobre la viuda tortolica», en
Revista de archivos, bibliotecas y museos, LXXX (1977), pp. 99-111, los de
Berceo, Juan Ruiz, los «*Castigos y documentos*» (de hecho, la *Glosa castellana
al «Regimiento de príncipes»*) y el *Zifar*. No es posible tomar en cuenta el
artículo de D. Gazdaru en *Filología*, VII (1961), pp. 51-59; frente a los datos que
en seguida veremos, el autor conoce una única referencia a la tórtola en la
literatura catalana medieval (una de las varias que registraremos en Corella) y
sobre tal base dictamina «la ausencia de los motivos de la rama seca y del agua
turbia» en esa riquísima tradición.

16. El estudio de Bataillon, que sigue siendo insustituible y a cuya docu-
mentación me remito, me permite no dar sino una síntesis brevísima de la historia extrapeninsular de la tórtola, añadiendo o realzando, eso sí, algún punto
pertinente en relación con los ejemplos españoles que enumero. La inmensa
bibliografía sobre los bestiarios está bien presentada en N. Henkel, *Studien zum
Physiologus in Mittelalter*, Tubinga, 1976, pp. 1-11, 206-219 (para la tórtola,
cf. 93, n. 124), y en F. Zambon, trad., *Il fisiologo*, Milán, 1982[2], pp. 30-35, e
idem, R. de Fournival, *Il bestiario d'amore*, Parma, 1987, pp. 29-31; muchas
indicaciones de interés hay en el colectivo *L'uomo di fronte al mondo animale
nell' alto medioevo*, Spoleto, 1985 (*Settimane...*, XXXI); es de esperar que no
tarde en publicarse A. D. Deyermond, *Sobre la fortuna del bestiario en la Edad
Media española*.

to general no fue gracias al *Fisiólogo*, ni a sus derivados latinos y romances, ni a la lectura directa de los Padres, sino a la exégesis bíblica, que se valió de todos esos materiales para acotar cada una de las menciones de la *turtur* en la Sagrada Escritura. De ahí surgió la imagen usual en todas partes hasta el siglo XI, e igualmente la más común en la España medieval: en relación con la aprovechada en *Fontefrida*, una imagen con predominio de los rasgos menos concretos y de alcance principalmente religioso.

Por supuesto, aunque pocos escritores dejarían de conocer el múltiple significado de la tórtola, los más no pretendieron recoger sino algunas de sus dimensiones. Así, al evocar los sacrificios del Antiguo Testamento en tanto prefiguración del Redentor («todos en Jhesucristo ý fueron acabados»), Berceo se fija solo en que «la tórtora es signo de la su castidat» [17]; tampoco Pedro de Compostela repara en otra cosa que en la casta «natura» («turtur, viduata marito, pudiciciam integram per[en]nizat») [18], en coincidencia con la *Visión delectable* («vido ... guardar biudez e castidad, ansí como las tórtolas» [19], y uno y otra en referen-

17. *El sacrificio de la Misa*, ed. B. Dutton, Londres, 1981, coplas 18 y 21; cf. N. A. Lugones, art. cit., pp. 102-105, aunque ahí no se advierte que la vinculación de la tórtola y la paloma que se da en Berceo (mientras su fuente habla de «oves et columbas») viene directamente de la Biblia, donde la exégesis institucionalizada la comentaba exactamente en los términos del pasaje del *Sacrificio de la misa* (así en la *Glossa ordinaria*, PL, CXIII, col. 391: «Turtures castitatem, pulli columbarum simplicitatem significant»).

18. Ms. Escorial R.II.14, fol. 35 vo. *b*; facsímil en M. González-Haba, *La obra «De consolatione Rationis» de Petrus Compostellanus*, Munich, 1975. Es sugerencia de Alano de Lille, *De planctu Naturae*, ed. N. M. Häring, en *Studi medievali*, 3.ª serie, XIX (1978), p. 815 (II, lín. 179): «Illic turtur, suo viduata consorte, amorem epilogare dedignans in altero bigamie refutabat solacia». En un ámbito estilístico afín, en el *Planeta* de Diego García de Campos, el ruiseñor y la tórtola se aproximan al azar de una enumeración ornamental: «Nescio qualiter cornix concinnat, ubi non organat phylomena. Nescio qualiter fraglet eppupa, ubi turtur aromatica obsolescit» (ed. M. Alonso, Madrid, 1943, p. 168).

19. Edición de Tolosa, 1489, fol. LIX vo. (y Biblioteca de autores españoles, XXXVI, p. 376 *b*). De las fuentes de la *Visión* trataré en otro lugar.

cias ocasionales. Eixemeno, en cambio, únicamente subraya en la tórtola el arquetipo de la soledad que conviene al alma compungida: «vulles esser solitari, vulles-te separar per fer digna penitència e star solet, com fa la tortre, no havent cura del món ... E no saps tu que·l teu spòs és molt vergonyós, qui no·t voldrà donar la sua companyia, la sua dolça presència, mentre sies en companyhia d'altres?»[20] Hernando de Talavera apenas añade a ese perfil una minúscula alusión a la continencia: «En persona de los [religiosos], dize el salmo [LXXXIII, 4] que el páxaro, que es el contemplativo, y la tórtola, que es el penitente y continente que a menudo gime y llora sus pecados, apartado y como huido de los deleites de este mundo, hallaron casa e hizieron nido en los altares de Nuestro Señor...»[21]

Castidad y soledad se equilibran en el escueto ítem del *Prosodion* de Juan Gil de Zamora («TURTUR: est avis pudica in montibus commorans et silvis»)[22] o, con menos pri-

---

20. Joan Eixemeno, *Contemplació de la Santa Quarentena*, ed. A. Hauf, Montserrat, 1986, pp. 32-33; sobre la fuente principal, el Sermón XL de San Bernardo *In Cantica* (*PL*, CLXXXIII, cols. 983-984), cf. n. 12, *ad loc.*, y A. Hauf, «Fra Joan Eixemeno, OFM i la seva *Quarentena de Contemplació*. Aproximació a l'home i a l'obra», en *Randa*, XVII (1985), pp. 15-63 (50-51). Otras referencias a la tórtola en el mismo sentido, en la *Carta de Sant Bernat a sa germana* traducida por fra Antoni Canals, en Colección de documentos inéditos del Archivo G. de la Corona de Aragón, XIII, pp. 463-464 (particularmente en deuda con el comentario de Haimón al Cantar de los Cantares [vid. abajo, n. 23], incorporado a la *Glossa ordinaria*, en *PL*, CXIII, cols. 1140-1141).

21. H. de Talavera, *Collación de cómo se deven renovar en las ánimas los fieles cristianos en el sancto tiempo del Adviento*, ed. J. Amador de los Ríos, *Historia crítica de la literatura española*, VII (Madrid, 1865), p. 552. No es posible ahora entretenerse a propósito del «passer solitarius» del salmo CI, 8, y su ligamen con el que en LXXXIII, 4 aparece junto a la tórtola; vid. sólo la bibliografía citada por E. Scoles, ed., Carvajal, *Poesie*, Roma, 1967, p. 113 (inútil añadir aquí los trabajos más recientes sobre el bellísimo poema leopardiano), L. López-Baralt, «Para la génesis del 'pájaro solitario' de San Juan de la Cruz», *Romance Philology*, XXXVII, 4 (1984), pp. 409-424, y M. Di Pinto, «Andando per passeri», en *Letteratura e storia meridionale. Studi offerti a Aldo Vallone*, Florencia, 1989, pp. 351-362[2].

22. Juan Gil de Zamora, *Prosodion*, ed. Luis Alonso López, tesis inédita, Universidad Autónoma de Barcelona, 1977, p. 464; fray Juan calca la *Summa*

sas, cuando Eiximenis recuerda a su vez el sacrificio ofrecido, «secundum quod dictum est in lege Domini», en la purificación de María: «par turturum aut duos pullos columbarum» (Lucas, II, 24). «Car per les tortres estech significat que ells offerien de si mateix aquí a Déu puritat virginal en sobiran grau, ab vida contemplativa, ab plor continuat sobre los mals et peccats et desonors, que lo món fa continuament a Déu. Et açó significava l'offerta de la tortra, qui és aucel cast e separat e plorós aprés que ha perduda sa companya»[23]. Pero no es obvio hacia dónde se inclina la balanza en el *Jardín de las nobles doncellas*: «Ambrosio, en el *Examerón* [V, 19], dize que la tórtola, si pierde su marido, nunca más toma otro; donde ella es regla de las viudas. En los Cánticos [II, 12] dize: 'Voz de tórtola fue oída en nuestra tierra'; esto es cuando las honradas matronas pierden sus maridos e no curan de buscar otros, como haze la tortolilla»[24].

Sí cura de buscarlo, por el contrario, la «dueña fermo-

Britonis, ed. L. W. Daly, Padua, 1975, v. 810; «in montibus ... et silvis» se entiende mejor cuando se recuerda, verbigracia, a Isidoro, *Etimologías*, XII, VII, 60: «... semper in montium iugis et in desertis solitudinibus commorans».

23. Francesc Eiximenis, *Vita Christi*, IV, 64, ed. A. Hauf, en prensa (y en su tesis inédita, Universidad de Barcelona, 1976, vol. II, p. 495). Las referencias a «Rabanus» y «Aymó» que flanquean el pasaje son habituales en Eiximenis para autorizarse con la *Glossa ordinaria* y otras compilaciones análogas; pero sobre Haimón, cf. M. Bataillon, p. 150, n. 14 (vid. también F. Rico, *Nebrija frente a los bárbaros*, Salamanca, 1978, p. 24, n. 37), y añádase que las acotaciones sobre la tórtola en los comentarios a los Psalmos y el Cantar de los Cantares atribuidos a Haimón de Halberstadt (*PL*, CXVI, col. 483, y CXVII, col. 306) no explican la 'cita' de la *Vita Christi*.

24. Biblioteca de autores españoles, CLXXI, p. 109. Sumamente rápida es la mención de la soledad («mora lueñe de los omes») en el que se ha llamado *The Medieval Castilian Bestiary*, ed. S. Baldwin, Exeter, 1982, p. 34, traducción de las secciones correspondientes del *Tesoro* de Brunetto Latini; en los *Bestiaris* catalanes, ed. S. Panunzio, Barcelona, 1963 y 1964, derivados del toscano, no se incluye la tórtola. Y aduzco ambos textos para insistir en que el ave simbólica de *Fontefrida* debe a la influencia de los bestiarios propiamente dichos bastante menos de lo que suele creerse.

sa» del *Libro de buen amor*, a quien Urraca intenta ganar para el Arcipreste convenciéndola de que «más val *suelta* estar la viuda que mal casar», que «más val buen amigo que mal marido velado» (1326-1327), y para quien se hace oír precisamente la «vox turturis» del Cantar de los Cantares[25] (aunque no sepamos muy bien a través de qué boca ni por qué en semejante lugar):

> Fabló la tortolilla en el regno de Rodas,
> diz: «¿Non avedes pavor, vós, las mugeres todas,
> de mudar vuestro amor por aver nuevas bodas?» (1329)

En las palabras de esa *Lustige Witwe*, la soledad se disocia jocosamente de la castidad; pero en la astutísima estrategia de Trotaconventos (756-757) recobra su valor tradicional ... a costa de volverlo del revés, cargándose de vigor disuasorio y proponiendo un modelo vitando capaz de echar a doña Endrina en brazos de don Melón:

> ... do non mora omne, la casa poco val.
> Así estades, fija, bíuda e mancebilla,
> sola e sin compañero como la tortolilla:
> d'eso creo que estades amariella e magrilla ...

En cierto sentido, por ende, en el *Libro* del Arcipreste hay un anuncio de *Fontefrida*: el cortejo de una viuda, expresamente comparada con la tórtola, por un donjuán tan pertinaz como el ruiseñor[26].

---

25. El versículo se evoca asimismo en cierto himno a la Visitación de María transmitido, entre otros, por el breviario usado por los jerónimos ya en 1463: «Vox clara dulcis sonuit, / vox turturis audita est ...» (*Analecta Hymnica*, XVI [Leipzig, 1894], ed. G. M. Dreves, p. 50, núm. 48).

26. No quiere decir ello que la castidad de la tórtola no se hubiera imaginado antes alguna vez sometida a un intento de seducción; en particular, en un influyentísimo capítulo del *Hexaemeron* (V, 19), San Ambrosio había escrito: «Turtur non uritur flore iuventutis, *non tentatur occasionis illecebra* ...» Ahí se

En todo caso, por más que mantenga la intención ejemplar (siquiera sea burlonamente), la tórtola de Juan Ruiz no muestra ya cualidades y circunstancias que el autor invite a imitar, sino que induce a rehuir. Semejante consideración negativa se presenta con mayor frecuencia en las etapas más avanzadas en la caracterización del ave, pero también se da entre quienes, como el Arcipreste, se atienen a los rasgos primitivos. Cuando así ocurre, el acento suele marcarse en la tristeza de la tórtola, en el patetismo de la «trista tortra desemparada de l'espòs»[27]. Los Padres la habían visto como arquetipo de la aflicción, paradigma del ánimo que «a menudo gime y llora», «plorós» (según leíamos en Talavera y Eiximenis), pero con las buenas lágrimas del pecador arrepentido, de la Iglesia que aguarda al Señor[28]. Los poetas, apoyados en un finísimo escorzo de las *Bucólicas* (I, 58: «Nec gemere aeria cessabit turtur ab ulmo ...»), hicieron esas lágrimas aborrecibles y laicas. La mutación se aprecia bien en un par de piezas hermanadas por un diseño particularmente grato en los alrededores del 1500: la asimilación de los enamorados a los seres prodigiosos de los repertorios de *mirabilia*[29]. En una de ellas,

---

da cuenta también de otro dato esencial (e insuficientemente atendido, creo) de la heroína de *Fontefrida*: «Fertur etenim turtur, ubi iugalis proprii fuerit amissione viduata, *pertaesum thalamos et nomen habere coniugii*; eo quod primus amor fefellerit eam dilecti morte deceptam, quoniam et infidelis ad perpetuitatem fuit, et amarus ad gratiam, qui plus doloris ex morte quam suavitatis ex charitate generaverit. Itaque iterare coniunctionem recusat ...» La tórtola del romance no es sólo fiel castidad: tiene sus ribetes de morboso despecho.

27.   Como de Grecia dice el Emperador a la muerte de Tirant lo Blanc (ed. M. de Riquer, Barcelona, 1979, p. 1.153, citado abajo más por extenso; cf. también p. 164).

28.   La popularización del motivo y del modo de formularlo («turtures pro cantu gemitus habent») parece deberse sobre todo a San Gregorio Magno, *Morales*, XXXII, 3 (*PL*, LXXVI, col. 636), y *Super Cantica canticorum*, II, 30 (*PL*, LXXIX, col. 492).

29.   Vid. solo *El pequeño mundo del hombre. Varia fortuna de una idea en la cultura española*, Madrid, 1986 (ed. aumentada), pp. 230-231, y F. Zambon, ed., *Il bestiario d'amore*, pp. 6-7 y notas 8-9. Puesto que tal diseño se beneficia

Costana conjura «a su amiga» a enternecerse con la pasión de la tórtola:

> Aquell amor que publica,
> con su llanto d'amargura
>   desmedido,
> la bíuda tortolica,
> cuando llora con tristura
>   su marido
> y se busca soledad
> donde su llanto concierte
>   muy esquivo,
> te haga aver piadad
> de la dolorosa muerte
>   que recibo [30].

En la otra, Garcisánchez de Badajoz proclama que ni aun tal pesadumbre puede parangonarse con la suya:

> Tórtola, que bives triste
> sin tu buena compañía,
>   con firmeza,
> aunque tú mucho perdiste,
> no será como la mía
>   tu tristeza [31].

---

de la lección de Petrarca (en particular, en la canción CXXXV), no carece de curiosidad notar que en la versión del *Triumphus Cupidinis*, I, 84 («fatto signor e dio da gente vana»), por Álvar Gómez de Guadalajara, se cuela un octosílabo de *Fontefrida*: «de los vanos es señor, / falso, malo, engañador» (*Cancionero de Gallardo*, ed. J. M. Azáceta, Madrid, 1962, p. 106; en el *de Ixar*, el verso reza: «cruel, falso, engañador»).

30. *Cancionero general*, Valencia, 1511 (facsímil al cuidado de A. Rodríguez-Moñino, Madrid, 1958), fol. LXXVIII y vo.

31. Ed. P. Gallagher, *The Life and Works of Garci Sánchez de Badajoz*, Londres, 1968, pp. 137-138. La copla anterior dice: «Tú, pajaro solitario, / por las torres perseguido, / do te vemos, / pues que no te soy contrario, / ven y hagamos un nido / en que lloremos». Una de las varias imitaciones quinientistas del poema trae: «Tórtola, tú que al marido / lloras por lo que perdiste / y has

Esa tórtola sentimental, incluso más sentimental que casta y solitaria, es sin duda la más representativa de los días de Costana y Garcisánchez: la tórtola cuyo «gozo era llorar» (como glosa Tapia)[32], la que en el *Cancionero de Palacio* asoma no tanto «viuda» cuanto «sola»[33], la que Carasa pondera como «más amarga que la hiel».

«... ni poso en ramo verde...»

Para esas fechas, sin embargo, la sobria evocación de Costana y Garcisánchez sabe una pizca a antigualla, porque las *proprietates* de la tórtola llevaban cuatro siglos siendo ilustradas con una imagen de emocionante concreción[34], correlato gráfico de los atributos que la tradición más arcaica sólo había considerado en términos abstractos. «La tórtola —explica, así, Juan García de Castrogeriz— nunca toma más de un marido e después que lo pierde siempre lo llora e *nunca posa en árbol verde* ...»[35] Tal es,

---

gozado, / si lo lloras de perdido, / yo, lo que sirviendo triste / no he ganado. / Tú, páxaro solitario, / que en la soledad te hallas / más contento, / a mí todo me es contrario, / que en soledad da batallas / pensamiento» (*ibidem*, p. 165). Véase arriba, n. 21.

32. *Cancionero general*, fol. CXXXIII.

33. Cf. E. Asensio, *loc. cit.*, p. 252.

34. Las primeras documentaciones se hallan en *Le Bestiaire de Philippe de Thaün*, ed. E. Walberg, Lund-París, 1900 (reimpresión, Ginebra, 1970), pp. 92-93, versos 2547-2555, de entre 1119 y 1135 (cf. *Grundriss der romanischen Literaturen des Mittelalters*, VI/2 [Heidelberg, 1970], pp. 225-227), y en el Sermón LIX *in Cantica* de San Bernardo (*PL*, CLXXXIII, col. 1065).

35. «... según que dice el Filósofo» (*Glosa castellana al «Regimiento de príncipes»*, ed. J. Beneyto, Madrid, 1947, vol. II, p. 39; el capítulo pasó a la versión interpolada de los *Castigos y documentos*, impresa en la Biblioteca de autores españoles, LI, p. 208). N. A. Lugones, art. cit., p. 107 (que ignora la auténtica procedencia del texto en cuestión), piensa que «el 'filósofo' ... no puede ser otro que el *Physiologus* o más bien un *bestiaire*». En España, encuentro una posible confusión entre «fisiólogo» y «philósopho» en la *General estoria*, ed. A. G. Solalinde, I [Madrid, 1930], p. 90*a* (y cf. A. G. Solalinde, en

efectivamente, la pintura característica de la segunda etapa
en el itinerario simbólico de la tórtola. Surge ahora la
frase estereotipada que se cuela en *Fontefrida*: «ne·s vol ...
posar en arbre vert», «no·s posa pus en ram vert ne canta,
e tostemps mostra tristor»[36], «en verd no·s posa»[37]; y si
bien Eiximenis la usa con designio catequético, no tengo
noticia de que en la España medieval la «natura» así acu-
ñada se aplicara nunca a Cristo, la Iglesia o el pecador

Mélanges ... *F. Baldensperger*, II [París, 1930], pp. 252-253); aun así, juzgo que
la referencia es a Aristóteles (como un par de líneas más abajo, según la lectura
de la interpolación en *Castigos y documentos*: «el Filósofo en el *Libro de las
animalias*»), y Castrogeriz se fundaría en un comentarista, sufriría un lapsus o,
como otras veces, citaría a bulto.

36. Eiximenis, *Dotzè llibre del Crestià*, ed. C. Wittlin *et al.*, II, 2 (Gerona, 1987), pp. 398-399: «Fa qüestió Sent Gerònim en aquella matexa epístola
tramesa *ad Furiam* per què dona viuda vol marit. E diu: 'Ho bona dona viuda,
attén a la tortra, qui aprés qui à perduda la sua companyia jamés no·n vol altra,
ne·s vol alegrar ne cantar ne posar en arbre vert! O, gran exempli te donà Déus
e gran senyal de son bon consell per la dita obra de natura!' (E de Ambrosius,
prima Exameron, *Omelia* v.) Si dius que fas-ho per aver infans ... Sent Gerònim,
Epistola XCV [= ¿CXXIII, 3?], diu ...: 'Attén, donchs, com consella l'Apòstol
a les jovens viudes pendre marits perquè agen fills ...'» (agradezco a Lola Badia
la comunicación del capítulo que extracto, mientras el volumen estaba aún en
pruebas). *Lo libre de les dones*, ed. F. Naccarato *et al.*, Barcelona, 1981, p. 152:
«E Sent Ambròs en lo seu *Exameron*, *Omelia* IV [variante: v], sí dóna exempli
natural a les viudes de la tortra qui, aprés que ha perduda sa companyia, no·n
pren altra en senyal de éntegra amor a aquell, no·s posa pus en ram vert ne
canta, e tostemps mostra tristor. 'O, diu aquest, ja plagués a Déu que d'aquest
aucell prenguessen exempli les dones viudes'», etc. (María Luisa López-Vidriero
ha comprobado para mí que los manuscritos y ediciones de la traducción castellana existentes en la Biblioteca Nacional se ciñen al original.) En las *Epístolas* de
San Jerónimo, ninguna de las numerosas admoniciones sobre la viudez menciona
a la tórtola (aunque a la virgen Eustoquia se le aconseja, XXII, 18: «Vigila et
fiere sicut passer in solitudine»); Eiximenis, gran fantaseador, se limita a amplificar a San Ambrosio, *Hexameron*, V, 19: «Discite, mulieres, quanta sit viduitatis gratia, quae etiam in avibus praedicatur? Quis igitur has leges turturi de-
dit?», etc.

37. Jaume Roig, *Espill o Llibre de les dones*, ed. M. Gustà, Barcelona,
1978, p. 121: «Si n·escoltau / qualsevol d'elles / dir maravelles / e grans llaors /
del llur bell cors, / no·s farta mai: / com papagai, / de llengua juga; / diu se
tartuga: / jamai ofèn, / res no despèn, / ni beu ni tasta; / con tortra casta, / en
verd no·s posa ...»

arrepentido, mientras es diáfano que menudea a propósito del amor mundano.

Incluso al devoto autor del *Zifar* se le viene a la pluma, no en una de las largas páginas de sermoneo, sino en el momento, de singular densidad novelesca, en que la Emperatriz de las Islas Dotadas, Nobleza, plañe la partida de Roboán: «bivré sola sin plazer como la tórtola cuando enbiuda, que non sabe catar otro marido nin posa en ramo verde, mas en el más seco que falla ...»[38] Si no la propia avecilla, como en el romance, es la dama que se propone imitarla quien ahí enuncia las *proprietates* de la tórtola. No en balde uno de los textos que más eficazmente contribuyó a difundirlas en la nueva versión, pintoresca y secularizada, las ponía también en una boca femenina: pues Richard de Fournival no las enumera en *Li bestiaires d'amours* (donde sólo asoma la «torterele» que no «cange malle», sin más), sino en la *Response* con que una «feme» tan docta cuanto aguda se defiende frente al asedio galante del «biaus maistres» que firma el *Bestiaires* propiamente dicho[39].

La tórtola que no «posa en ramo verde» o, según la otra cara de la moneda, que se asienta «en el más seco que

38. Ed. C. P. Wagner, Ann Arbor, 1929, p. 479. Con adecuada cautela, B. Dutton y R. M. Walker, «El *Libro del cauallero Zifar* y la lírica castellana», *Filología*, IX (1963), pp. 53-67 (59-62), insinúan «algún contacto directo entre las palabras de Nobleza y el romance de *Fontefrida*», pero no proponen sino «un común origen poético, culto o popularizado». Opino que la fecha del *Zifar* no permite postular un eco del romance; más tentador sería buscarlo en el *Libre de les dones* (último decenio del siglo XIV), donde cabe oír un par de octosílabos (a la castellana) y la asonancia de *Fontefrida* («no·s posa pus en ram vert ... / e tostemps mostra tristor»), pero tampoco creo que sea el caso.

39. Ed. Cesare Segre, Milán-Nápoles, pp. 81 (*Bestiaires*) y 126 (*Response*) (y ed. F. Zambón, pp. 76-78 y 114): «Aimi lasse! que porroie je dont devenir? En non Dieu, dont porroie bien dire que moi couvenroit aussi faire que la caitive tourterele, que puis qu'ele a perdu son malle, que ja puis ne aura autre, ne ja puis ne vaurra seoir seur verdure. Et par Dieu, tout aussi sai je de voir que se il m'estoit mesavenu, que jamais joliveté n'aroit en moi ...»

falla» fue asimismo grata a la lírica cancioneril[40]. Hacia la primavera de 1473, Fernando el Católico «partió de Alcalá a socorrer al Rey de Aragón, su padre, que lo tenían los franceses cercado en Perpiñán», y Gómez Manrique le dirigió en seguida unas coplas para ponderar el desconsuelo de la corte toda, «las damas y la señora, en tamaña soledad», y evocar en especial el «gesto ['rostro'] / triste, fermoso y honesto / de la Princesa de España»,

> la cual fuye las verduras
> como la tórtola faze:
> el deseo la desfaze,
> todo plazer la desplaze,
> los gozos le son tristuras ...[41]

Veintidós años después, en 1495, «las damas y la señora» se entretenían con el juego de cartas «trovado» por Jerónimo de Pinar. Cada naipe llevaba «cuatro cosas» (un árbol, un ave, una canción y un refrán), y, a juzgar por las que se le adjudican, la destinataria del que copio a continuación debía de ser viuda o, puestos en lo peor, llorar la ausencia del amado:

> Un álamo todo seco,
> señora, devés tomar
> la raíz y todo hueco,
> en que os podáis assentar;
> y ell ave, la tortolilla,

---

40. Con todo, no creo que sea ella «lo pus chich animal» aludido por Bernat Fenollar y Narcís Vinyoles en un intercambio de pregunta y respuesta: «Tal animal no·s posa may en rama», pero su nombre debiera contenerse en las dos primeras sílabas del de «Brianda». ¿Se tratará de la «vibra», tan prominente en los *Bestiaris* catalanes? (Nótese el juego de palabras «viu y viurà» en el último verso de la respuesta de Vinyoles.) Los textos, en A. Rodríguez-Moñino, *Suplemento al «Cancionero general»*, Valencia, 1959, p. 66 (según la edición de 1514).

41. En Nueva biblioteca de autores españoles, XXII, p. 111.

> desque bive con dolor;
> y el cantar, por más manzilla,
> «Nunca fue pena mayor»;
> y el refrán, que 'por do vas,
> como vieres assí haz' [42].

No es imposible que Gómez Manrique tuviera en mente *Fontefrida* («todo plazer la desplaze»). Pinar lo cita indudablemente («con dolor»), pero no se circunscribe a los elementos que el romance proporciona, antes los redondea tomando directamente de una tradición vetustísima el dato de que la tórtola se refugia en el «hueco» de los árboles [43]. No vacilemos en calificarlo de experto en el tema: aparte esa adición erudita, entre los pliegos sueltos de Hernando Colón se contaba una pieza suya sobre el «páxaro solitario» y la «tortolilla» del salmo LXXXIII [44].

---

42. *Cancionero general*, fol. CLXXXIII; «el cantar» es del Duque de Alba, *ibidem*, fol. CXIII. Sobre la fecha, R. Menéndez Pidal, *Romancero hispánico*, II, p. 46, n. 47.

43. Cf. Aristóteles, *Historia animalium*, VIII, 16 (600 *a* 20), e Isidoro, *Etimologías*, XII, VII, 60 (recensión hispana): «Quae [turtur] etiam hieme deplumata in truncis arborum concavis habitare perhibetur»; ahí parecen inspirarse bestiarios como el de Cambridge (trad. T. H. White, *The Bestiary*, Nueva York, 1960, p. 145) y el de Brunetto Latini (trad. cast. [cf. arriba, n. 24], p. 34: «todo el invierno está en los forados de los árboles»). Marcel Bataillon, pp. 153-154, sugiere que «del no posarse en ramo verde [los textos tardíos] pasaron a la idea positiva de posarse en ramas secas». ¿No ocurriría más bien que de la temprana imagen de la tórtola «in truncis arborum concavis» se pasó a la negativa del «ramo verde»? (Adviértase, incidentalmente, que la «turtur» virgiliana debe de gemir en un olmo verde; compárese 'la flor del sauce' en el mismo contexto de la *Bucólica* I, 54.)

44. La atribución no es problemática, aunque el *Abecedarium* colombino hable de «Hieronimus Delphinal», *apud* A. Rodríguez-Moñino, *Los pliegos poéticos de la Biblioteca Colombina*, Madrid, 1976, núm. 249, p. 127, en relación con el índice de la p. 175 («Dice el páxaro ...»); y vid. *Diccionario*, núm. 162, pp. 198-199. En otro naipe del «juego trovado» sale «por ave un solitario, / qu'es ave con quien peleo» (fol. CLXXXIII vo.). Cf. arriba, n. 21.

«... *turbia la bebía yo*»

La Edad Media conoció aún un tercer estadio en la caracterización de la tórtola: a la casta viuda solitaria y gemebunda que no se detenía en ramo verde, se le atribuyó también una insana aversión al agua clara, hasta el punto de no beber sin antes enturbiarla. Que yo sepa, las más antiguas versiones del motivo se hallan en la *Rota Veneris* y, al poco, en la *Rhetorica antiqua* (1215) de Boncompagno da Signa. La *Rota*, una «summa dictaminis de arte amandi», lo presenta con brevedad en la carta de una muchacha al amigo ido «in regionem longinquam» y sin prisas por volver; en otra «de muliere que amicum suum revocare intendit», la *Rhetorica* lo alude de forma aún más sucinta y conceptuosa. Ninguna de las dos referencias tiene la suficiente enjundia para haber engendrado la «natura» en cuestión (ambas, y en especial la segunda, suponen tanto o más que dicen)[45], pero la extraordinaria difusión de los manuales epistolares y escritos retóricos de Boncompagno sí debió contribuir eficazmente a la popularización de la idea. En cualquier caso, su temprana aparición en el maestro de Bolonia es ya un buen indicio del ámbito en que el *tópos* hubo de originarse y por el que ha circulado con mayor tenacidad. Pues desde Boncompagno y Cecco d'Ascoli hasta la lírica tradicional de nuestros días, la

45. B. da Signa, *Rota Veneris*, facsímil, pról., trad. y notas de J. Purkart, Nueva York, 1975, pp. 58-59: «Alioquin faciam sicut turtur que suum perdidit maritum ... Illa quidem postea non sedet in ramo viridi sed gemit in sicco, voce flebili iugiter, et aquam claram turbat cum appetit bibere ...» (vid. la n. 66 del editor; la carta siguiente, a una joven que quiere hacerse monja, comienza: «Vox turturis, immo pocius catuli, audita est ...»). La epístola pertinente de la *Rhetorica antiqua* puede verse ahora en P. Dronke, *Medieval Latin and the Rise of European Love-Lyric*, Oxford, 1965-1966, pp. 483-484: «Sedens more turturis in ramusculo sico, gemo assidue, turbans potum cum bibo ...» (otras tórtolas afines en cartas y poemas de amor, en las pp. 441 y 478).

tórtola enemiga de las aguas cristalinas se posa con tal insistencia en textos italianos[46] y da tan cortos vuelos por otros aires, que se impone reputarla nativa o, cuando menos, ciudadana predilecta de la Penisola. *Fontefrida* aparte, así, yo sólo la descubro en otra formulación medieval en casfellano: «todos tiempos observa castidad mientras es viva, e jamás non bebe agua clara nin se asienta en rama verde». Pero tal formulación se lee, significativamente, en una *Flor de virtudes* manuscrita que traduce una divulgada obrilla italiana[47].

Ya que no en castellano, con todo, en España la tórtola en cuestión —«ne·s posa en arbre vert ne beu aygua clara»: tampoco ahora nos falta el testimonio de Eiximenis[48]— sí fue nombrada reiteradamente en catalán[49]. En

46. Cf. V. Cian, «Strambotti del secolo XV», en *Giornale storico della letteratura italiana*, IV (1884), pp. 23, 331-332, y A. D'Ancona, *La poesia popolare italiana*, Livorno, 1906², pp. 225-228 (admirablemente utilizados por M. Bataillon, pp. 156-159), así como su ed. de *Le rime di B. Cavassico*, I (Bolonia, 1893), pp. CCXIX-CCXXV, y los complementos de Michele Feo, en *Annali della Scuola Normale Superiore di Pisa*, Cl. lett. e filos., V, 4 (1975), pp. 1.710-1.711; y vid. aun M. Corti, en *Giornale storico...*, CXXXVI (1959), pp. 23-25.

47. Ed. J. M. Azáceta, *Cancionero de Juan Fernández de Ixar*, Madrid, 1956, vol. II, p. 741 (al final, p. 752, el texto va fechado en 1470). Las traducciones catalana y castellana consultadas por Bataillon (p. 161) carecen de la frase que nos importa aquí, porque dependen de una fuente italiana en que ocurre otro tanto; cf. A. Cornagliotti, ed., *Flors de virtut. Versió catalana de F. de Santcliment*, Barcelona, 1975, p. 169.

48. «... aquest peccat [adulteri] és contra lig de natura ... Dien los naturals que la leona si és estada coneguda per lo leopart no·s gosa acostar al leó ... Dien axí matex ... de la cegonya ... La tortra per natura ama tant son mascle que si mor jamés no canta, ne·s posa en arbre vert ne beu aygua clara» (*Terç del Crestià*, cap. DLXXXIII; cito por la edición que prepara Xavier Renedo —quien propone que el pasaje se inspira en el *Collectiloquium* de Juan de Gales—, gracias a la comunicación de Lola Badia).

49. No descarto radicalmente la posibilidad de que nuestra tórtola esté al fondo de la intrigante cantiga «Levad', amigo que dormides as manhanas frias ...», de Nuno Fernandes Torneol; porque esas «aves» a quienes la ausencia —parece— del amado les deja sin «os ramos en que pousavan» y les seca «as fontes en que bevian» se entienden mejor a tal luz; cf. S. Reckert, *Cantigas de amigo*, Barcelona, en prensa, núm. 20.

esa lengua, en efecto, escribió fra Anselm Turmeda la *Disputa de l'ase*, por más que únicamente se nos haya conservado en una versión francesa; y aunque la compuso en Túnez, en 1417 y 1418, nos consta que tuvo pronto y duradero éxito tanto en Aragón como en Castilla. Para ventilar irónicamente el viejo pleito sobre la superioridad de los animales o del hombre, la *Disputa* adapta con ingenio un debate árabe inserto en la enciclopedia de los Hermanos de la Pureza. De él proviene la gran mayoría de pruebas de que los primeros aventajan largamente al segundo en instinto, entendimiento y virtudes. Pero es inútil buscar en la fuente árabe la menor correspondencia con el pasaje en que el asno ilustra a fra Anselm con las cualidades de la tórtola: «Que vous semble, frère Anselme, de la vraye amour que porte la tourterelle à son masle? que quand il est mort elle faict très grand dueil et ne repose iamais sur arbre verd, ny ne boyt eaue claire, mais trouble, et si elle ne trouve de l'eau trouble, elle la trouble auec les piedz et alors boyt. Et puis demoure veufve tout le temps de la vie, sans qu'elle veulle prendre mary. Et vos femmes, frère Anselme, à peine est pourry leur mary en la fosse, mais se pourroit encore faire saulce de leur soye, que tout soubdain cherchent aultres mariz ...»[50]

Turmeda convierte el panegírico de la tórtola en un dicterio de las mujeres. Exactamente el mismo camino sigue Ausias March (¿a zaga de la *Disputa*?) en el *maldit* contra Na Monbohí (XLII), donde la precisa descripción de la copla inicial funciona solo como piedra de parangón negativo, como reverso de la lujuria de la «alcavota provada»:

50. Ed. R. Foulché-Delbosc, en *Revue Hispanique*, XXIV (1911), p. 459. Existe ahora una buena traducción del modelo árabe: *La disputa de los animales contra el hombre*, por E. Tornero Poveda, Madrid, 1984. Sobre el pasaje de Turmeda citado, cf. en especial M. Asín Palacios, *Huellas del Islam*, Madrid, 1941, p. 155 (y antes en *Revista de filología española*, I [1914], p. 47).

> Vós qui sabeu de la tortra ·l costum,
> e si no·u feu, plàcia'l-vos hoyr:
> quant mort li tol son par, se vol jaquir
> d'obres d'amor, ne beu aygua de flum,
> ans en los clots ensutza primer l'aygua,
> ne·s possa may en vert arbre fullat.
> Mas contr·açò és vostra qualitat,
> per gran desig no cast qu·en vós se raygua ...

Joan Roís de Corella increpó a la pérfida Caldesa con palabras aun más duras que March a Na Monbohí, mientras reservaba todos los elogios para «la senyora viuda Flors de Vallterra», es decir, Lionor de Flors, a cuya instancia compiló una *Història de la Magdalena* y a quien, sin duda, dedicó un poema con promesas de fidelidad tan encendidas como los denuestos contra Caldesa:

> Sol pel desert, fugint la primavera,
> en ram florit no pendré mai posada;
> ab plorós cant, en aigua reposada
> nunca beuré en font ni en ribera ... [51]

Amén del *senyal* «Flor d'honestat», es justamente la identificación de Corella con la tórtola lo que permite concluir que el madrigal está dirigido a Lionor de Flors: el poeta se aplica, por paradoja, el término de comparación (tácita) que otras veces aplicó a la dama[52]; y el recurso a la misma

---

51.   *Obra profana*, ed. J. Carbonell, Valencia, 1973, p. 47; «sol pel desert» recuerda de cerca un giro consagrado desde Isidoro (cf. arriba, n. 22) hasta los bestiarios (vgr. *Physiologus Latinus Versio Y*, ed. F. J. Carmody, Berkeley, 1941, p. 131: «Turtur sedet in desertis, hoc est in solitudinibus secedens»). Las observaciones que hago en el texto confirman la propuesta de M. de Riquer, *Història de la literatura catalana*, III, pp. 268-269.

52.   En el poema «En lletres d'or», se la imagina «d'alabaust en figura», mostrando en la mano «un ram de agnus castus, / sobre lo qual planyerá una tortra» (p. 53). Creo acertada la sugerencia de J. Carbonell, p. 23, de reconocer un ciclo en —cuando menos— las tres composiciones que aquí cito (la *esparsa* siguiente, de la p. 61).

imagen parece asegurar que también a Lionor se endereza
cierta elegantísima *esparsa*:

> Des que perdí a vós, déu de ma vida,
> perquè vejau porte corona casta,
> està el meu cos que extrema set lo gasta:
> car io sol bec aigua descolorida
> ni em pose mai en rama verd florida,
> mas vaig pel bosc passant vida ermitana
> e prest responc, si alguna em demana,
> que sola vós de mi sereu servida.

No remoto es el tono de la «Lamentació que féu
l'Emperador per la mort de Tirant» (*Tirant lo Blanc*,
CDLXXII), donde, a vueltas de alguna posible reminiscencia de los versos que cierran la *Tragèdia de Caldesa* («Mou-
rà's corrent la tremuntana ferma», etc.), el venerable motivo de la ciudad contemplada como novia o esposa del
conquistador o soberano (vid. abajo, pp. 160 y sigs.) se
concilia con la encarnación de Grecia en la tórtola desmarri-
da: «Moguen los vents aquesta terra ferma, i les muntanyes
altes caiguen al baix, i els rius corrents s'aturen, *i les clares
fonts mesclant-se ab l'arena, tals les beurà* la terra de gent
grega, *com a trista tortra* desamparada de l'espòs Tirant ...»

La encrucijada del romancero trovadoresco

Los apuntes que preceden no son una historia de la
tórtola simbólica en la Edad Media española, tarea que
habría requerido otra disposición de los materiales y más
sosiego para examinarlos. Buscan tan sólo trazar unas coordenadas de espacio y tiempo que nos ayuden a determinar
la posición originaria de *Fontefrida*. A muchos propósitos,
como bien ha subrayado el maestro Asensio, nuestro romance «se nos ofrece en espléndido aislamiento, sin fran-

cas referencias históricas o literarias». Pero entiendo que el itinerario de la tórtola sí nos brinda algunas singularmente reveladoras.

He distinguido tres etapas temáticas en ese itinerario. En la primera, de arranque más antiguo, la tórtola «viuda y con dolor» se documenta con largueza en latín, castellano y catalán en los siglos XIII, XIV y XV, con sentido tanto sacro como profano. En la segunda, la tórtola que no posa «en ramo verde» no se nos descubre ya sino en los siglos XIV y XV, en castellano y en catalán, y con acento más regularmente mundano. En la tercera, la tórtola que bebe el agua «turbia» comparece exclusivamente en catalán, en el umbral o en el curso del siglo XV[53], y principalmente en la literatura de creación. La excepción a tal regla es una traducción castellana del *Fiore di virtù*, que nos recuerda un dato perfectamente establecido por otras vías: la última imagen de la tortolilla es de procedencia italiana y es en Italia donde tiene, hasta hoy, una popularidad incomparablemente mayor.

En semejante cuadro, sin más, *Fontefrida* se nos sugiere como brotado en un entreverarse de raíces castellanas y cultura italiana, verosímilmente a través de engarces catalanes. Pero la sugerencia se concreta y se hace más aceptable todavía al caer en la cuenta de que el más temprano rastro que cabe hallar del romance figura en un texto copiado en Italia por el mallorquín Jaume d'Olesa en 1421 o poco después: el único nombre, la única biografía que podemos poner en la prehistoria de *Fontefrida* responde llamativamente al retrato ideal que nos proponían indicios de orden muy diferente[54].

---

53. El *Terc del Crestià* (vid. arriba, n. 48), el más antiguo de los libros de Eiximenis citados aquí, data de 1384.

54. Por otro lado, Tapia, el glosador de *Fontefrida*, «había estado allá [en el Ampurdán] algún tiempo» (*Cancionero general*, fol. CLXXVI), pero el epitafio a César Borgia que comúnmente se le atribuye y que podría interpretarse como

Llegados aquí, nuestro primer impulso nos lleva a pensar en los aledaños de Alfonso V, y particularmente en aquella corte napolitana donde se codean italianos, catalanes y castellanos de lengua, y donde, según las ideas recibidas, «se cantan por primera vez romances viejos españoles y se escriben, también por vez primera, romances al estilo de los antiguos»[55]. En ella nos tropezamos incluso con algún poeta en quien podríamos reconocer, en pura teoría, todos los requisitos pertinentes para ahijarle *Fontefrida*. Aludo, claro está, a Carvajal, rimador en italiano, autor de dos o tres romances, cultivador insistente de la pastorela y curiosamente compenetrado con el único compañero constante que la tradición concedió a la tórtola viuda:

> *Sicut passer* solitario,
> soy tornado a padescer,
> triste e pobre de plazer ...[56]

Carvajal no parece haberse incorporado a la corte sino varios años después de que el Magnánimo entrara triunfalmente en Nápoles. Cierto que al pensar en los aledaños de Alfonso V no tenemos por qué limitarnos al período más esplendoroso de su asentamiento en Nápoles: la aventura italiana se abre con la expedición a Cerdeña y Sicilia en 1420, sin otro paréntesis español que el de 1424 a 1432. Pero incluso la más remota de esas fechas resulta demasiado tardía a nuestro objeto, si admitimos (sin una certeza

muestra de interés por las cosas de Italia parece ser más bien obra de Soria (vid. A. Rodríguez-Moñino, *Suplemento al «Cancionero general»*, p. 11 y núm. 141).

55.   Margit Frenk, «¿Santillana o Suero de Ribera?», *Nueva revista de filología hispánica*, XVI (1962), p. 437. Según se verá, opino que esa atracción por el romancero debe retrotraerse en el tiempo y vincularse a la que atestigua Olesa (y de paso: no veo en ella ninguna influencia 'renacentista').

56.   Ed. E. Scoles, p. 112, y *Cancionero de Estúñiga*, ed. N. Salvador Miguel, Madrid, 1987, pp. 546-547. Vid. arriba, notas 21, 31, 36 y 44.

absoluta, mas con la mayoría de las probabilidades a favor de tal interpretación) que Olesa había copiado un par de octosílabos de *Fontefrida* con posterioridad al 23 de septiembre de 1421 (cf. n. 3).

Con todo, no descuidemos el paisaje y la época que prologan los años gloriosos de Nápoles. Las mocedades de Alfonso como Príncipe de Gerona y joven Rey de Aragón fueron un ensayo —en ciertos aspectos, más brillante que la representación definitiva— de feliz convivencia de las letras castellanas y catalanas: recuérdese simplemente que en el decenio en que don Íñigo López de Mendoza ostentó el cargo de copero mayor del Magnánimo, y sobre todo a su arrimo entre 1412 y 1418, hubo de relacionarse con Ausias March y Pedro de Santa Fe, Jordi de Sant Jordi y Alfonso de Barrientos, Andreu Febrer y Juan de Valtierra, Lluís de Vilarrasa y el juglar Rodrigo de la Guitarra... [57] Todos esos poetas tenían trato continuo con gentes y libros de Italia ya antes de la expedición de 1420, y para varios de ellos *le tre corone* constituían incluso puntos de referencia importantes. Pero ni siquiera tal situación era enteramente nueva: un cuarto de siglo antes, don Enrique de Villena, el gran mentor de Santillana, se había educado en el reino de Valencia, en las proximidades de Eiximenis y de un linaje de escritores tan conspicuos como los March [58].

Es en Italia, sin embargo, donde Jaume d'Olesa recoge el primer eco de *Fontefrida*, y también en la Italia anterior a Alfonso V existían núcleos donde nuestro romance se deja explicar fácilmente. Si el propio Jaume, «studens in jure civili», no transcribió *La dama y el pastor* en Bolonia [59], en Bolonia había enseñado pocos años atrás un fami-

---

57.   Vid. M. de Riquer y L. Badia, *Les poesies de Jordi de Sant Jordi*, Valencia, 1984, pp. 24-43.

58.   Cf. P. M. Cátedra y D. C. Carr, «Datos para la biografía de Enrique de Villena», *La Corónica*, XI, 2 (primavera de 1983), pp. 293-299.

59.   Según se ha venido suponiendo desde E. Levi, p. 46.

liar suyo, Bernat d'Olesa, y allí, en la universidad y en el Colegio de España, bullía una nutrida colonia de profesores y alumnos tanto de Castilla como de Aragón. Que Jaume conociera y copiara en Italia «Gentil dona» probablemente se puede entender como un indicio de que el romancero se saboreaba en esos círculos de «studentes in iure»; y quien gustara de *La dama y el pastor* había de apreciar *Fontefrida*, tan afín en el diseño de pastorela, en el fracasado intento de seducción, en el ritmo del comienzo o en la contundencia de la despedida («Allá vages, mal villano, / Dieus te quera mal feser ...»: «Vete d'aý, enemigo, / malo, falso, engañador ...»).

A Bolonia, por otra parte, corresponde un papel notable en la geografía e historia de la tórtola que huye el agua clara. En Bolonia, en las *artes dictandi* de Boncompagno, se localizan las primeras apariciones del motivo (sin olvidar que, entre los otros testimonios rigurosamente más antiguos, el de Cecco d'Ascoli viene de quien enseñó en su facultad de medicina, en tanto el *Fiore di virtù* fue compuesto en la Emilia). En Bolonia estudió fra Anselm Turmeda, asimismo uno de los dos primeros españoles en cuya obra se echa a volar la tórtola en cuestión (inútil insistir en que, si no nos consta que por allí fuera a pasar Eiximenis, sí sabemos que había viajado por Italia). ¿Habremos de atribuirlo todo al azar? ¿O será más discreto juzgar que el nacimiento de *Fontefrida* en el mundo estudiantil de Bolonia es una hipótesis que se ajusta adecuadamente a los hechos observables?

Elija cada cual. En el estado de nuestro conocimiento, ninguna conclusión puede darse por adquirida. La redacción de un texto poético es un acto individual; y en los actos individuales entran demasiadas variantes imponderables para pretenderlos obedientes a las mismas líneas de fuerza que comprobamos en las series culturales. Los datos a mano apuntan que *Fontefrida* es el fruto de un fecundo intercambio entre las tradiciones castellana, catalana e italiana. Según el alcance que asignemos a la miscelánea de Jaume d'Olesa, nos inclinaremos a situarlo más cerca de la Nápoles del Magnánimo o de la Bolonia de hacia 1400, o, quizá mejor, lo pondremos en el entorno de Alfonso, pero antes de pasar a Italia, antes de 1420. O bien, decidiremos que los factores que presiden la trayectoria poética de la tortolica que bebía el agua turbia (de origen y ámbito principalmente italiano, conocida en la España del siglo xv a través de autores de lengua catalana) no sirven para resolver el problema de *Fontefrida*.

Aun en tal caso, sin embargo, quizá sí podamos conceder que los elementos que no nos valen para dilucidar el alumbramiento del individuo sí iluminan la génesis de la especie. Porque el romancero se sentía como género de «rústicos» (Mena *dixit*) todavía en la Castilla de Juan II, un cuarto de siglo después de que el mallorquín Olesa se deleitara con *La dama y el pastor* y con las resonancias de *Fontefrida* que amigos nada «rústicos» hubieron de comunicarle en Italia. Es imprescindible relacionar ese hecho con el aprecio por el romancero que se advierte en la vecindad de Alfonso V: en Carvajal, en «Miraba de Campoviejo», en Juan de Sevilla, en el romance de autor catalán («Por los montes Perineos ...») compuesto cuando el Príncipe de Viana se refugió en Nápoles [60]. Pues si el texto transcrito por Olesa se contempla en conexión con los alfonsíes, inmediatamente se percibe que las primeras muestras de un romancero trovadoresco y hasta erudito (ni que decir que las *proprietates* de la tórtola de *Fontefrida* no eran noticia de «rústicos») nos conducen a Italia y a hombres de la Corona de Aragón. Es lícito conjeturar que de allí vinieron —entre tantas cosas— modelos y estímulos decisivos para alzar el romancero a un nuevo registro.

60.   Véase R. Menéndez Pidal, *Romancero hispánico*, II, pp. 19-20 y 205.

2

PEDRO DE VERAGÜE Y FRA ANSELM TURMEDA

A Brian Tate

El interés por las dimensiones específicamente estéticas de la literatura, el moderno espejismo de identificar la calidad artística con la singularidad de la obra poética y me pregunto si también las necesidades de la enseñanza (elemental, por multitudinaria) tienden a limitar peligrosamente el campo de nuestros estudios a un puñado de creaciones geniales. La situación es poco menos que alarmante en el dominio medieval[1]; y en el pecado se lleva la penitencia, porque tal vez en ningún otro período las obras maestras han estado más insertas que en la Edad Media en una

---

1. Es grato registrar aquí [en el *Bulletin of Hispanic Studies* de la Universidad de Liverpool] las recientes llamadas de atención de dos hispanistas británicos, K. Whinnom, *Spanish Literary Historiography: Three Forms of Distortion*, Exeter, 1967, pp. 12-13, 18, y D. W. Lomax, «The Lateran Reforms and Spanish literature», *Iberoromania*, I (1969), p. 299. [Desde que se escribió este artículo en 1970, las cosas han cambiado en una medida importante (basta comparar las introducciones de Alan Deyermond a cada uno de los capítulos del volumen original [1980] y del primer suplemento [1990] de *Historia y crítica de la literatura española*, I: *Edad Media*: paradójicamente, las de 1990 son más extensas que las de 1980). Las obras de segunda y tercera categoría probablemente reciben ahora una atención mayor que las contadas «creaciones geniales» a que yo aludía. El problema está, si acaso, en que aquellas se contemplan demasiado a menudo como si tuvieran los mismos valores literarios que estas, y estas quizá no se benefician debidamente de la perspectiva que brindan aquellas.]

tradición y en un sistema, y nunca como entonces el conjunto y los varios componentes de una manifestación literaria han cobrado pleno sentido —antes que como hechos autónomos— integrados en una serie y en una estructura[2].

La producción gnómica y sapiencial, pongo por caso, pese a ser una de las vetas más ricas e influyentes de la cultura hispana medieval, no ha sido todavía objeto de un análisis detenido[3], que sin duda habría de arrojar raudales de luz sobre el panorama de las letras peninsulares, de la *Disciplina clericalis* o la lírica de los *cancioneiros* hasta Ausias March o *La Celestina*. Obviamente, ese estudio global debe ir precedido de buen número de trabajos monográficos de corto vuelo (bibliografías, ediciones de obras olvidadas, escrutinios de fuentes, descripción de rasgos de estilo, etc.). Las presentes páginas quisieran ser una aportación mínima a semejante tarea previa.

Pretendo, en efecto, señalar la dependencia de la *Doctrina de la discrición*, de Pedro de Veragüe[4], respecto al

2.   [He hecho alguna observación al respecto en «Tradición y experimento en la poesía medieval», *Romance Philology*, XXVI (1972-1973), pp. 673-689, reimpreso como prólogo a Peter Dronke, *La individualidad poética en la Edad Media*, Madrid, 1981.]

3.   Son comprensiblemente parcas las indicaciones de C. Segre, en el *Grundriss der romanischen Literaturen des Mittelalters*, ed. H. R. Jauss y E. Köhler, VI/I, Heidelberg, 1968, pp. 102-108. [Otras más pormenorizadas se hallarán en la contribución de W. Mettmann al mismo *Grundriss*, IX, 2, fasc. 7 (1983): *La littérature dans la Péninsule Ibérique aux XIVe et XVe siècles*. Entre los últimos trabajos, es notablemente útil el estudio de B. Taylor, «Old Spanish wisdom texts: some relationships», *La Corónica*, XIV: 1 (1985), pp. 71-85.]

4.   Edición de R. Foulché-Delbosc, *Revue Hispanique,* XIV (1906), pp. 565-597; anuncia la publicación de un texto crítico R. A. Del Piero, «Explicación literal de la *Doctrina de la discrición*», *Publications of the Modern Language Asociation of America*, LXXXIII (1968), pp. 1.334-1.346, artículo donde se incluyen ya diversas variantes, pasajes que faltan en el manuscrito usado por Foulché (y antes por F. Janer, Biblioteca de autores españoles, LVII) e interesantes comentarios. Los números entre paréntesis remiten a la copla correspondiente, salvo en las citas del prólogo en prosa, que refieren a las páginas de Foulché o Del Piero. [La edición de R. A. Del Piero, *Dos escritores de la baja Edad Media castellana (Pedro de Veragüe y el Arcipreste de Talavera, cronista*

Libre de bons amonestaments (1398), de fra Anselm Turmeda[5]. Turmeda, el increíble franciscano mallorquín convertido en truchimán del Rey de Túnez[6], reunió en los 428 versos del *Libre* un copioso repertorio de máximas morales, preceptos religiosos y dardos de ironía envenenada, donde se combinan sin plan reconocible reminiscencias doctas, ecos populares y destellos de positivo ingenio personal. Fuerza es conceder que no se trata de la obra más valiosa (aunque sí la más difundida) ni más original de fra Anselm: pues si por un lado sus mejores momentos distan mucho de la gracia y la agudeza que a menudo brotan en la *Disputa de l'ase*, por otro sucede que alrededor de la cuarta parte del *Libre* es fiel traducción de la *Dottrina* atribuida al enigmático personaje conocido como el Schiavo di Bari[7].

La obrita de Veragüe, en centenar y medio de estrofas, ofrece dos secciones de nítida fisonomía: la primera contiene una sumaria exposición del Credo, los Mandamientos, las siete virtudes, las obras de misericordia, los pecados capitales, los cinco sentidos y los Sacramentos; la segunda, bajo el epígrafe (en el ms. *S*) de *Trabajos mundanales*, introduce una revuelta colección de admoniciones vulgares, consejos dictados por el sentido común y alguna observación no desprovista de agudeza. Pero si el *Libre* de Turme-

---

real), Madrid, 1971 (Anejos del *Boletín de la Real Academia Española*, XXIII), se publicó cuando mi artículo estaba en prensa, sin añadir novedades de interés a nuestro propósito.]

5. Edición de M. Olivar, en B. Metge y A. Turmeda, *Obres menors*, Barcelona, 1927, pp. 144-159. Cito por página y línea.

6. Vid. la excelente visión de conjunto de M. de Riquer, *Història de la literatura catalana*, II, Barcelona, 1964, pp. 265-308, [y el resumen de las varias aportaciones del padre M. de Epalza, *Anselm Turmeda*, Palma de Mallorca, 1983, con toda la bibliografía anterior.]

7. Cf. el cotejo de textos realizado por A. Calvet, *Fray Anselmo Turmeda, heterodoxo español*, Barcelona, 1914, pp. 160-170, donde, sin embargo, no se agotan los paralelos. Cito la *Dottrina* por la edición de F. Babudri, *La figura del rimatore barese Schiavo nell' ambiente sociale e letterario duecentesco di Puglia e d'Italia*, Bari, 1954, pp. 167-180.

da había espigado largamente en el poema del Schiavo, la *Doctrina* de Veragüe, a su vez, sigue y calca a menudo las coplas de fra Anselm.

Al hilo del catecismo

Quizá no sea inútil dar un repaso a la *Doctrina de la discriçión* al arrimo de las coincidencias —de diverso orden— con el *Libre de bons amonestaments*. Una y otro, fieles al modelo de los *Dicta Catonis* (desdeñado a tal propósito por el Schiavo di Bari), se abren con un prologuillo en prosa. El *Libre* descubre ahí, no sin ambigüedad, las «dues cares» (152.20) del autor, «Frare Anselm Turmeda» al tiempo que «Abdal·là», y maestro de «bons ensenyaments, ja que ell mal los haja seguit» (144.12-15). El contraste entre las provechosas lecciones de la obra y «los yerros y máculas» del poeta se expresa en Veragüe con un rosario de sintagmas no progresivos, no sabría decir si más al arrimo de la retórica, las tiradas de sinónimos de la tradición isidoriana o el estilo curialesco[8]. Como sea, las muy concretas referencias biográficas de fra Anselm se han trocado, en la *Doctrina*, en una vaguísima proclamación de «disuluta sensualidad [...], vanas e viles costumbres» (p. 565). Nos las habemos —claro está— con una característica variante de la fórmula de acusación con que el penitente iniciaba la confesión de sus pecados, aducidos ante el sacerdote de acuerdo con un esquema catequístico parejo al que preside la primera parte de nuestra pieza[9];

---

8. «Deseando llegar al verdadero estado e conosçimiento, dando gracias al soberano bien, consyderando los trabajos e defectos que se recresçen por los viçios e deseos», etc. (p. 564).

9. Como muestra, pueden verse últimamente D. W. Lomax, art. cit., pp. 304-306, y E. B. Strong, «The *Rimado de Palacio*: López de Ayala's Rimed Confession», *Hispanic Review*, XXXVII (1969), pp. 439-451; [y ahora, del mismo

fórmula tan imprecisa en Veragüe como pudiera serlo en cualquier *Tractatus de paenitentia* y donde llega a oírse un eco del «mea culpa» del *Confiteor* («yo caý por mi culpa...»). Un tono plañidero, arropado en figuras etimológicas[10], nos presenta por enésima vez ese *yo* que no designa sino a la condición humana y que parece casi de regla en la didáctica medieval[11]. Y mientras Turmeda concluye el preámbulo con un ruego y un acto de esperanza de dudosa interpretación («Prec Deu per ell, que el leix bé finar un son cor desige» ¿alude a la fe o a la tierra cristiana?), su imitador acaba de modo más claramente convencional[12]: «y suplico aquel soberano juez le plesga jusgarme segund la su grand misericordia, y no segund mis grandes culpas, por la su ynfynita piedad, amén» (p. 1.337 *a*).

Tras la invocación devota de rigor, Veragüe declara el modesto alcance del poema. Y si no tuviéramos la absoluta certeza de que la *Doctrina* sigue al *Libre* y toma de aquí y allá sin orden aparente, no podríamos conjeturar que tan

---

Lomax, «El catecismo de Albornoz», en el colectivo *El Cardenal Albornoz y el Colegio de España*, Bolonia, 1972 (= *Studia Albornotiana*, XI, pp. 213-233); J. Menéndez Peláez, «Catecismo y literatura en la España medieval», *Studium Ovetense*, VIII (1980), pp. 7-41 (por más que sigue creyendo que la *Doctrina* «parece pertenecer al siglo XIV»); G. Orduna, ed., P. López de Ayala, *Rimado de palacio*, Pisa, 1981, vol. II, pp. 10-11; y J.-L. Martín y A. Linage Conde, *Religión y sociedad medieval. El Catecismo de Pedro de Cuéllar (1325)*, Salamanca, 1987.]

10. «La bivienda desta triste vida», «apiadándome en la su piadad» (p. 565), «aquel soberano juez le plesga jusgarme» p. 1.337 *a*).

11. Cf., por ejemplo, M. R. Lida de Malkiel, *Estudios de literatura española y comparada*, Buenos Aires, 1966, pp. 12-13, 40, [y F. Rico, *Vida u obra de Petrarca*, I: *Lectura del «Secretum»*, Padua (y Chapel Hill), 1974, pp. 511-516.]

12. Comp., v. gr., el final de la confesión de Álvaro de Luna en el *Doctrinal de privados* del Marqués de Santillana, poema que, según se verá, quizá fue conocido por Veragüe: «Grandes fueron mis pecados, / grand misericordia pido / a Ti, mi Dios infinido, / que perdonas los culpados / [...]. Non desespero de Ti, / mas espero penitençia, / ca mayor es tu clemençia / que lo que te meresçí» (Nueva biblioteca de autores españoles, XIX, p. 508 *a*).

humildes y tópicas palabras tal vez imiten (y, en cierto modo, den la vuelta) a la afirmación de Turmeda:

Non fablando con letrados
frayres, monjes e perlados,
de quien somos *enformados*
  en la ley,
esto pensé ordenar
para *el niño* administrar,
porque es malo d'espulgar
  el çamarro. (2-3)

Aquest llibret io t'he dictat
per ço que, si ést demanat
d'algun fet, sies *informat*
  de la resposta.
E no l'he dictat en llatí
per ço que el vell e *lo fadrí*,
lo estranger e lo cosí
  entendre el puixen.
                  (159.5-12) [13]

Notemos, al paso, que, si bien Veragüe aspira a catequizar al «moço chico» (142), prescinde de los frecuentes «fill meu» del *Libre*, en que habían venido a desembocar los «fili karissime» del pseudo Catón y de tantas colecciones de castigos y documentos.

Una invitación a la confianza en la Virgen (5-6), no ausente del *Libre* (158.9-20), da entrada a una advertencia que en la intención del autor debiera servir de guía para el buen aprovechamiento del catecismo contiguo:

Es perfecta guarniçión
los artículos syn quistión:
do non alcança discriçión,
  la fe basta. (7)

Dels altres articles, fill meu,
creurás ço que la Esglesia creu;
e si no hi basta lo seny teu,
  la fe t'hi basta. (145.5-8)

---

13. El careo de las estrofas de Veragüe con las de Turmeda no puede menos de recordarnos a don Juan Manuel, quien «fizo todos los sus libros en romançe, et esto en señal çierto que los fizo para los legos et de non muy gran saber, commo lo él es» (*El conde Lucanor*, ed. J. M. Blecua, Madrid, 1969, p. 49, y cf. p. 263), «para los que non fuesen de mejor entendimiento que yo» (*Libro infinido*, ed. J. M. Blecua, Granada, 1952, p. 8, y cf. Biblioteca de autores españoles, LI, pp. 234, 282, etc.). [Pero véanse, por ejemplo, las apostillas que hago en «'Un proverbio de tercera persona': gramática y poética», en *Primera cuarentena*, Barcelona, 1982, pp. 29-32, y «Crítica del texto y modelos de cultura en el *Prólogo general* de don Juan Manuel», *Studia in honorem M. de Riquer*, I (Barcelona, 1986), pp. 409-423.]

Fra Anselm había consagrado las dos coplas anteriores a una minúscula enunciación de dogmas (la Trinidad, la divinidad de Jesús), pero su talante versátil lo alejaba de esa materia férreamente codificada; Veragüe, por el contrario, echaba mano del mismo pasaje en que Turmeda se desentendía del asunto y lo amplificaba, artículo por artículo, del Credo a los Sacramentos, hasta convertirlo en núcleo mayor de la obra. Tanto es así, que no ha faltado quien se preguntara si el catecismo rimado de las estrofas 8-78 y los *Trabajos mundanales* que lo siguen «son dos opúsculos o un poema único» (R. A. Del Piero, art. cit., p. 1.341 *a*). Si no fuera suficiente lo que nos revelan la tradición textual y —pongo por caso— la ceñida correspondencia entre preámbulo y despedida, la inspiración común en el *Libre de bons amonestaments* nos certificaría que ambas secciones se engloban en «un poema único».

Incluso la primera parte, por más que sometida al patrón catequístico, fijado de una vez para todas, recurre en algunas ocasiones al filón de Turmeda para glosar un mandamiento archisabido o animar otro con una gráfica comparación:

Ama e sirve a un Dios e trino,
a tu próximo sey begnino;
este es derecho camino
  de salvación. (22)
A tu próximo amarás;
de le engañar fuyrás;
lo que temes, temerás
  de le fazer. (22 bis)[14]
Nin por cielo nin por tierra
el que jura mucho yerra,
que peor corta que sierra
  en el alma. (23)

Qui bé farà bé trobarà,
qui mal farà semblant haurà;
cascun son faix aportarà
  en l'altre segle.
De tot ton cor Déus amaràs;
si sos manaments servaràs,
a ton proïsme no faràs
  algun damnatge. (152.21-28)

... car talla mes que no serra...
  (146.2)

---

14. La estrofa falta en *E*, fuente única de Janer y Foulché-Delbosc; pero la incluyen los restantes textos y la publica R. A. Del Piero, p. 1.338 *b*.

No deja de sorprendernos el proceso de Veragüe. En tres coplas seguidas, las dos primeras recogen y adaptan diversas sugerencias de otros tantos versos de Turmeda: la marcha hacia «l'altre segle» da pie a mencionar el «camino de salvaçión»; el «a tu próximo sey begnino» condensa en una la línea y media (152.27-28) del *Libre*, en tanto «qui mal farà semblant haurà» se diluye en una paráfrasis dentro de otra perspectiva (22 bis, *cd*); se calcan las consonancias y hasta una palabra en rima, etc. La tercera estrofa, a su vez, va a buscar seis páginas más atrás una imagen que debió complacer al rimador castellano. Parece como si este, hombre de pocas fuerzas literarias[15], desfalleciera en un determinado momento y tuviera que rebuscar un poco azarosamente en su dechado para alimentarse con una idea ajena. Justamente tal forma de trabajar ha debido ocultarnos buen número de pasajes en que el texto de Turmeda pudo no ser propiamente objeto de traducción por parte de Veragüe, sino más bien estímulo e insinuación que lo decidiera a ilustrar un cierto concepto con esta y no con aquella aplicación específica, a subrayar en concreto algún aspecto de un tema, a preferir un giro sintáctico o a recurrir a un préstamo léxico[16] (compárese, por ejemplo, 28-29 y 153.1-8, 57 y 147.10-13, 78 y 151.21-24). Las concomitan-

---

15.   No se necesitaban demasiadas, por entonces, para verificar el catecismo: el esquema estaba tan bien definido, que las coincidencias entre distintas versiones, sin más, no permiten suponer relación directa; cf. arriba, n. 9, y, por ejemplo, *Rimado de palacio*, 29 (N), «El día del domingo caminos començé [...], Con aves e con canes aquel día caçé ...», y *Doctrina de la discrición*, 27, «Escusa caminos e caça [...] En las fiestas».

16.   Valga un ejemplo de esto último. En el ms. *E*, la c. 104 reza: «Aunque te digan syn sabor, / dexa estar al rifador; / si forçado es el rumfor, / sufre su miedo»; pero, en vez de «rumfor», *S, R* y *L* leen «temor», y *M*, «remor». Esta es, obviamente, la lectura correcta (frente a la opinión de Del Piero, p. 1.342 *b*, que opta por el *facilior* «temor»), en tanto única que puede dar cuenta de todas las variantes. Ahora bien, tal voz, insólita en castellano, es sencillamente el catalán *remor*, 'ruido, alboroto, disputa', muy frecuente en el *Libre*, 149.7, 152.2, 154.5.

cias literales, en efecto, no pueden agotar el vínculo entre modelo y copia.

Los «Trabajos mundanales»

En cualquier caso, los *Trabajos mundanales*, sección final de la *Doctrina*, se inician con una cascada de reminiscencias del *Libre*. Unas veces se trata de un préstamo parcial:

En Dios pone tus fechos,
esquiva falsos provechos;
de pobres y de contrechos   Per tu no sia menyspreat
   non burlarás. (79)   contret, mànxol ni afollat ...
                        (153.13-14)

En otras ocasiones nos enfrentamos con una traducción monda y lironda:

Sy quieres bien de consuno,   Si vols que diguen bé de tu,
non digas mal de ninguno.   no parles mal de negú.
Deves oír en ayuno   E vulles oir en dejú
   la Santa Misa. (81)   la Santa Missa. (148.1-4)

Un par de estrofas del *Libre* engendra en seguida otra pareja en la *Doctrina*:

Deves bien continuar   A la esgleia vulles anar
la iglesia para orar;   per Déu e los sants aorar;
e si vieres pedricar,   e si oges preïcar,
   oye bien.   tantost t'assenta.
Lo que dixeren [17] farás,   Ço que oïràs dir faràs

---

17. «Dixere» es mala lectura de Foulché-Delbosc, corregida por R. A. Del Piero, art. cit., p. 1.341 *b*; enmiendo sin más advertencia algún otro caso similar.

sus obras esquivarás,	e ço que ells fan esquivaràs:
de los que trahen por demás	de aicells ho dic qui lo cap ras,
la vestidura. (83-84)	porten, e barba. (149.21-28)

Un escrúpulo teológico de un copista (el culto de latría no corresponde sino a Dios) quizá convirtió «aorar» en «orar» y determinó el verso 83 *b* de Veragüe; pero sin duda fue el mismo coplero castellano quien endulzó la directísima embestida de Turmeda contra los franciscanos de «cap ras [...] e barba». Y la modificación es en extremo característica: pues si los mejores momentos del *Libre* corresponden a las andanadas más evidentes contra usos y personas (y, en nuestro pasaje, la sarcástica alusión de fra Anselm a sus antiguos compañeros en religión casa bien con los denuestos de dominicos y carmelitas, 154.7 y 11), el tono de la *Doctrina* viene dado por la generalización poco brillante (a la que se ajusta perfectamente la nada comprometedora advertencia de que el hábito no hace al monje).

No se quiebra la regla cuando a continuación ensancha Veragüe la cuarteta en que Turmeda asocia el amor a Dios y el temor a la muerte:

Sienpre sea tu pensar	
en servir a Dios y amar,	
que lo ál as de dexar	
muy en breve.	
De la muerte, grand señora,	Lo cap del seny, oh tu, fill meu,
pecador e pecadora,	sia en amar y servir Déu;
teme siempre aquella ora	la mort no hages en menyspreu,
espantable.	car no saps l'hora.
Miénbrate que as de morir	(145.17-20)
e piensa lo por venir ...	
(85-87)	

Pero sí hay en la imitación un aspecto digno de nota: de los dos «amonestaments» del modelo, Veragüe ha dilatado precisamente el que se refiere a la muerte. Ha añadido, así, una evocación de su inminente llegada, que forzará a abandonar los bienes terrenos; la ha personificado en una «gran señora»; ha buscado hacer más llamativa su imagen, apostrofando directamente a todos los mortales, «pecador y pecadora»; y en fin, ha insinuado el espanto de «aquella hora» irremediable, insistiendo en el *memento mori*. Todo lo cual, obviamente, de puro repetido en múltiples lugares [18], carecería de interés si el único manuscrito (Escurialense b. IV. 21) que nos la ha conservado no copiara inmediatamente después del poema de Veragüe (fols. 88-108) la misteriosa *Dança de la muerte* (fols. 109-29).

En ella —se recordará— aparecen en primer plano todos los rasgos con que Veragüe ha expandido la copla de Turmeda: el aviso «a todas las criaturas que paren mientes en la breviedad de su vida» [19]; la Muerte personificada; el apóstrofe a los hombres; el terror de los últimos momentos, con la forzada renuncia a las cosas temporales. Una sucinta prosa, que —como en la *Doctrina*— introduce la obra y —como en la *Doctrina*—se demora en parejas sinonímicas, llama a la *Dança de la muerte* «transladación». Pero ¿«transladación» de qué lengua? Últimamente, Josep Maria Solá-Solé, con buenas razones, ha supuesto la *Dança* adaptación castellana de un texto occidental, procedente «ora de Cataluña, ora de una zona lingüística limítrofe» [20].

18. Baste remitir, como a repositorio de tópicos, a E. Dubruck, *The Theme of Death in French Poetry of the Middle Ages and the Renaissance*, La Haya, 1964.

19. M. Morreale, «Para una antología de literatura castellana medieval: la *Danza de la muerte*», *Annali del Corso di Lingue e Litterature Straniere presso l'Università di Bari*, VI (1963), p. 15.

20. «El rabí y el alfaquí en la *Dança general de la muerte*», *Romance Philology*, XVII (1964-1965), pp. 272-283 (cito de 283); «En torno a la *Dança general de la muerte*», *Hispanic Review*, XXXVI (1968), pp. 303-327; [y ed., *La dança general de la muerte*, Barcelona, 1981.] El aspecto en que las conclusiones del profesor Solá-Solé me parecen menos firmes es el relativo a la fecha de la obra: volveré sobre ello en otro lugar.

Este es el punto que se me antoja significativo (y, desde luego, el único al que cabe atender aquí): pues si, según sabemos, la *Doctrina de la discriçión* depende en buena medida de un original en catalán, ¿será mera coincidencia que la *Dança de la muerte* contigua (y afín en los detalles indicados) traduzca también, muy probablemente, una pieza compuesta en Cataluña? No arriesgaré ninguna hipótesis más específica: pero no creo temerario señalar que en el presente estado de nuestro conocimiento el único nombre que cabe asociar en algún modo (¿pudo ser él quien preparara el manuscrito de que procede el Escurialense?) a la génesis de la *Dança general de la muerte* es el de Pedro de Veragüe.

La *Doctrina* no cierra todavía el pliego de deudas con el *Libre*, antes vuelve a la versión servil de una copla entera:

Para mientes lo que digo: Escolta, fill, ço que io et dic:
sy tuvieres buen amigo,   can hauràs guanyat bon amic,
guárdale; e de enemigo   guarda'l bé, e de l'enemic
    te velarás. (90)   tostemps te garda (141.17-20);

o bien reparte el contenido de una estrofa de Turmeda en dos contextos asaz apartados:

Nunca creas de ligero ... (91*a*)   De creure no sies lleuger,
                                    ni dormiràs can has a fer,
... non tengas galgo en casa   ne mai retengues esparver
    que non caçe (118 *cd*)   qui no port caça (145.7-8);

o elabora libremente una idea derivada del Schiavo:

Ama e sigue buen consejo,   Qui bé està mai no es moga[22],
fuye de perro bermejo[21];   qui cerca lo mal tost lo troba;

---

21. «No hay más que decir para quien sabe el refrán, que dice 'ni gato ni perro de aquella color'», F. de Quevedo, *La vida del Buscón*, ed. F. Lázaro Carreter, Salamanca, 1965, p. 32 (E). Cf. A. Moreto, *El desdén, con el desdén*, ed. F. Rico, Madrid, 1971, p. 64, n. 22.

22. Como señalo abajo, al referirme a los casos menos claros, este verso quizá pasó a la c. 94 *a b*: «Sy tuvieres buen asyento,/no te mude cada viento».

por nuevo camino, el viejo
no dexarás. (100)

lleixar via vella per nova
és modorria. (148.13-16)

Vale la pena citar el texto del Schiavo (no señalado por
A. Calvet) en que se inspiró Turmeda, para disipar cualquier sospecha que pudiera suscitarse sobre quién imita a
quién, si el castellano al mallorquín o viceversa:

Qual huomo sede bene, non si muova:
chi va carendo il male, assai ne truova;
chi lassa la via vecchia per la nuova
fa folezza. (68)

Salta aquí a la vista que la ceñida versión de fra Anselm
no puede ser sino la fuente de Veragüe, mientras la relación contraria resulta sencillamente inimaginable. Pues otro
tanto se diga de los pasajes transcritos unas líneas atrás,
cuyo original se identifica fácilmente en el Schiavo:

Intendi, figlio, quello ch'io ti dicho:
da poi ch'hai guadagnato un buon amicho,
quel sappialo tener: da tuo nimicho
sappiati guardare. (47)

Aunque en un primer examen los versos de Veragüe podrían
pasar por traslado directo de los italianos, basta comparar-
los un momento con los de Turmeda para estar completa-
mente seguros de que la única filiación posible es la que
lleva del Schiavo a fra Anselm y de fra Anselm a la *Doctrina*.

En cuya última parte, con todo, Veragüe da los frutos
más felices de su humilde inspiración. Ahí, por ejemplo, se
juega más de una vez a suscitar los ecos del refranero:

Dize la antigua conseia:
la mal ganada oveja,
mala fyn ha la pelleja
y su dueño (145);

ahí se ensaya un diálogo desengañadamente humorístico entre el poeta, que representa el papel de «triste e penado» (135 *a*), y un hipotético amigo de quien se busca en vano una palabra de aliento:

> —Maguera que me consuelo,
> mi coraçón trahe duelo.
> —Pésame de mi ahuelo
> que murió (137)[23];

ahí se insinúa la crítica más explícita, centrada en el despego de los españoles respecto a la actividad intelectual, tantas veces denunciado por las mismas fechas[24]:

> En otra tierra estraña
> an por bien ciencia y maña;
> tenémoslo nós en España
> bien por mal (144);

ahí recurre Veragüe con más brío a la primera persona capaz de introducir alguna vivacidad en la sarta de consejos insulsos:

> Ciencia y arte es mina de oro,
> por lo non saber yo lloro ... (143 *a b*);

ahí asoma una tenue motivación personal, más evidente

23.   No me parece aceptable la interpretación de R. A. Del Piero, art. cit., p. 1.345 *a*, quien sí advierte bien, en cambio, que los dos últimos versos de la c. 134 están en boca de persona distinta del poeta (y cf. 130, 132).

24.   Comp., verbigracia, F. Pérez de Guzmán, *Generaciones y semblanzas*, ed. R. B. Tate, Londres, 1965, pp. XXI y 32; P. E. Russell, «Arms versus Letters: Towards a definition of Spanish Fifteenth Century Humanism», *Aspects of the Renaissance*, ed. A. R. Lewis, Austin, 1967, pp. 47-58. [Pero las aludidas denuncias requieren un examen más atento y una perspectiva europea más amplia. En muchos puntos, concuerdo al propósito con J. N. H. Lawrance, «On Fifteenth-Century Spanish Vernacular Humanism», en *Medieval and Renaissance Studies in Honour of R. B. Tate*, Oxford, 1986, pp. 63-79, y aquí, nn. 33 y 40.]

cuando se recuerda que Veragüe fue lugar de señorío en la región toledana [25]:

> Esto non es maravilla,
> pues es en toda Castilla;
> mas doblada es la manzilla
> en Toledo. (131)

Sin embargo, no conviene abultar la cargazón biográfica de tales versos, ni podemos engañarnos en cuanto al sentido de ese «*yo*»: esencialmente, «es el yo del maestro que, para mayor eficacia, presenta como vivido u observado en propia persona el caso abstracto sobre el que dogmatiza» [26]. Para dejarlo bien claro, Veragüe, al hilo de una nutrida tradición [27], no olvida poner de relieve el designio ejemplar —no anecdótico— de la primera persona: «*Escarmienten todos en mí ...*» (134) [28].

25. Vid. R. A. Del Piero, art. cit., p. 1.344.

26. M. R. Lida, «Notas para la interpretación, influencia, fuentes y texto del *Libro de buen amor*», *Revista de filología hispánica*, II (1940), p. 109; es muy interesante lo que sobre el empleo de la primera persona escribe Ramón Llull al final del *Libre de contemplació* (en *Obres essencials*, II, Barcelona, 1960, p. 1.257) [y parece recordarse en el *Libro de la consolación de España*, ed. J. Rodríguez Puértolas, en *Miscelánea de textos medievales*, I, Barcelona, 1972, p. 203.]

27. Cf. simplemente H. Knust, ed., *Dos obras didácticas y dos leyendas*, Madrid, 1878, p. 300, n., [y G. B. Speroni, «Il 'Consaus d'Amours' di Richard de Fournival», *Medioevo romanzo*, I (1974), pp. 242-243.]

28. Tras la c. 134, e insistiendo en la idea, el ms. R transcribe la siguiente redondilla: «Por ende, quien me oyere / castigue en cabeça ajena / e non entre en tal cadena / do non salga si quisiere» (R. A. Del Piero, art. cit., p. 1.344 *b*). Se trata, desde luego, de la finida de la célebre *Querella de amor* del Marqués de Santillana (Nueva biblioteca de autores españoles, XIX, p. 552), y vale la pena notar que tuvo transmisión independiente. El programa del juglar cazurro del siglo XV publicado por don Ramón Menéndez Pidal incluye, en efecto, los versos deturpadísimos que ahora copio: «Quien me oyere e me viere e me criyere, / escarmjenten cabeza agena, / e fuja, si podiere, / que non vaja alla cadena», etc. (*Poesía juglaresca y orígenes de las literaturas románicas*, Madrid, 1957, p. 389). Por supuesto, habrá que retrasar algunos años el programa en cuestión (Menéndez Pidal, *ibid.*, p. 233, lo situaba «hacia 1420»), pues la *Querella de*

Aun en esos pasajes más afortunados, no obstante, podríamos oír ecos del *Libre*, si nos fuera dado penetrar en la mente de Veragüe. Como apuntaba, las concomitancias literales seguramente no apuran el vínculo entre dechado e imitación; y se da más de un lugar en que parece muy probable que la *Doctrina* se haga cargo de una sugerencia de Turmeda (cf., en especial, 94-95 y 148.13, 156.9-12; 107 y 156.25-28, 157.3-4, 18, 147.25). Incluso para reiterar la manida invitación a las enmiendas del lector[29] y para excusar ante él los posibles errores, Veragüe camina apoyado en las muletas del *Libre*:

Qualquier que esto leyere,
sy le bien non paresçiere,
rasgue por do quisiere   Llegidor, prec-te humilment,
   syn recelo. (147)   si hi trobes negun falliment,
Quien leyere lo presente,   que per tu ivarçosament
le suplico humillmente,   esmenat sia. (159.13-16)
algund yerro, si lo siente,
   me perdone. (151)

Así, de las declaraciones iniciales sobre el propósito de la obra hasta la conclusión en torno a sus fallas, de los datos de estructura hasta los detalles de contenido, la *Doctrina de la discriçión* se atempera con gusto y con frecuencia al *Libre de bons amonestaments*[30].

---

amor forma parte de un grupo de decires narrativos fechable entre 1428 y 1437 (R. Lapesa, *La obra literaria del Marqués de Santillana*, Madrid, 1957, pp. 95-96); pero lo que me parece más digno de atención es hallar un refinado poema alegórico de Santillana (aunque maltratado y sujeto a una desmañada continuación) en el repertorio de un juglar de categoría ínfima (según las ideas comúnmente aceptadas). [Vid. también L. Basalisco, «Pedro de Veragüe e il Santillana (A proposito d'una recente edizione della *Doctrina christiana*)», *Rivista di letterature moderne e comparate*, XXVI:3 (1973), pp. 165-172.]

29.   Excelente información (por lo demás, fácil de ampliar) en A. D. Deyermond y R. M. Walker, «A further vernacular source for the *Libro de buen amor*», *Bulletin of Hispanic Studies*, XLVI (1969), p. 196.

30.   Ambos tuvieron, además, una fortuna textual semejante: así, el ms. *E* de la *Doctrina* y el códice del *Libre* perteneciente a la Biblioteca Universitaria de

La «Doctrina» de Veragüe, en el siglo XV

Me apresuro a advertir que el mediano interés de la anterior comprobación no reside tanto en revelar una fuente primaria de la obrita de Veragüe, cuanto en situar la *Doctrina* en un período distinto del que —sin crítica— venía asignándosele y en permitirnos, por ende, afinar nuestra perspectiva histórica. Verbigracia: el profesor Del Piero, art. cit., p. 1.342 *b*, ha señalado atinadamente en la copla 99 de la *Doctrina*

> (el Amor tiene jurado
> que non será perdonado
> el que fuere bien amado,
> sy non ama)

«un claro eco» del espléndido verso del *Infierno*, V, 103: «Amor ch'a nullo amato amar perdona ...» La coincidencia, en efecto, difícilmente puede ser fortuita. Pero ¿habremos de admitir el conocimiento de Dante en un autor castellano de mediados del siglo XIV? [31]

Tal es la fecha comúnmente admitida para la *Doctri-*

Barcelona adoptan la misma curiosa disposición gráfica (cf. los facsímiles de Foulché-Delbosc, entre pp. 566 y 567, y M. de Riquer, *op. cit.*, II, p. 279); y uno y otro se difundían hacia 1520-1530 en pliegos sueltos donde figuran también oraciones (cf. Riquer, *id.*, p. 280, y Del Piero, art. cit. p. 1.334 *b*). [De una versión castellana del *Libre*, al parecer ocasional, distinta de la que corría como *Documentos de la fe en coplas castellanas*, da noticia J. Samsó, «Turmediana», *Boletín de la Real Academia de Buenas Letras de Barcelona*, XXXIV (1971-1972), pp. 82-84.]

31. «¿Qué Pedro es el invocado en la última estrofa de la *Doctrina Cristiana*? ¿Qué poeta es el que la escribe, al mediar el siglo XIV? Porque téngase entendido: la lengua, el estado del metro, el estilo y el carácter especial de las ideas, todo pone dicha composición en la expresada época.» No sé que nadie haya impugnado en detalle las palabras de J. Amador de los Ríos, *Historia crítica de la literatura española*, IV, Madrid, 1863, p. 489, n. 1.

na[32], mas claro está que se impone retrasarla bastantes decenios. Turmeda concluyó el *Libre de bons amonestaments* «en Tunis» (144.12), en el mes de abril de 1398 (159.21-24). Por lo mismo, y habida cuenta del lapso que necesariamente transcurriría entre la composición del poema y su difusión por la Península, no se me antoja verosímil que Veragüe pusiera sobre él sus manos pecadoras antes —digamos— del 1400. Por desgracia, no acierto a dar más precisión cronológica que la de ese *terminus a quo*. Mas tengo para mí que la *Doctrina* es algunos —o aun muchos— años posterior.

Ciertamente, no parece plausible que un poeta sin «ciencia» (cf. c. 143, *supra*) parafraseara una línea de la *Commedia* en los primeros lustros del siglo XV, cuando sólo una minoría de letrados era capaz de paladear (¡y harto presumía de ello!) el arte exquisito de Dante[33]. En un momento más avanzado del Cuatrocientos español, en cambio, la reminiscencia —libre de las alharacas pedantes que acompañan a las muestras tempranas del influjo dantesco— encaja muy naturalmente. ¿Podríamos tal vez avanzar hasta 1453? En ese año componía el Marqués de Santillana el *Doctrinal de privados*, cuya estrofa 31 pudo prestar un

---

32. R. A. Del Piero, art. cit., p. 1.343, a propósito de la copla 120 («Dobla, blanca e cornado», etc.) y en un loable intento de precisar la cronología de la *Doctrina*, supone que «hacia fines del reinado de don Enrique el Doliente, las doblas eran casi desconocidas, pues no se labraban desde Pedro el Cruel», pero la noticia parece ser inexacta: cf. F. Mateu Llopis, *Bibliografía de la historia monetaria de España*, Madrid, 1958, en el índice, *s.v.* 'dobla', y O. Gil Farrés, *Historia de la moneda española*, Madrid, 1959, pp. 210-216.

33. Vid. últimamente M. Morreale, «Dante in Spain» y «Apuntes bibliográficos para el estudio del tema "Dante en España hasta el siglo XVII"», en *Annali del corso di Lingue e Letterature straniere della Università di Bari*, VIII (1966, 1967), tiradas aparte de 19 y 44 páginas, respectivamente, [así como las varias contribuciones del llorado Joaquín Arce que se enumeran en su libro *Literaturas italiana y española frente a frente*, Madrid, 1982, p. 147, n. 4; y, para la trayectoria del «Amor ch'a nullo amato...», la segunda edición de M. R. Lida de Malkiel, *Juan de Mena, poeta del prerrenacimiento español*, México, 1984, p. 561.]

verso a Veragüe: «e serán buenos çimientos» > «e farás
buenos çimientos» (20c)[34]. Es, sin duda, muy poco para
afirmar una relación; pero tampoco cabe descartar su posibilidad, en especial cuando se repara en que el más antiguo manuscrito de la *Doctrina* (con filigranas usadas en el
período 1438-1455)[35] desliza ya entre las coplas de Veragüe
una redondilla de Santillana (cf. *supra*, n. 28); la tradición
textual, así, añade verosimilitud a la hipótesis de un vínculo entre ambos autores[36]. A falta de indicios indiscutibles,
con todo, debemos ser cautos en la conjetura. Y creo no
infringir tal norma al proponer el segundo tercio del siglo XV como fecha más probable de la *Doctrina de la discrición.*

34. Señala la coincidencia R. A. Del Piero, art. cit., p. 1.338 *b*, pero
supone que el imitador fue Santillana. Nada lo impide, desde luego. No obstante, creo más aceptable que el influjo, si lo hay, se ejerciera en el sentido contrario: no sólo por la razón que indico en el texto (un manuscrito de Veragüe —a
quien, por lo demás, sabemos escasamente original— copia un pasaje del Marqués), sino también porque se me hace cuesta arriba que el *Doctrinal de privados*
condescendiera a mezclar un verso del humilde Veragüe con doctas especulacio-
nes sobre el hado y alguna reminiscencia virgiliana. [Vid. asimismo L. Basalisco,
art. cit.] El *Doctrinal*, por otra parte, contiene una «Confessión» del Condestable que pudo sugerir a Veragüe el tono y el esquema catequístico del arranque de
su poema. Del Piero, p. 1.340 *a*, compara también una línea de la *Doctrina*, 59*b*
(«ama y sygue lealtad») con otra de los *Proverbios* de Santillana (Nueva biblioteca de autores españoles, XIX, p. 456 *b*: «ama e onra la verdad»); pero el
paralelismo es muy vago. Puestos a buscar puntos de contacto entre nuestros tres
autores, incluso sería más fácil suponerlos entre Turmeda y Santillana; cf., así,
Proverbios, p. 449 *a* («Fijo mío mucho amado, / para mientes / e non contrastes
las gentes / mal su grado»), y *Libre*, 151.18-20 («Per ço, fill meu, té bé a ment,
/ can vols contrastar ab la gent, / no el gits en popa»), o bien p. 449 *b* («O fijo,
sey amoroso / e non esquivo / [...], e sea la tu respuesta / muy graçiosa») y
146.5-8 («Fill meu, sies obedient, / no faces despler a la gent, / e pren per bon
ensenyament / lo bon respondre»).
35. Cf. R. A. Del Piero, art. cit., p. 1.334.
36. Vale la pena notar aún (cf. R. A. Del Piero, art. cit., p. 1.342 *a*) que
el mismo verso de Dante parafraseado en la *Doctrina* era muy del gusto de
Santillana, quien lo apostilló de su puño y letra en un manuscrito (cf. M. Schiff,
en *Homenaje a Menéndez y Pelayo*, Madrid, 1899, p. 292, y *La bibliothèque du
Marquis de Santillane*, París, 1905, p. 290).

El ámbito cronológico ahora propuesto para el poema de Veragüe nos acerca, según insinuaba, a una mejor comprensión del desarrollo de la literatura castellana, en más de un aspecto. En lo formal, por caso, deja de chocarnos la casi absoluta regularidad métrica de la *Doctrina*[37], regularidad mal avenida —si se tratara de una obra del siglo XIV— con el lento proceso de «emergence of syllable count in octosyllabic verse» estudiado por D. C. Clarke[38]. En cuanto al estilo, cesa de parecernos «tan sorprendente» como con razón indicaba E. S. O'Kane la técnica de adaptar refranes al fluir del discurso, en la que —se había dicho— Veragüe «no tiene competidores durante casi un siglo»: pues, en efecto, el procedimiento sólo se elabora resueltamente en la fragua de los cancioneros[39]. En lo relativo al contexto intelectual, el eco de Dante no resulta ya milagrosamente temprano y la queja ante el desdén español por la «ciencia» (144) entra en el coro de parecidas lamentaciones que se deja oír en el Prerrenacimiento[40]. El mal llamado «mester de clerecía» y el panorama de la literatu-

37. Vid. R. A. Del Piero, art. cit., p. 1.337 *b*.

38. *Morphology of Fifteenth Century Castilian Verse*, Pittsburgh, 1964, pp. 18-50. En la p. 29, Miss Clarke relaciona la copla de la *Doctrina* con la cuarteta del *Poema de Alfonso XI*, seguramente desorientada por la singularidad estrófica de aquella: conociendo el modelo de Veragüe, al punto se echa de ver que tal singularidad no es ni mucho menos sinónimo de originalidad, y se desvanece la inquietante paradoja de que una pieza de contenido tan trillado recurriera a un vehículo expresivo tan novedoso. También a nuestro propósito, habrá que manejar con cuidado los excelentes estudios de A. M. Espinosa sobre «La sinalefa entre versos en la versificación española», y «La compensación entre versos en la versificación española», *The Romanic Review*, XVI (1925), cuyos materiales sobre el «siglo XIV» se limitan al poema de Veragüe (pp. 106, 309-310).

39. Cf. E. S. O'Kane, *Refranes y frases proverbiales españolas de la Edad Media*, Madrid, 1959, pp. 21-22, 28 y sigs. (cit. 21).

40. [De hecho, las tales lamentaciones son de suyo un buen síntoma del cambio cultural y de las nuevas perspectivas que por entonces despuntaban. Comp. arriba, n. 24, y, en relación con la presencia de Dante en bibliotecas y en catálogos de autores, J. N. H. Lawrance, «Juan Alfonso de Baena's Versified Reading List: A Note on the Aspirations and the Reality of Fifteenth-Century Castilian Culture», *Journal of Hispanic Philology*, V (1981), pp. 101-122.]

ra didáctica del siglo XIV pierden una pieza hasta ahora considerada significativa [41] (Menéndez Pelayo legó a los manuales la errónea calificación de la *Doctrina* como «el más antiguo de los catecismos españoles») [42], y en el marco cuatrocentista resalta más nítidamente una tradición de poesía gnómica en la que destella alguna obra maestra como los *Proverbios* del Marqués de Santillana [43]. En fin, nuestro conocimiento de las relaciones culturales de Castilla y Cataluña [44] se enriquece con un dato sustancial; y se confirma, si falta hiciera, que sólo una perspectiva verdaderamente peninsular, atenta por igual a la producción en latín y en los diversos romances, puede dar cuenta de las manifestaciones literarias de una determinada tradición lingüística, entre las varias que dibujan el mosaico de la España medieval.

41. Vid., así, M. R. Lida de Malkiel, *Estudios de literatura española y comparada*, p. 52; P. L. Barcia, *El mester de clerecía*, Buenos Aires, 1967, pp. 28, 33, 37, 56; A. D. Deyermond, *Epic Poetry and the Clergy: Studies on the «Mocedades de Rodrigo»*, Londres, 1968, p. 187.

42. *Antología de poetas líricos castellanos*, I, Madrid, 1944, p. 336.

43. Cf. solo P. Le Gentil, *La poésie lyrique espagnole et portugaise à la fin du Moyen Age*, I, Rennes, 1949, pp. 452-453.

44. Últimamente puede verse A. Comas, *Assaigs sobre literatura catalana*, Barcelona, 1968, pp. 22-43, 351-353, [y ahora las importantes noticias y reflexiones de Pedro M. Cátedra, *Poemas castellanos de cancioneros bilingües*, Exeter, 1983.]

3

«ARISTOTELES HISPANUS»

A Don Rafael Lapesa

El nacimiento de una leyenda

Con sus mejores latines canta Lucas de Tuy las *laudes Hispaniae*, en el proemio del *Chronicon mundi* (1236). La tradición había bordado sobre las bellezas y los dones de la vieja Hesperia [1]; Lucas no rehúye el motivo, claro es, pero tampoco lo abulta como tantos. Unos pocos períodos bien balanceados, al principio y al final del prólogo, le bastan para dejarlo debidamente apuntalado y dar así marco a lo que realmente le interesa: el catálogo de los hombres ilustres cuya gloria honra a España. Tras la mención protocolaria de Santiago y San Pablo, los primeros son, naturalmente [2], los mártires y los santos, de Lorenzo y Vi-

---

1. Sobre las *laudes Hispaniae*, cf. J. Fontaine, *Isidore de Séville et la culture classique dans l'Espagne wisigothique*, París, 1959, p. 817 n.; C. Clavería, en *Studia Philologica. Homenaje ofrecido a Dámaso Alonso*, I, Madrid, 1960, p. 360 y n. 10; J. A. Maravall, *El concepto de España en la Edad Media*, Madrid, 1964[2], pp. 18-27, etc., todos con amplia bibliografía; añádanse también I. Rodríguez, *Cántico de San Isidoro a España*, y J. Jiménez Delgado, «El 'laus Hispaniae' en dos importantes códices españoles», *Helmántica*, XII (1961), pp. 177-259; [finas observaciones, con amplia perspectiva, hay asimismo en S. Reckert, *The Matter of Britain and the Praise of Spain*, Cardiff, 1967.]

2. Comp. E. R. Curtius, *Literatura europea y Edad Media latina*, VIII, 4, trad. y adiciones de M. Frenk y A. Alatorre, México, D.F., 1955, p. 228.

cente a Domingo y Martín de León, con Dámaso, Ildefonso y decenas de otros.

> Antiquitate praeteera philosophorum —continúa, antes de acarrear nuevos loores— fulget Hispania, eo quod genuit Aristotelem, summum philosophum, nobilem investigatorem astrorum, et Senecam facundissimum atque Lucanum, historiographum et poetam clarissimum. Inter quos Isidorus praeminet gloriosus, cui mortalium nullus in varietate scientiarum potest recto iudicio adaequari (p. 3)[3].

No, no hemos leído mal. El libro primero del Tudense sigue paso a paso la *Chronica mundi* isidoriana; pero cuando en el capítulo XII de la quinta edad («De Artaxerse, dicto Asuero»)[4] repite la estupenda noticia del origen español de Aristóteles, apenas es necesario recurrir al cuidado texto de Mommsen[5] para saber que nuestro autor se aleja de la fuente. En tiempo de Artajerjes —dice allí—,

> Socrates venenum bibit et mortuus est. Diogenes claruit. Magnus philosophus Aristoteles, hispanus natione, in Graecia Platonem audivit et in multis floruit, maxime dialectica et metaphysica (p. 21).

Que Aristóteles naciera en Hispania es por cuanto hasta ahora alcanzo peregrina invención de Lucas de Tuy. Nadie parece haber escrito antes tal cosa y —dato más seguro y

3. Cito por la ed. de Andrés Schott, *Hispania illustrata*, IV, Frankfurt a. M., 1608, pp. 1-116. [No sé si llegará a ver la luz la que durante muchos años preparó don Benito Sánchez Alonso.]

4. La edición de Schott prescinde de división en capítulos y epígrafes; de los citados aquí dan fe Gil de Zamora, [la *General estoria*] y la *Crónica de España, por Lucas, obispo de Tuy*. Primera edición del texto romanceado, conforme a un códice de la Academia, preparada y prologada por J. Puyol, Madrid, 1926, p. 74.

5. *Monumenta Germaniae Historica, Chronica minora*, 2 (1894), pp. 424-481.

revelador— nadie parece afirmarla después sin remontarse al *Chronicon mundi*[6]. Nadie, en cualquier caso, podía concebirla en un contexto intelectual apartado de la España del Tudense, la pujante España de los comienzos del siglo XIII.

Algunos decenios antes, en la célebre introducción al *Cligés*, Chrétien de Troyes había definido con nitidez el principado cultural de Francia:

> Ce nos ont nostre livre apris
> qu'an Grece ot de chevalerie
> le premier los et de clergie.
> Puis vint chevalerie a Rome
> et de la clergie la some,
> qui or est an France venue.
> Dex doint qu'ele i soit maintenue
> et que li leus li abelisse
> tant que ja mes de France n'isse
> l'enors qui s'i est arestee[7].

El deseo de Chrétien había de realizarse en parte no desdeñable; por lo menos a corto plazo, la joven Universidad de

6. Nada se halla tampoco sobre nuestra leyenda en los estudios modernos sobre la fortuna de Aristóteles en la Edad Media, ya consideren su vertiente fabulosa (cf. por ejemplo J. Storost, «Zur Aristoteles-Sage in Mittelalter. Geistesgeschichtliche, folkloristische und literarische Grundlagen zu ihrer Erforschung», en *Festgabe für B. Kraft*, Munich, 1955, pp. 298-348, y R. De Cesare, «Due recenti studi sulla leggenda di Aristotele cavalcato», *Aevum*, XXXI, 1957, pp. 85-101), ya su vertiente filosófica o científica (vid. recientemente, entre otros, R. Walzer, *Greek into Arabic*, Harvard, 1962, y R. Lemay, *Abu Ma'shar and Latin Aristotelianism in the Twelfth Century. The Recovery of Aristotle's Natural Philosophy throught Arabic Astrology*, Beirut, 1962; cf. p. 146, n. 2). Desde luego, cabría citar una copiosa bibliografía negativa: [más recientemente, así, F. E. Peters, *Aristotle and the Arabs*, Nueva York-Londres, 1968; A. Badawi, *La transmission de la philosophie grecque au monde arabe*, París, 1968, o los títulos aducidos abajo en las notas 11 y 13].

7. Versos 28-37, ed. A. Micha, París, 1957 (*CFMA*, 84), p. 2

París iba a confirmar el mito de la *translatio studii* de Grecia a Roma, de Roma a Francia[8].

Rebosantes de alumnos, mimadas por reyes y papas, las escuelas parisinas gozaban de la aureola de sede más alta de todos los saberes. «Iam ita gradatim transalpinavit in Galliam philosophia Parisius, ibique velut fons emergens rivis purissimis totum irrigat occidentem», escribía hacia 1229 Juan de Garlandia, en el prólogo del *Epithalamium beatae Mariae Virginis*. En 1231, al dotar a la universidad de su *magna charta*, Gregorio IX saludaba a París como «parens scientiarum..., velut altera Cariath Sepher, civitas litterarum»; muy sintomáticamente, por otro lado, invitaba a maestros y estudiantes de teología a no preciarse de filósofos, sino a ceñirse a los Padres y a los autores cristianos de segura doctrina: «nec philosophos se ostentent sed satagant fieri theodocti, de illis tantum in scolis questionibus disputent que per libros theologicos et sanctorum patrum tractatus valeant terminari». Qué se entiende por 'filósofos' queda bien claro al advertir que el pasaje sigue inmediatamente a otro en que el Papa renueva la prohibición de enseñar los libros naturales de Aristóteles, «quousque examinati fuerint et ab omni errorum suspitione purgati»[9]. Lo cierto es que ni la interdicción de 1231 ni las de 1210, 1215 o 1263 consiguieron desterrar a Aristóteles: no

8. Vid. simplemente É. Gilson, *Les idées et les lettres*, París, 1955², pp. 179-186; V. Cilento, «Il mito medievale della translatio studii», en *Filologia e letteratura*, XII (1966), pp. 1-15; J. A. Maravall, *Antiguos y modernos. La idea de progreso en el desarrollo inicial de una sociedad*, Madrid, 1966, pp. 216-220; [F. Rico, *Alfonso el Sabio y la «General estoria». Tres lecciones*, Barcelona, 1984², pp. 156-166, 205, y a la bibliografía ahí citada añádanse M. A. Freeman, *The Poetics of «translatio studii» and «conjointure»: Chrétien de Troyes*, Lexington, 1979; R. Blumenfeld-Kosinski, «Old French Narrative Genres: Towards the Definition of the *roman antique*», *Romance Philology*, XXXIV (1980-1981), pp. 143-159, y J.-C. Carron, «Imitation and Intertextuality in the Renaissance», *New Literary History*, XIX (1988), pp. 565-579.]

9. H. Denifle y E. Chatelain, *Chartularium Universitatis Parisiensis*, I, París, 1889, núm. 79, pp. 136 y 138.

mucho después de la condena de la *Parens scientiarum*, por ejemplo, en la facultad de artes se leían todas las obras del Estagirita[10]. Más aún: el auge del *studium parisiense* no se deja entender claramente al margen de la inmensa boga del Aristóteles recién descubierto. Es Aristóteles quien da los métodos y las ciencias a que aplicarlos, es él quien apasiona a los estudiantes que acuden de todos los rincones de Europa[11]. Hasta tal punto ocurre así, que cuando la Universidad de Toulouse abre las puertas, en 1229 (con motivo de la huelga de los profesores parisinos), el mismo Juan de Garlandia anuncia como gran atracción que se dispensarán las enseñanzas aristotélicas: «Libros naturales, qui fuerant Parisius prohibiti poterunt illic audire qui volunt nature sinum medullitus perscrutari»[12]. No es, pues, osado insistir en que la «translatio studii in Galliam» se cumplió en buena medida gracias al reinado de Aristóteles en la Universidad de París.

Los maestros de la calle de Fouarre pronto hubieron de tener conciencia de ello: no cabe aquí mejor testimonio que el del impugnador de Petrarca, Jean de Hesdin, que orgulloso de las glorias intelectuales de su patria habla —volveremos a oírlo— «tanquam... Aristotiles gallus sit». Pero ¿cómo se acogerían al sur de los Pirineos semejantes

10.   Cf. M. Grabmann, *I divieti ecclesiastici di Aristotele sotto Innocenzo III e Gregorio IX*, Roma, 1941 (Miscellanea Historiae Pontificiae, V), pp. 114 y sigs.

11.   Sigue siendo óptima la presentación de Gilson, *La philosophie au Moyen Âge*, París, 1947, pp. 386 sigs., en especial pp. 393-394. [Vid. recientemente Peter Dronke, ed., *A History of Twelfth-Century Western Philosophy*, Cambridge, 1988, pp. 407 y sigs. («The Entry of the 'New' Aristotle», por D. Jacquart y E. Maccagnolo), y las indicaciones que doy en «'Por aver mantenencia': el aristotelismo heterodoxo en el *Libro de buen amor*», en *El Crotalón. Anuario de filología española*, II (1985), pp. 169-198 (especialmente, pp. 184-187).]

12.   *Chartularium Universitatis Parisiensis*, I, núm. 72, p. 131 (y cf. L. J. Paetow, ed., *The «Morale scolarium» of John of Garlande*, Berkeley, 1927, p. 91; W. G. Waite, en *Speculum*, XXXV, 1960, p. 180).

pretensiones francesas de monopolizar al Estagirita? Los
españoles del siglo XIII sabían muy bien a qué atenerse.
Desde luego no podían engañarse —como ya no nos enga-
ñamos nosotros— sobre el volumen de las traducciones
hispano-árabes del *corpus aristotelicum*: el renacimiento
de Aristóteles en Occidente debe bastante menos a las versiones indirectas (del árabe) que a las versiones directas
(del griego al latín). Fue así en el siglo XII y seguía siéndolo
en los días del Tudense; y a la hora del balance, Europa
sólo tuvo que agradecer a los árabes el *De animalibus*,
parte de los *Meteorologica* y el apócrifo *De caelo*. «Il
contributo arabo —escribe trabajador tan infatigable como
Lorenzo Minio-Paluello— è da cercare altrove. È attraver-
so le versioni arabo-latine che è venuto molto dell'impulso
alla *elaborazione* della filosofia aristotelica in quadri nuo-
vi, verso costruzioni nuove: soprattutto sotto la guida di
Avicenna. È di lì che, ad esempio e materia di interpreta-
zione obiettiva, è giunta la grande opera espositrice, esege-
tica, d'Averroè —continuazione, di molto arricchita, delle
scuole greche premedievali. È dall'arabo che sono venuti
alcuni dei sommari piú diffusi di opere d'Aristotele»[13].

Nadie podía ignorar que tan rico caudal llegaba por el
camino de España. El anónimo autor (al parecer oxonien-
se) de la *Summa philosophiae* mal atribuida a Grosseteste,
por caso, hacía arrancar de Abraham el saber filosófico y
le seguía la pista a través de los griegos, los latinos, los
árabes y los españoles, hasta desembocar en Alejandro de

---

13.   «Aristotele dal mondo arabo a quello latino», en *L'Occidente e l'Islam
nell'alto Medioevo*, Spoleto, 1965 (Settimane di studio del Centro italiano di
studi sull'alto Medioevo, XII), p. 613. [Los estudios de Minio-Paluello se han
reunido en un importante volumen: *Opuscula: The Latin Aristotle*, Amsterdam,
1972. Vid. además el panorama, riquísimamente documentado, de M.-Th. d'Alverny, «Translations and Translators», en *Renaissance and Renewal in the
Twelfth-Century*, ed. R. L. Benson y G. Constable, Cambridge, Mass., 1982,
pp. 421-462, con secciones sobre el «Aristoteles Latinus» y las «Translations in
Spain».]

Hales y Alberto de Colonia[14]. Tal esquema de la *translatio studii* sí debía ser grato en la España del siglo XIII, ansiosa de consolidar una personalidad honrosa; el «studium de Roma Parisius transtulit», de Vicente de Beauvais[15], en cambio, resultaría en la Península de una simplificación y un postergamiento intolerables. A la hegemonía francesa en la centuria anterior —hegemonía religiosa y cultural, sobre todo[16]— sucedía una actitud reticente para con lo transpirenaico[17]. Cierto que se repetían las gestas de los *Roncesvaux*, pero se les oponía la leyenda de Bernardo del Carpio, el héroe que aliado con los sarracenos infligía dura derrota a todo un Carlomagno. La España que rechazaba la *translatio imperii* por boca de Vicente Hispano[18], no podía dejar de sentir como injusto el mito de la *translatio studii in Galliam*, y menos si a consolidarlo contribuía la despreocupada apropiación de Aristóteles. Además, se razonaría (en seguida hemos de comprobarlo), si Averroes fue cordobés, si Avicena —traducido en España— pudo serlo también[19], y si los comentarios de uno y otro consti-

14. En L. Baur, *Die philosophischen Werke des Robert Grosseteste, Bischofs von Lincoln*, Münster, 1912 (Beiträge zur Geschichte der Philosophie des Mittelalters, IX), pp. 276-280.

15. *Speculum historiale*, XXIII, 173; ed. Venecia, 1494, fol. 308 v.

16. Cf. F. Rico, «Las letras latinas del siglo XII en Galicia, León y Castilla», *Ábaco*, II (1969), pp. 9-91, [y, en particular, *El primer siglo de la literatura española*, en prensa.]

17. Vid. simplemente el claro planteamiento de R. Lapesa, «La apócope de la vocal en castellano antiguo. Intento de explicación histórica», en *Estudios dedicados a Menéndez Pidal*, II, Madrid, 1951, pp. 210-213, [y las perspicaces sugerencias de M. L. Meneghetti, «Chansons de geste e cantares de gesta: i due aspetti del linguaggio epico», *Medioevo romanzo*, IX (1984), pp. 321-340.]

18. Cf. G. Post, «Blessed Lady Spain - Vincentius Hispanus and Spanish National Imperialism in the Thirteenth Century», *Speculum*, XXIX (1954), pp. 198-209, [y J. Ochoa Sanz, CMF, *Vincentius Hispanus, canonista boloñés del siglo XIII*, Roma-Madrid, 1960.]

19. El Tudense lo hacía, vagamente, de Arabia; pero hallaba un singular camino de apropiarse su ciencia: «Successit beatissimo doctori Isidoro Theodisclus, natione graecus, varietate linguarum doctus, exterius locutione nitidus, interius autem, ut exitus demonstravit, sub ovina pelle lupus voracissimus. Nam

tuían la más autorizada lectura del Filósofo, ¿por qué no
podía ser español el mismísimo Aristóteles? [20] Quizá fue

libros quosdam de naturis rerum et arte medicinae, nec non et de arte notoria,
quos pater Isidorus facundo stylo composuerat et nedum ad publicum venerat,
in odium fidei corrupit, resecans vera et inferens falsa, atquę per quendam
arabum nomine Avicennam de latino in arabico transtulit» (p. 53). Cf. J. López
Ortiz, O. S. A., «San Isidoro de Sevilla y el Islam», *Cruz y Raya*, 36 (marzo de
1936), en especial pp. 43-53. Para otros, Avicena era indiscutiblemente español;
aparte los autores aducidos más abajo, vale la pena mencionar aquí la estrambó-
tica *Philosophia* del pseudo-Virgilio Cordobés, que se presenta como traducida
del árabe al latín (lo que es a todas luces disparatado) en 1290. Cuenta Virgilio
que en Toledo florecían todas las artes, «et signanter studium philosophiae esset
ibi generale» (y es evidente que la academia que sueña nuestro autor caricaturiza
—sin omitir la división en *nationes*— la vida de la universidad medieval en que
ya ha triunfado el método escolástico); surgió cierta vez una disputa insoluble, y
los estudiosos toledanos decidieron someterla a Virgilio, sabiendo —dice este—
«nos esse magistrum scientiae magnae nimis, quae scientia vocatur apud nos
Refulgentia, apud alios dicitur Nigromantia»; con tal motivo, hubieron de tras-
ladarse a Córdoba, «locus sanissimus in omnibus et abundans» y donde paraban
cinco grandes filósofos: «scilicet nos Virgilius et Seneca et Avicena et Aben Royx
et Algacel». En Córdoba, por otro lado, «unus magister legebat de arte notoria,
quae est ars et scientia sancta [...], et angeli boni et sancti composuerunt eam et
fecerunt et postea sancto regi Salomoni [...] dederunt»; andando el tiempo,
Alejandro conquistó toda la tierra, «excepta Hispania», y fue recibido con honor en Jerusalem: su maestro Aristóteles, que lo acompañaba, «scivit secrete
quod Salomon habuerat multos libros de omnibus scientiis et ivit occulte ad
illum locum et extraxit inde omnes illos libros Salomonis et coepit studere per
eos efficaciter, ita quod post paucum temporis fuit inde philosophus maximus et
magister...» Sobre el pintoresco libro de Virgilio espero tratar por extenso en
otra ocasión [y, de momento, he hecho algunas observaciones en «'Por aver
mantenencia': el aristotelismo heterodoxo...», pp. 187-190]; puede leerse en
G. Heine , *Bibliotheca anecdotorum*, I, Leipzig, 1848, pp. 211-244, de donde lo
reproducen —no sin erratas— los responsables de la llamada Edición Nacional
de las obras de M. Menéndez Pelayo, *Historia de los heterodoxos españoles*,
VII, Madrid, 1948, pp. 339-385.

20. En algunas miniaturas de los siglos XIII y XIV, Aristóteles aparece
vestido de árabe o, por lo menos, con traje orientalizante: así ocurre probablemente en el códice Cesena, Biblioteca Malatestiana, XXII d. 3, citado en *Manos-
critti e stampe venete dell'aristotelismo e averroismo (secoli X-XVI). Catalogo di
mostra*, Venecia, Bibl. Naz. Marciana, 1958, p. 73 (y téngase presente la nota de
la p. 74); en el *Lapidario* de Alfonso el Sabio, ms. escurialense h-l-15, fol. 1; y
en un códice de Berlín, con el compendio de la *Etica* aristotélica por Enrique el
Alemán, de que me da noticia, muy amablemente, Gonzalo Menéndez Pidal
(aunque, por desgracia, ni él ni yo podemos precisar su localización). El ver a

Lucas de Tuy el primero en afirmarlo así, para afirmar a la vez el valor intelectual de la comunidad a que pertenecía (y, diría yo, en alguna medida para hacerlo frente a Francia); pero, al fin y al cabo, el dato es secundario: lo importante es comprender el ámbito cultural en que pudieron brotar y fortalecerse patrañas como la del Aristóteles español y otras imaginaciones parejas[21].

Aristóteles vestido al modo de sus comentaristas árabes ¿pudo ser parte a atribuirle el mismo origen español cierto para Averroes y supuesto para Avicena?

21. [La cuarta parte de la *General estoria*, inédita hasta la transcripción en microfichas preparada por L. Kasten y J. Nitti (*Concordances and Texts of the Royal Scriptorium Manuscripts of Alfonso X, el Sabio*, Madison, 1978), ofrece un buen testimonio del desarrollo temprano de nuestra fábula: «Andados treýnta e tres annos de Artaxerses Assuero, auié Aristótil dizeocho annos que nasciera. Et era entonces disciplo de Platón et aprendié déll. Deste Aristótil, que fue el más sabio omne del mundo, dize don Lucas de Tuy, en el capítulo do fabla de las razones deste rey Artaxerses Assuero et de las que acaescieron en el so regnado, que este Aristótil, que fue después el mayor filósopho que de omne et de mugier nasciesse, que natural fue de Espanna la de occident, et aun dizen algunos que de tierra de Portogal, et que con el muy grant sabor de aprender los saberes, salió moço de su tierra et fuesse para Grecia. Et allí oyó et aprendió fasta que floreció en muchos saberes. Et maguer que fue muy grant clérigo en muchos saberes, peró, aquello por que él por mayor se mostró fue en la dialéctica et en la metaffísica. Et esto assí lo departe don Lucas en cabo de las sus razones, et otros sabios muchos que fablan mucho de las sus razones de Aristótil...». El cañamazo, según es obvio, lo da el Tudense. Pero, por un lado, la precisión sobre la patria de Aristóteles («dizen algunos que de tierra de Portogal») muestra que la noticia del *Chronicon mundi* era objeto de comentarios y se complementaba con otras invenciones. A continuación, por otra parte, Alfonso caracteriza el saber del Filósofo, poniéndolo a la altura de los tiempos, con significativas divergencias frente al obispo de Tuy. Como él, por supuesto, le concede la palma «en la dialéctica et en la metaffísica», pero la primera la define al arrimo de la gran autoridad «de los tractados nuevos de la lógica», «maestre Pedro el español» (este sí «de Portogal», amigo del Rey y papa Juan XXI en septiembre de 1276: no sería inaceptable suponer que el pasaje alfonsí en cuestión se escribió algo antes de esa fecha; cf. *Alfonso el Sabio y la «General estoria»*, p. 43). En cuanto al «esponimiento» de la «metaffísica», la decanta sospechosamente hacia «el saber de la natura et de las naturas», vale decir, hacia el terreno donde la lección de Aristóteles estaba operando por entonces una revolución más estruendosa.]

Gil de Zamora y Petrarca

Pocos nombres tan representativos del fervor nacionalista que caldeaba la España del siglo XIII como el del franciscano Juan Gil de Zamora, que hacia 1288 dejaba definitivamente conclusos sus doce libros De preconiis Hispanie. Destinado a la instrucción del futuro Sancho IV, el De preconiis ofrecía bocado a muy varios apetitos; las laudes Hispaniae se mezclan ahí con páginas y páginas de historia propia y ajena; las reflexiones morales, con excursos geográficos; los consejos bélicos, con los religiosos. Un estilo y una erudición nada vulgares realzan la obra, aún llena de noticias sabrosas para el lector moderno; para el antiguo, no menos de veinte manuscritos (el De preconiis no faltaba ni en la biblioteca papal de Aviñón) atestiguan su mérito[22].

En tan rico mosaico, Gil de Zamora dedica lo más substancial del libro séptimo a tratar «De philosophorum ac doctorum Hispanie perspicacitate». Habiendo escrito ya, en efecto, de la fertilidad, la largueza, la bravura y la santidad españolas, fray Juan cree llegado el momento de cantar las glorias literarias de la Península. Empieza, desde luego, por los filósofos, y sus primeras palabras son para hispanizar al más alto de ellos:

> De Hispania siquidem fuit Aristoteles, philosophorum perfectio et consummatio, secundum Plinium et secundum Lucam Tudensem episcopum, in coronicis suis, in capitulo de Artaxerse, dicto Asuero (pp. 175-176).

Podemos garantizar la exactitud de la segunda cita; la referencia a Plinio es más problemática. Desde luego, nada

22. Cf. fray Juan Gil de Zamora, O.F.M., De preconiis Hispanie, estudio preliminar y edición crítica por M. de Castro y Castro, O.F.M., Madrid, 1955. Cito siempre por esta edición.

semejante se lee en la *Naturalis historia*, ni en los dudosos fragmentos *De viris illustribus*, ni en ningún texto apócrifo hoy conocido; pero en la primera, al final del libro XXXVII (255 y sigs.), sí se encuentra una fina aunque breve *laus Hispaniae*, que pudo invitar a Gil de Zamora a aducir la falsa autoridad de Plinio con alguna apariencia de verosimilitud para el lector desprevenido. Bien es cierto que varios códices traen «secundum plurium», «secundum plurimos»; pero no es posible aceptar tales *lectiones faciliores*, que tal vez reflejan la perplejidad de algún lector o copista ante la superchería de fray Juan.

Como sea, asentado lo más importante —el origen español del Filósofo—, nuestro franciscano nos explica que Aristóteles fue discípulo de Platón, maestro de Alejandro «et in lingua greca copiosissime eruditus»; que destacó en muy varias disciplinas y recibió altos elogios de Isidoro; y, para nuestro estupor, aún añade: «De ipso multa scribuntur et dicuntur mirabilia, que omisi tanquam non authentica»[23] (p. 176). Pero, continúa, «igual que Aristóteles, el primero de los filósofos, fue de España, así lo fue también Averroes, su más eximio comentarista»; pues, como él mismo acredita[24], «fue, en efecto, cordobés». La construcción del período es bien sintomática: «sicut... Aristoteles..., ita et Averroyz...», escribe fray Juan. En realidad, el razonamiento que llevaría a la leyenda del Aristóteles hispano

23. No es imposible que aluda a la fábula del Aristóteles cabalgado por Filis; de ser así, se trataría del más antiguo testimonio español de tal leyenda, porque el capitel de la catedral de León comentado por J. Storost, «*Femme chevalchat Aristotte*», *Zeitschrift für französische Sprache und Literatur*, LXVI (1956), pp. 186-201, figura 5, es posterior a 1316; [vid. además I. Mateo Gómez, *Temas profanos en la escultura gótica española. Las sillerías de coro*, Madrid, 1979, pp. 221-222. Pero también puede referirse a textos y episodios apócrifos como, entre tantos, los aducidos por el llorado J. K. Walsh, «Versiones peninsulares del *Kitāb ādāb al-falāsifa* de Hunayn ibn Ishāq», *Al-Andalus*, XLI (1976), pp. 355-384.]

24. Cf. M. Cruz Hernández, *Filosofía hispano-musulmana*, II, Madrid, 1957, pp. 39-42.

hubo de establecerse en la dirección contraria: 'sicut Averroyz, ita et Aristoteles...'. Fray Juan, en cualquier caso, ofrece una brevísima síntesis del ideario de Averroes y pasa a tratar de un nuevo filósofo 'español'. «Accedit ad Hispaniam decorandam Avicenna», dice; Avicena, que escribió más libros que cualquier otro pensador y escrutó todas las ciencias; mas cuentan algunos que «quater viginti philosophi Cordube congregati omnes libros illos composuerunt et Avicenni, cuiusdam regis filio, ascripsserunt» (p. 177).

Gil de Zamora dedica todavía un recuerdo a los Sénecas cordobeses (p. 178) y cierra la sección «De viris philosophis Hispanie» con un párrafo que vale la pena citar por entero:

> In arte Magica et scientia Astrologie philosophis hispanis peritiores paucissimi extiterunt, sicut declarant libri et *Tabule Toletane*, ubi [*sc.*, 'en Toledo'] fere omnes libri philosophici sunt translati de arabico in latinum. Iohannes igitur Hispalensis et alii quam plures Hispalim et Murcie in Astrologia peritissimi extiterunt (p. 179).

La mención de las versiones hispano-árabes y del prolífico traductor Juan de Sevilla[25] era muy de esperar: al fin, sin ellas seguramente nunca se hubiera llegado a concebir la hispanidad de Aristóteles.

Tendremos que volver sobre Gil de Zamora, pero, para poder hacerlo bien pertrechados, será antes necesario examinar el primer eco italiano de nuestra leyenda. El desafío de Petrarca, en 1368, a los cardenales franceses golosos del

25. Sobre este personaje y sobre su confusión con Juan de España, cf. últimamente L. Thorndike, «John of Seville», *Speculum*, XXXIV (1959), pp. 20-38, y Lemay, *Abu Ma'shar...*, en el índice, *s. v.*, [así como M.-Th. d'Alverny, «Translations and Translators», pp. 444-447, y las múltiples referencias que se hallarán en el volumen de Peter Dronke señalado en la anterior n. 11.]

vino de Beaune y nostálgicos de la curia aviñonense, cobra-
ba más de una vez acentos demasiado estridentes; al males-
tar de los francos obligados a permanecer en Roma y para
quienes la Italia coetánea valía «fere nihil», Petrarca no
vacilaba en oponer quizá justos pero poco cautos alardes
patrióticos:

> Quid de sapientia —decía, por ejemplo—, quid de elo-
> quentia quidve de moribus et de omni parte philosophie
> habet lingua latina, quod non ferme totum ab italis sit
> inventum? (*Seniles*, IX, I)[26]

En el siglo XIV, la última observación era particularmente
vulnerable. Cuando un maestro de París, Jean de Hesdin
—familiar del cardenal Gui de Boulogne—[27], se lanzó a
contestar al reto de Petrarca con un opúsculo que debió
circular profusamente por la corte papal reintegrada a Aviñón, el pasaje recién citado le ofrecía una presa fácil. Por
supuesto, podía abrumar a Petrarca con un catálogo de
autores galos que en más de un caso (Alejandro de Hales,
Guillermo de Auxerre...) nada significaban para el humanista italiano; pero, en particular, le bastaba pensar un
momento en su *alma mater* para desmentir el aserto de
Petrarca sobre el primado filosófico de Italia: ¿o es que
acaso se explicaba a Cicerón y Séneca en la facultad de
París?

> ...possem ego multos viros gallicos subtiles et ingeniosos
> omnique scientia clarissimos, sicut et iam praedixi, etiam
> nominare et vere concludere: *nullus doctus in Italia*. Quis

26.   En *Opera quae extant omnia*, Basilea, 1554, p. 937; cf. E. H. Wilkins,
Petrarch's Later Years, Cambridge, Mass., 1959, pp. 128, 133-135.
27.   Sobre Hesdin, vid. P. de Nolhac, *Pétrarque et l'humanisme*, II, París,
1907², pp. 303-312, excurso IX: «Le 'Gallus calumniator'», [y B. Smalley, en
Recherches de théologie ancienne et médiévale, XXVIII (1961), pp. 283-330, y
XXX (1963), pp. 154-159.]

enim italicorum naturalis philosophia ita secreta penetravit
et revelavit abscondita, ut non multo melius quidam, immo
plurimi, non itali? Ubi, quaeso, legitur Tullii *Physica*,
Varronis *Metaphysica* seu cuiusquam illorum *Philosophia
naturalis*? Aliquos certe ipsorum libros bonos atque huma-
nae vitae proficuos composuisse faetor, valde multos, lon-
ge tamen, teste Deo, *Ethicae* Aristotelis postponendos[28].

Petrarca no iba a permanecer callado ante ello. Apenas
Uguccione da Thiene, en enero del 1373, le mostró el opúsculo de Hesdin, el viejo Francesco recobró su vigor juvenil
para impugnar al osado, en su último y tal vez más brioso
ejercicio «in demonstrativo genere»[29]: La *Invectiva contra
eum qui maledixit Italie*[30].

No es de aquí examinarla en detalle: baste notar, por
lo que atañe a mi propósito, que Hesdin y Petrarca hablan
dos idiomas distintos. Dicen ambos 'filosofía', y en tanto
el francés piensa primero en lógica, física y metafísica, el
italiano evoca la disciplina moral; para uno 'filosofía' es
técnica y ciencia, para el otro forma de vida[31]. En cuanto

28. E. Cocchia, ed., «*Magistri Ioh. de Hysdinio Invectiva contra F. Petrar-
cham et F. Petrarcae contra cuiusdam Galli calumnias apologia*», en *Atti della
Reale Accademia di archeologia, lettere e belle arti di Napoli*, n. s., VII (1920),
p. 132 (§ XI 18-27).

29. Según la etiqueta del mismo Petrarca en las *Invective contra medicum*,
IV, ed. P. G. Ricci, Roma, 1950, p. 98.

30. Mucho mejor que el de Cocchia es el texto de los fragmentos editados
por P. G. Ricci, en F. Petrarca, *Prose*, ed. G. Martellotti..., Milán-Nápoles,
1955, pp. 768-806, a que me atengo. Vid. además P. G. Ricci, «Per il testo della
petrarchesca *Apologia contra Gallum*», *Studi petrarcheschi*, III (1950), pp. 23-35,
y «La cronologia dell'ultimo 'certamen' petrarchesco», *Studi petrarcheschi*, IV
(1951), pp. 47-57; E. H. Wilkins, *Petrarch's Later Years*, pp. 233-240. La con-
trarréplica francesa fue editada por H. Cochin, «La grande controverse de Rome
et Avignon au xive siècle (un document inédit)», *Études italiennes*, III (1921),
pp. 83-94.

31. Cf. P. O. Kristeller, *Eight Philosophers of the Italian Renaissance*,
Stanford, 1964, pp. 6-18, [y F. Rico, «Philology and Philosophy in Petrarch»,
en P. Boitani y A. Torti, eds., *Intellectuals and Writers in Fourteenth-Century
Europe*, Tubinga y Cambridge, 1986, pp. 45-46, y la versión revisada, con otros

al párrafo de Hesdin en cuestión, Petrarca no sólo lo tritura, sino que en el camino se lleva por delante el mito del Aristóteles español:

> Tantus est enim ardor, tantus impetus obtrectandi, ut quid loquatur non attendat. «Ubi, queso», inquit, «legitur Tulli *Phisica*, ubi Varronis *Metaphisica?*» O stulta percontatio! Barbarus insolens grecis nominibus delectatur, et ita hoc dicit tanquam qui hos libros scripsit, Aristotiles, gallus sit. Legi librum fraterculi cuiusdam, cui nomen est *Prosodion*. In hoc ille grammaticali opusculo impertinentissime evagatus, et patrie sue vano ebrius amore, hispanum fuisse ait Aristotilem, quem fortassis hunc iste freneticus Gallum fecit. Quid enim aliud sonant verba Tullio, italo ac romano, quid nisi ut Gallum obiciat illum, qui Galliam numquam vidit —credo equidem— nec audivit, natione grecus aut macedo, patria stagirites? (p. 798).

Ahora bien, ¿quién puede ser el «fraterculus» hispano —confiesa Pier Giorgio Ricci— «non identificato» (*ibid.*, n. 2)?

Cuatro datos nos ofrece Petrarca para responder a tal pregunta. Nos las habemos con un fraile español, autor de una obra de tema gramatical, titulada *Prosodion*, donde se afirma el origen hispánico de Aristóteles. A mi entender, ha de tratarse del fraile menor Juan Gil de Zamora y de su «tractatus de accentu sive prosodiat et de aliis difficultatibus que incidunt correctoribus et lectoribus in Biblia» (¿hacia 1280?) [32].

---

estudios complementarios, en *La formazione del «Secretum» e l'umanesimo petrarchesco*, Padua, en prensa.]

32. Véanse las observaciones de M. de Castro y Castro, en la citada edición del *De preconiis*, LXV-LXVII; el padre Castro advierte que no conoce la obra y se pregunta (p. CLXXXVIII), si no será una con el *Ars dicendi* (para el cual, vid. P. A. López, *Archivo ibero-americano*, XXV, 1926, pp. 202-203): desde luego no ocurre así. [Sobre los escritos retóricos de Gil de Zamora, hay que consultar ahora en primer término la excelente edición del *Dictaminis Epithalamium* preparada por Charles Faulhaber, Pisa, 1978.]

El libro de fray Juan descrito en semejantes términos en la «prohemialis epistola» se nos ha conservado —por cuanto yo sé— en tres códices del siglo XIV: uno de París, Bibliothèque Nationale, lat. 523 (Le Tellier de Reims, II; Regius 3848, 2), fols. 79r.-117v. [*P*]; otro de Todi, Biblioteca Comunale «L. Leonii», ms. 114, fols. 1r.-65v. [*T*]; y un tercero de la biblioteca del Château de Merville (Haute-Garonne), núm. XIV [*M*][33]. Este último (el único, por desgracia, que no me ha sido accesible) lleva en cabeza el título de *Prosologion*; los demás, en harmonía con la carta prologal y otros pasajes, se limitan a describir el contenido como *Tractatus de accentu et de dubitabilibus que sunt in Biblia tam in accentu quam in dictionibus* (*et versibus*, trae *T*). Gil de Zamora —a honra de la Santísima Trinidad— divide su labor en tres partes: «de ortographia», «de accentu seu prosodia», «de difficultatibus». Pero tales secciones no se ciñen uniformemente al epígrafe: la primera, así, no

33. Cf., para el de París, Bibliothèque Nationale, *Catalogue général des manuscrits latins*, dir. por Ph. Lauer, I, París, 1939, p. 182 (aunque es inexacto el dato sobre el título, tomado en realidad de *M*), y F. Stegmuller, *Repertorium biblicum medii aevi*, III, Madrid, 1951, p. 249, núm. 4132; para los otros dos, L. Leonij, *Inventario dei codici della Comunale di Todi*, Todi, 1878; C. Douais, «Les manuscrits du Château de Merville», *Annales du Midi*, II (1890), pp. 333-336. El ms. B VII 31 de la Biblioteca universitaria de Basilea, al fol. 231 v., contiene un breve extracto de nuestra obra: cf. J. Vives, *Hispania Sacra*, XIX (1961), p. 214. [Posteriormente se han localizado otros dos manuscritos, en Florencia y en Saint-Omer, y la noticia de un posible fragmento berlinés. La necesidad de tomar en cuenta esos nuevos textos ha retrasado la edición crítica en que hace años trabaja Luis Alonso López, de cuya tesis doctoral (Universidad Autónoma de Barcelona, 1976) puede leerse un útil resumen en «El *Prosodion* de Juan Gil de Zamora: tradición y novedad», *Historiographia Linguistica*, XI (1984), pp. 1-20. El profesor Alonso ha comprobado ya que el códice de Todi se agrupa en una familia con el de Florencia, en tanto el de Merville lo hace con el parisino, y me anticipa que, a reserva todavía de los datos que pueda ofrecer el de Saint-Omer, se confirman mis conjeturas sobre la doble redacción y la accidentada transmisión textual del *Prosodion*. Es también él quien me ha comunicado el pasaje sobre la acentuación de *hispanus* que copio y comento más abajo, así como algunas otras indicaciones que me permiten precisar mi sucinta presentación de la obra.]

se limita a la grafía, sino arriesga conjeturas etimológicas, glosa el sentido o explica la fonética de más de un centenar de voces, aducidas no siempre con oportunidad; la tercera se distingue difícilmente de la *Interpretatio nominum* (generosa, eso sí) de cualquier Vulgata y se complementa con un tratadillo sobre la puntuación y la entonación de la *sacra pagina*. Sin embargo, el hilo conductor resulta suficientemente firme: lo que en particular interesa a fray Juan es la prosodia de la Escritura. Para ilustrarla debidamente ha recurrido, antes que a otras autoridades, a «Priscianum et admirabilem librum *Ethimologiarum*, necnon Huguicionem et Papiam et Petrum Helie multaque alia opera..., libros Virgilianos, Ovidianos, Oracianos, necnon Lucanum, Stacium et *Ante Claudianum* [sic] multosque libros scriptos metrice» (*P*, fol. 79)[34]. Por ello, porque la prosodia constituye la principal preocupación del autor, el tratado segundo es —con mucho— el más extenso; y en tanto los rudimentos gramaticales del primero buscan básicamente afianzar la comprensión de aquel, las dificultades discutidas en el tercero comienzan por las de pronunciación.

En tales circunstancias, no me parece arriesgado concluir que en algunos códices la obra en cuestión debió intitularse *Prosodion*. *Proslogion* o *Prosologion*, como lee el manuscrito de Merville, se diría título imposible de aceptar; para San Anselmo, que lo popularizó, valía «alloquium»[35], y no veo cómo cabe aplicar una interpretación pareja al tratado de fray Juan. Claro está que desde el siglo XII no faltan títulos de raigambre griega que hubieron de tener un significado evidente para sus autores y hoy no logramos entender[36]. Pero, en nuestro caso, creo más bien

---

34. *T*, fol. I: «Ovidianos, Flaciones et alios scriptos metrice».
35. *Proslogion*, proemio, al fin.
36. Cf. sólo E. R. Curtius, *Literatura europea...*, p. 85, n. 63; D. D. McGarry, *The Metalogicon of John de Salisbury*, Berkeley y Los Ángeles, 1962, p. XXI.

que quien llevaba razón era Petrarca, y el epígrafe del manuscrito de Merville representa sólo la mala lectura o la corrección de un copista ofuscado por la enorme fama del *Proslogion* de San Anselmo. [Y, en efecto, al final del manuscrito de Florencia ahora aparecido (vid. n. 32) se lee: «Explicit *Prosodion*, id est, *Liber de accentu*» (Laurenziana, Plut. 25, sin. 4, fol. 59).]

Aún puedo aducir otro dato, sin embargo, que confirma resueltamente la identificación del *Prosodion* mencionado en la *Invectiva* con el *Tractatus* de Gil de Zamora. Como tantas veces, la solución hay que ir a buscarla a *Pétrarque et l'humanisme*. «On doit croire —escribe Pierre de Nolhac— que Pétrarque possédait les livres d'école qui servaient, de son temps, à l'enseignement de la grammaire» (II, p. 212). Cierto, una nota autógrafa al Virgilio de la Ambrosiana (fol. 105 vo.), oportunamente aducida, nos lo muestra aplicado a lecturas medievales que se guardaba mucho de exhibir. Servio se había extendido a propósito de la voz «Lenaeus» (*Eneida*, IV, 207) y Petrarca asentía satisfecho:

> Notabilis glosa et per novos grammatice tractatores adducta ad probandum quod Grecum latinam ethimologiam non recipit. Adducunt et Ieronimum Gen. 17º c.: Sara, inquit, non grecam sed hebraicam debet habere rationem, hebreum enim est; nemo enim altera lingua quamlibet vocans ethimologiam sumit vocabuli ex altera. Ad idem et *Grecismi* scriptorem dicentem: Ethimologia lingua tantum fit in una. Adde quod scripsi in *Prosodia* de am. [*con signo de abreviación sobrepuesto*] A ante M in primis[37].

---

37. P. de Nolhac lee: «Ad id et Grecismi...». Gracias a la Sra. Antonietta Nebuloni Testa, que ha emprendido la impagable tarea de editar las apostillas al célebre códice, puedo indicar que la lectura correcta es: «Ad idem et Grecismi...». [Por otro lado, Michele Feo, que con tanta erudición y perspicacia ha estudiado el Virgilio Ambrosiano (vid. últimamente la voz *Petrarca*, en la *Enciclopedia Virgiliana*, IV, Roma, 1988, pp. 53-78), me advierte que Petrarca «non scrive *sit*,

Comentaba el benemérito Nolhac: «Les derniers mots, où il reste à résoudre une abréviation (peut-être *De amore*), indiquent un volume particulier de la bibliothèque de Pétrarque, et le passage d'une *Prosodia*, où il est question des mots dans lesquels la voyelle A précède la consonne

---

bensì *fit*» y que, contra lo que se había apuntado alguna vez, «la postilla non è escritta in due tempi, bensì in tre», y «gli ultimi due non sono della tarda età» del humanista.

Cuando escribí el presente artículo, no me era accesible el facsímil del códice milanés (*Francisci Petrarcae Vergilianus codex...*, praef. I. Galbiati, Milán, 1930) ni se había publicado el libro fundamental de Armando Petrucci, *La scrittura di Francesco Petrarca*, Ciudad del Vaticano, 1967. Efectivamente, con esos dos preciosos instrumentos al alcance, en seguida parece verse, por ejemplo, que la inicial de «Adducunt» coincide básicamente con la que el profesor Petrucci señala como más propia del primer comentario virgiliano de Petrarca, hacia 1338, mientras la de «Ad idem...» se diría que nos lleva más bien a unos diez años después, y la de «Adde...» todavía a un período algo posterior.

El contenido de la nota del Ambrosiano parece depender esencialmente de un libro que nos consta que fue manejado por Petrarca, el *Triglossos*, de fray Gerardo de Huy, en cuyo prólogo se afirma: «Pagina divina tribus est linguis variata, / scilicet hebrea, greca pariterque latina... / Ex primis multa non sunt translata latine; / maximus hinc in eis exponendis inolevit / error, *dum quod sit grecum glosatur hebreum* / sic fit et in greca tanquam sit lingua latina, / et dogmata fore dicunt compositiva, / etymologia fit in ipsis sepe latina; / *nec licet hoc fieri, ceu Ieronimus tibi scribit.* / *Servius* hoc [itidem] fert exponendo Maronem, / *hoc etiam scribens Grecismum fert ita dicens: / 'etymologia lingua tantum sit in una'*» (vid. R. Weiss, «Per la storia degli studi greci del Petrarca: il *Triglossos*» [1952], ahora en su libro póstumo *Medieval and Humanist Greek*, Padua, 1977, pp. 137-149, de donde tomo el texto recién copiado).

El pasaje de San Jerónimo transcrito por Petrarca probablemente se hallaba en la glosa marginal a esos versos de fray Gerardo. En cambio, pese a Nolhac, el escolio no basta para asegurar que el humanista tuviera «entre ses mains» el *Graecismus* de Eberardo de Bethune, porque, mientras este reza «Etymologia tantum lingua tibi sit in una» (X, 70), la cita petrarquesca y las palabras que la introducen concuerdan sustancialmente con el *Triglossos* (no doy importancia mayor a la discordancia ente *fit* y *sit*, pues ambas lecturas están documentadas en la abundante tradición del *Graecismus* [cf. la edición de J. Wrobel, Breslau, 1887, y reimpr. Hildesheim, 1987, p. 77, *ad loc.*], frente al único manuscrito del *Triglossos* localizado por Weiss). Ahora bien, si, según todo indica, es del *Triglossos* de donde Petrarca extrae la línea del *Graecismus*, sorprende un tanto que lo hiciera en un segundo tiempo, y no en el mismo momento de aprovechar las otras observaciones y materiales de fray Gerardo.

M» (p. 213, n. 1). Es fácil evacuar la cita de esa *Prosodia* (que ya podemos llamar *Prosodion*): el tal pasaje se halla en el libro segundo del *Tractatus de accentu* de fray Juan Gil, en la sección (según los epígrafes de *T*) «de accentu in primis sillabis per A» y en el apartado «de A ante M» (*T*, fol. 20 vo.; *P*, fol. 92 vo.); y la abreviatura 'am.' (con tilde) se resuelve inmediatamente al advertir que Gil de Zamora dedica ahí unas líneas a la dudosa prosodia de la palabra *amen* («nam et producitur in communi usu... et corripitur apud aliquos», en especial en el *Tobías*): al margen de su ejemplar, Petrarca sin duda observaría que *amen*, como *Sara*, «hebraicam debet habere rationem»[38].

Que la referencia al *Prosodion* entrara todavía en una tercera etapa dificulta una hipótesis por otro lado sugestiva. El *Triglossos* y el *Prosodion* son afines en más de un aspecto: obras ambas cuyo alcance lingüístico se ordena siempre a la mejor comprensión de la Sagrada Escritura, en ambos casos salidas de la pluma (o elaboradas con las tijeras) de franciscanos que en la segunda mitad del Doscientos las hicieron circular por Francia (fray Gerardo se deja relacionar con París, fray Juan Gil preparó una versión de su trabajo «Tholose studentibus»), es tentador conjeturar que una y otra le llegaron juntas a Petrarca, o cuando menos por las mismas vías (R. Weiss, p. 138, supone que conoció el *Triglossos* «mentre era alla corte Avignonese»). Pero, como digo, a semejante hipótesis se opone el lapso de tiempo que separa el segundo («Ad idem...») y el tercer estadio («Adde...») de la apostilla ambrosiana.]

38. [De nuevo es Michele Feo quien me brinda una corroboración importante, al señalarme otro lugar en que Petrarca remite al *Prosodion* en el mismo Virgilio Ambrosiano, fol. 224 vo. (sobre Servio, *Ad Aen.*, XII, 313): «Nec venit a *repo*, -*pis*: tunc enim primam produceret; unde sine dubio male intellexit hec *Doctrinale* [v. 1806], ut habetur in *Prosod.*, capitulo de E ante P in primis sillabis». La cita nos conduce sin problemas al mentado capítulo de Gil de Zamora: «*repo*, -*pis* secundum *Doctrinale* corripitur, iuxta illud Virgilii ad *Eneydos* XII: 'Quo ruitis? Que ve ista repens discordia surgit?' Quam opinionem libenter sustineremus, si possemus, set est contra Priscianum, in X libro, et Huguicionem et poetas, ut patet per Ennium, qui dicit tractans de gruibus: 'Per que fabam repunt et mollia crura reponunt'. Et ita debet dici *surrepo*, -*pis*, penultima producta. Ad illud Virgilii dicendum quod 'repens' dicitur pro 'repentina', a repente, secundum Ysidorum, *Ethim.*, et Commentatorem supra eundem locum» (T, fol. 23 vo.).]

Las lagunas del «Prosodion»

No obstante, falta por comprobar si en el *Tractatus* de Gil de Zamora —según en el libro «fraterculi cuiusdam» que leyó Petrarca— se halla la afirmación del origen hispánico de Aristóteles. A decir verdad, yo no he podido encontrarla en las páginas macizas y entre los miles de ejemplos de los dos manuscritos que conozco; y sin embargo creo indudable que figuró en otros códices y que incluso es posible determinar en qué lugar. La variación de títulos (*Tractatus...*, *Prosodion*, *Proslogion*), en primer término, nos indica ya que hubieron de circular distintas versiones de la obra de fray Juan Gil. Y así lo asegura, por otro lado, el cotejo —aun incompleto— de los manuscritos accesibles. La «epistola prohemialis» varias veces citada, por ejemplo, se encabeza en *M*[39] y *P* con la retahíla siguiente: «Suo suus, dilecto dilectus, hyspano hyspanus, zemorensi zemorensis, fratri Facundo frater Iohannes Egydii, pacis concordiam...» En *T*, en cambio, se lee: «Suis dilectis provincialibus ffratribus Tholose studentibus ffrater Iohannes Egidii zemorensis, pacis concordiam...» Y desde el encabezamiento, por lo demás, las variantes entre ambas recensiones (*M* —a juzgar por los fragmentos publicados— y *P* pertenecen a una familia claramente diversa de *T*) son múltiples: cambios léxicos, variaciones sintácticas y morfológicas, omisiones o adiciones de ejemplos, párrafos breves e incluso capítulos enteros... Muchas de tales variantes pueden atribuirse con bastante tranquilidad a una revisión del propio autor (revisión que hace segura el mismo cambio de la dedicatoria); las restantes se explican con facilidad por el curso de la tradición. Con todo, por ahora sólo importa notar la fluidez de la transmisión manuscrita del *Tractatus*

---

39. Según C. Douais, que la transcribe íntegra: *Les manuscrits...*, pp. 334-335.

de accentu, verosímilmente harto más copiosa de lo que hoy alcanzamos, pues el libro debió utilizarse en la enseñanza. Es tal fluidez, en última instancia, la que nos permite conjeturar razonablemente que el códice manejado por Petrarca se distinguía de los conocidos no sólo por el título, sino también por aseverar «hispanum fuisse... Aristotilem».

Si no me engaño, Gil de Zamora lo declararía así en el mismo pórtico de la obra. A la carta prologal, en efecto, siguen unas muy rápidas advertencias sobre la estructura general del trabajo; tras ellas, y antes de entrar propiamente en materia con la sección sobre gramática y ortografía, fray Juan ofrece una clasificación de las ciencias [40] dentro de la cual situar el asunto básico del *Tractatus*: «Progredientes autem ulterius scienciam dividemus et ad ultimum quod ad nostrum pertinet negocium eligemus» [41]. En primer lugar, la filosofía «large et stricte sumitur et multipliciter diffinitur». Papías e Isaac [ben Salomón Israelí], cierto, proporcionan al autor un buen puñado de definiciones, tanto de la filosofía como de sus parientes *sapiencia* («cognicio rerum et intellectus causarum... Hanc antiqui philosophiam nominaverunt»), *ars, doctrina, doctrinalis sciencia*. Ahora bien, la filosofía «largo modo sumpta... potest dividi in artem magicam, artem mechanicam et scienciam».

---

40. Clasificación, por lo demás, poco sistemática, tejida de retazos de varia procedencia, más bien que sometida a una fuente única: para la comparación puede recurrirse a los ricos materiales de L. Baur, *Dominicus Gundissalinus, de divisione philosophiae*, Münster, 1903 (Beiträge zur Geschichte der Philosophie des Mittelalters, IV 2-3), y al reciente estudio de J.-A. Weisheipl, «Classification of the Sciences in Medieval Thought», *Mediaeval Studies*, XXVII (1965), pp. 54-90; [vid. también L. Gompf, «Der Leipziger 'ordo artium'», *Mittellateinisches Jahrbuch*, III (1966), pp. 94-128; F. van Steenberghen, *La filosofia nel secolo XIII*, Milán, 1972, pp. 38-50; *Alfonso el Sabio y la «General estoria»*, pp. 142-156; P. Klopsch, *Einführung in die Dichtungslehre des lateinischen Mittelalters*, Darmstadt, 1980, pp. 66-70.]

41. El esquema de las ciencias figura en los fols. 79 y vo. de *P*, y 1 y vo. de *T*.

La magia —extraordinariamente compleja— fue invención de los demonios; luego,

> in hac supersticione Cham, filius Noe, primus invaluit, sicut dicitur; hanc docuit Democritus [42] apud grecos, Neptanaber [43] apud egypcios; deinde devenit ad hyspanos.

El arte mecánica detiene poco a fray Juan. La *sciencia*, en cambio, le exige alguna demora, como mucho más importante. Consta, en efecto, de *sapiencia* y *eloquencia*. A su vez, la *sapiencia* puede ser práctica y teórica; a esta última especie pertenecen la teología, la física y la matemática, que abraza las cuatro disciplinas del cuadruvio. Al propósito, nuestro autor no olvida mencionar la astrología —natural y supersticiosa— ni añadir una línea sobre sus principios:

> Abraham autem primum hanc instituit apud egypcios, sicut Iosephus asseverat [44].

En fin, la elocuencia abarca las artes del trivio, y la primera de ellas, la gramática, enseña ortografía, prosodia, etimología y diasintética (o sintaxis, diríamos hoy); así, concluye Gil de Zamora, «de primis duabus partibus est nostra intencio pertractare».

La peculiaridad del pasaje se advierte fácilmente: los dos saberes sobre cuyo origen nos informa fray Juan son

---

42. *T*: «Demetrius», lo que está claramente contra la tradición del tema (cf., por ejemplo, Hrabano Mauro, en *PL*, CXI, col. 75, y Hugo de San Víctor, en *PL*, CXXXVI, col. 810). *T*, que en general es más completo que *P*, aquí sin duda resuelve mal la abreviatura de su modelo.

43. *T*: 'Mechaber'. También ahora es preferible la lectura de *P*: se trata, en efecto, del Nectenebis, Nectanebis o Nectanabus, sobre el que se encontrará información, por ejemplo, en el *Onomasticon* de Forcellini, II (Padua, 1913), p. 319*b*, o en la *Real-Encyclopädie der klassischen Altertumswissenschaft*, XVI, *s. v.* 'Nektanebos'.

44. Cf. *Antiquitates Iudaicae*, I, VIII.

justamente la magia y la astrología, los mismos en cuyo cultivo —nota en el *De preconiis*— «philosophis hispanis peritiores paucissimi extiterunt»; y del arte mágica en concreto nos explica que se transmitió gracias a los españoles: «deinde devenit ad hyspanos». Más curioso aún: tanto en el *De preconiis* como en el *Tractatus de accentu*, las noticias sobre la magia y la astrología siguen a otras de tema filosófico (personalizado en el *De preconiis*, puramente teórico en el *Tractatus*). Creo muy posible, por ende, que en algunos códices el paralelismo se diera también en la sección anterior; y que del mismo modo que en el *De preconiis* se afirma que «de Hispania siquidem fuit Aristoteles, philosophorum perfectio et consummatio», en el *Tractatus* se adujera algún particular sobre el principio de la filosofía y se escribiera —según cita Petrarca— «hispanum fuisse... Aristotilem». Nótese especialmente, en el mencionado esquema de las ciencias, que al concluir las definiciones de la filosofía e indicar que la sabiduría es «cognicio rerum et intellectus causarum», fray Juan abre un paréntesis para advertir: «Hanc antiqui philosophiam nominaverunt». El recuerdo de los 'antiguos' difícilmente dejaría de ir acompañado de alguna información sobre la *translatio philosophiae*, en la cual el autor no podía olvidar a Aristóteles y su pretendido origen hispano.

[A esa primera conclusión hipotética llegaba yo hace veinte años largos. Unos cuantos después, no con las calas detenidas pero al cabo parciales que yo había hecho, sino con un conocimiento exhaustivo del *Prosodion* (véase la anterior n. 32), Luis Alonso observó que en el tratado segundo, «de accentu», fray Juan mecha en el comentario de la voz *hispanus* una ornamentada alabanza de la Península:

Ex hiis predictis patet quod qui corripiunt penultimam de *hispanus* errant proculdubio, cum sit nomen gentile, id est *gentis* derivatum. Nomen namque hispanorum procul ducitur et ideo recte producitur, ut *hispanus*, cuius productionem tangens quidam ait: «Quis posset numerare tuas, Hispania, laudes / Dives equis, predita cibis, [¿*deest*?] set prodiga donis». Et quod nullus posset per se illius laudes enumerare, sicut iste testatur, ideo omnes alii per partes enumerant que ipsa habet. Unde *Alexandreydos* ultimo [X, 231]: «Tuta situ et multis pollens, Hispania, bellis»; [et Martialis VI (= VII, 88): «Quam meus Hispano si me Tagus impleat auro». Et alius computans eius laudes ait: «Precunctis terris Hispania nescia fraudis / Continet hec tria: predia, prelia, premia laudis». Et iterum concludens ait: «Armis, militia, rebus, probitate, sophia / Hispani clarent, quibus omnia prospera patent». Papias similiter inter multa que in laudem Hispanie aggregavit subiunxit: «Hispania est Pirines montibus clausa, reliquis partibus mari conclusa, omnium frugum generibus fecunda, metallis quoque quamplurimum copiosa»; et, ut in Cronicis invenitur, quinque fluminibus principalibus quasi Paradisus Domini irrigatur. Sapida lacticiniis, clamosa venationibus, gulosa armentis et gregibus, superba equis, commoda mulis, privilegiata castris, gloriosa sericis, dulcis mellibus, copiosa oleo, leta croco, precellens ingenio, audax in prelio, agilis exercicio, fidelis domino, facilis studio, pollens elloquio, in libertate precipua, fertilitate eximia et in audacia singularis. Merito ergo producitur que tot mirabilibus illustratur (T, fol. 31, con una restitución según el ms. Laurenziano, fol. 32).

No juzguemos al buen franciscano «impertinentissime evagatus»: la *gravitas* o alargamiento de la sílaba medial de una palabra se tenía entonces por prueba de nobleza de la realidad designada[45]. Como sea, el profesor Alonso apunta que en la disquisición recién citada «encajaría perfectamen-

45. [El ejemplo supremo, prolijamente argüido e ilustrado, lo da Gil de Zamora a propósito del nombre de Jesús: «Propterea consulimus ut tantum nomen et tam gloriosum producamus potius quam corripiamus» (*T*, fol. 23 v.).]

te la leyenda del 'Aristoteles Hispanus' que tanto exaspera-
ba al primero de los humanistas».

Líbreme Dios de encastillarme en una opinión añeja, y
menos de querer llevar la contraria a amigo tan querido
como Luis Alonso, pero a mí sigue pareciéndome más
probable que la fábula que encocoró a Petrarca se hallara
en la introducción al *Prosodion* arriba repasada que en la
digresión sobre *hispanus* del tratado «de accentu». Según
veíamos, el contexto ofrece allí importantes concordancias
con el lugar del *De preconiis* en que se proclaman la hispanidad de Aristóteles y la preexcelencia de los 'filósofos
españoles' «in arte Magica et scientia Astrologie» y en la
traducción de «fere omnes libri philosophici». La mención
del Aristóteles hispano en la introducción al *Prosodion*
estaría plenamente conforme con los tics y los modos de
hacer de fray Juan documentados en el *De preconiis*, mientras sería anómala en la digresión sobre *hispanus*. Posee
esta una integridad y una autosuficiencia corroboradas por
la tradición y las fuentes, pues no en balde nos las habemos con una versión inequívoca de la variante más clásica
de las *laudes Hispaniae*, la que se centra en los dones
naturales de Iberia y no se conjuga con ningún catálogo *de
viris illustribus* (vid. arriba, n. 1). A la misma variante
pertenece el tratado segundo del *De preconiis* (pp. 19-24),
con título propio («De Hispanie fertilitate»), claro está, y
limpiamente deslindado de los contiguos («De Hispanie
populatione», «De Hispanie liberalitate»). Pero ocurre que
la tal digresión es sencillamente un resumen de ese segundo
tratado, con el que tiene en común la mayor parte del
contenido: el «Quis posset...?» y otros versos modelados
sobre Claudiano [46], las citas de Marcial y Papías y toda la

---

46. [La recreación del mismo fragmento del *Laus Serenae*, 50-56, se halla
ya en Vicente Hispano, *apud* J. Ochoa Sanz, *op. cit.*, p. 18, y G. Post, «'Blessed
Lady Spain'», p. 207, n. 44.]

enumeración final, en ambos casos cerrada con los mismos términos («... in audacia singularis»). El paralelismo con el *De preconiis*, así, confirma que la mención del Aristóteles hispano sería más de esperar en la introducción al *Prosodion* que en la digresión sobre *hispanus*, donde se alejaría de los hábitos de Gil de Zamora y del tipo más característico de *laus Hispaniae*. Se diría bien justificado, pues, suponer que la concesión de un pasaporte español al Estagirita se hacía en la introducción y no en la digresión sobre *hispanus*. No tiene demasiada relevancia, sin embargo, que quien acierte sea Luis Alonso o sea yo: lo esencial es la seguridad de que Petrarca conoció el *Prosodion* en un estado más completo que el subsistente.

Estuviera donde estuviera, fácilmente se entiende que el pasaje sobre Aristóteles para nosotros vital no se halle en los manuscritos examinados hasta la fecha.] Los lectores y los copistas extranjeros nada tenían que objetar al principado de los españoles en el terreno de la magia y de la astrología, según se voceaba en la introducción al *Prosodion*: por toda Europa corría entonces la fama de los «Toleti daemones», como corrían el *Picatrix*, las traducciones de Juan Hispalense o los libros astronómicos de Alfonso X el Sabio [47]. Pero el mito del Aristóteles hispano no

47. Sobre el prestigio medieval de España —y en particular de Toledo— como hogar de la magia, vid. simplemente M. Menéndez Pelayo, *Historia de los heterodoxos españoles*, III, VII, 2; C. H. Haskins, *Studies in the History of Mediaeval Science*, Cambridge, Mass., 1927, p. 19, con buena bibliografía; E. Garin, *L'educazione in Europa (1400-1600)*, Bari, 1957, pp. 56 y 63; [J. Caro Baroja, *Vidas mágicas e Inquisición*, Madrid, 1967, II, pp. 334-336; N. G. Round, «Five Magicians, or the Uses of Literacy», *Modern Language Review*, LXIV (1969), pp. 793-805);] en fin, entre muchos otros testimonios aducibles, mencionaré el libro —interesante, por más que desorientado— de H. y R. Kahane-A. Pietrangeli, *The Krater and the Grail: Hermetic Sources of the «Parzival»*, Urbana, Ill., 1965, [el artículo de J. Ferreiro Alemparte, «La escuela de nigromancia de Toledo», *Anuario de estudios medievales*, XIII (1983), pp. 205-268, y el pasaje poco conocido del Pseudo Boecio (hacia 1235), *De disciplina scolarium*, ed. O. Weijers, Leiden-Colonia, 1976, p. 100: «inspeximus ... magice delusionis

sería para ellos más que un disparate sin paliativos; y, en
consecuencia, harían lo que se hizo luego con el pasaje de
Juan de Mena donde se acoge la misma patraña: suprimir-
lo, sin rebajar por ello la utilidad del *Tractatus*. [Nos consta que obraron así con algunas otras muestras del «patrie
sue ... amor» de fray Juan: el artículo del «de accentu»
sobre la cantidad de *Zemora*, la «civitas in Hispania ferti-
lis et bonis plurimis insignita» en que había nacido el autor, está presente solo en el códice de Todi (f. 41) y falta
en todos los demás; y la misma digresión sobre *hispanus*
que acabamos de leer no comparece sino fragmentariamen-
te en los manuscritos de Florencia, París y Merville.] Petrarca, cuya curiosidad insaciable no se detenía ante repertorios y obras de consulta elemental[48], todavía alcanzó a
leer el *Prosodion* en un texto no mutilado. He aquí, pues,
una tarea para los estudiosos que tras las huellas de Pierre
de Nolhac y Giuseppe Billanovich se afanan por reconstruir
la biblioteca del primer humanista: localizar un códice ín-
tegro del tratado de Gil de Zamora *de accentu et de dubitabilibus que sunt in Biblia*. No sólo prestarán un servicio
a los estudiosos de la literatura hispanolatina medieval,
sino que quizá verán recompensado su celo al descubrir,
en la bella caligrafía de sendas notas marginales, una glosa
sobre la etimología de *amen* y un nuevo testimonio de la

quidem Yberie multos magistrari». No se aparta demasiado de ese ámbito la
referencia de *Il Novellino*, XXXIII, ed. Milán, 1975, p. 46, a «uno filosofo
ch'ebbe nome Pitagora [e] fu di Spagna e fece una tavola per istorlomia...».]
    48.   Cf. por ejemplo R. Weiss, «Per la storia degli studi greci del Petrarca:
il *Triglossos*», *Annali della Scuola Normale Superiore di Pisa, Classe di Lettere...*, XXI (1952), pp. 252-264, [reimpreso en el volumen citado arriba, n. 36];
E. Pellegrín, «Un manuscrit des *Derivationes* d'Osbern de Gloucester annoté par
Pétrarque (Par. lat. 7492)», *Italia medioevale e umanistica*, III (1960),
pp. 263-266; [F. Rico, *Nebrija frente a los bárbaros*, Salamanca, 1978, pp. 14-17;
y los preciosos comentarios de Vincenzo Fera, *La revisione petrarchesca dell'*
«Africa», Messina, 1984, *s.v.* Alexander de Villa Dei, Balbus, Papías, etc.]

irritación con que Petrarca acogió la leyenda del Aristóteles español.

Juan de Mena: la quimera del Prerrenacimiento

Con todo, las ironías de la *Invectiva contra eum qui maledixit Italie* no bastaron a demoler la conseja de marras. El nacionalismo del siglo XV difiere radicalmente del fervor patriótico del XIII: Lucas de Tuy o Gil de Zamora hablaban de España y volvían la vista atrás, al reino visigodo; habla de ella Juan de Mena y la mirada se le va hacia delante, hacia el sueño de la unidad en puertas. Admirablemente lo mostró así doña María Rosa Lida de Malkiel[49], recordando a la vez hasta qué punto subyace tal actitud a la espléndida *Coronación del Marqués de Santillana* (o, mejor dicho, al *Calamicleos*): el Marqués a quien Juan de Mena corona ahí no es el vencedor en las guerras civiles que desangran a la Península, sino el conquistador de Huelma, frente a los moros (1438), el que da un paso más en el camino de la reintegración de España. Pero junto al amplio designio nacional presente al fondo de la *Coronación* hay un sitio también para el orgullo de la patria chica[50]. La copla XXXVII lo explaya muy a las claras. En la subida al Parnaso, cuando llega el punto de repasar «las fazañas y loores / de nuestros antecesores», junto «a la fuente pegasea», y se abre el desfile de los «prudentes actores» —refiere Mena—,

49. *Juan de Mena, poeta del Prerrenacimiento español*, México, D.F., 1950, pp. 539, 546, 104-105; cf. I. Macdonald, «The *Coronación* of Juan de Mena, Poem and Commentary», *Hispanic Review*, VII (1939), pp. 125-144.
50. Para otros testimonios del afecto de Mena por Córdoba, cf. el prólogo de José Manuel Blecua a su valiosa edición de *El laberinto de Fortuna*, Madrid, 1943, pp. VIII-IX.

> vide a Homero y a Lucano
> en aquellos entremeses,
> con Virgilio mantuano,
> Séneca vandaliano
> y otros sabios cordoueses:
> puesto que digan de mí,
> porque en Córdoua nací,
> que en loor supla sus menguas,
> callen, callen, malas lenguas,
> pues que saben ser así[51].

Quiénes son los «otros sabios cordoueses» lo explica su paisano en las prolijas notas con que él mismo ilustró el poema (y donde ya había confundido en uno al Séneca filósofo y al Séneca retor): son nada menos que Averroes, Avicena, Aristóteles, Lucano, Quintiliano y Pompeyo Trogo[52]. Para afirmarlo, Mena depende fundamentalmente del *De preconiis Hispanie*, que en parte traduce[53] y en parte adapta; bien es cierto que no se digna citar a Gil de Zamora, pero el cotejo —limitado ahora al único punto que nos interesa— no deja lugar a dudas:

51.   Cito por la edición que se supone *princeps*, ¿Toulouse, 1489?, reimpresa en facsímile por A. Pérez Gómez, *Incunables poéticos castellanos*, X, Valencia, 1964; la copla transcrita, al folio LXV.

52.   [Nótese, no obstante, que en los versos inmediatamente anteriores a la copla XXXVII, Mena había evocado, primero entre los «actores» de la Antigüedad grecolatina, a «aquel por cuyo seso / los *Metauros* florescieron» («aqueste fue Aristótiles, el qual fizo los *Metauros* e otras muchas excelentes obras...»). Según ello, no es la mención de los «sabios cordoueses» la que trae el recuerdo de Aristóteles, sino la alusión a este la que induce la referencia a aquellos.]

53.   [Pero tampoco cabe descartar que se sirviera del romanceamiento que poseyó el Marqués de Santillana, según sugiere M. A. Parker, «Juan de Mena's Ovidian material: an Alfonsine influence?», *Bulletin of Hispanic Studies*, LV (1978), p. 17, n. 32. Es interesante señalar que el Marqués empezó a poner en verso un pasaje de Gil de Zamora sobre la «santidad de los varones de España», concertándolo, al parecer, con noticias del Tudense, «nuestro Lucas», y quizá espigadas, precisamente, en el prólogo al *Chronicon mundi* de donde nace el Aristóteles español; vid. M. Schiff, *La bibliothèque du Marquis de Santillane*, París, 1905, núm. LXVII, pp. 421-423.]

...Córdoua de la esmerada cauallería maestra se nos muestra e dadora de la comendable eloquençia de los grandes poetas, estoriágraphos e altos filósophos e otros doctores que de ti [*sc.* 'Córdoba'] ovieron nascimiento e de quien tú fueste madre. Ca de ti fu[e] Abenrruyz, precipuo y eximio[54] comentador sobre Aristóteles; de ti fue Auicenna, filósopho, que sobre todos los filósophos más libros hizo, pero, segund algunos afirman, todos los libros de Auicena fueron ordenados[55] por quatro philósophos de Córdoua, e atribuyeron el loor al hijo del rrey, llamado Avicena, porque los libros en

...reddit ipsam [*sc.* 'Hispaniam'] commendabilem precipuorum philosophorum, historiographorum et poetarum et doctorum diserta eloquentia (*De preconiis*, 175 [8-10]).

Et sicut de Hispania fuit Aristoteles philosophorum precipuus, ita et Averroyz commentator eius eximius..., fuit etenim cordubensis... Accedit... Avicenna philosophus, qui pre ceteris philosophis plures libros composuit... Veruntamen, ut aliqui asseverant, quater viginti philosophi Cordube congregati omnes libros illos composuerunt et Avicenni, cuiusdam

54. «Precipuo y eximio» es lectura de la edición de Valladolid, 1540, fol. xviii; la de ¿Toulouse, 1489? trae «primer».

55. El «fueron ordenados por quatro philósophos» de Mena es una interpretación posible, pero que sin duda traiciona el «composuerunt» de Gil de Zamora; la conseja que este refiere, basada al parecer en la abundante producción de Avicena y en el título de príncipe que a menudo se le atribuía (trae buen número de testimonios M.-Th. d'Alverny, «Avicenna Latinus», *Archives d'Histoire Doctrinale et Littéraire du Moyen Âge*, XXVIII, 1961 y vols. sigs.), excluye entender aquí *componere* como 'ordenar, estructurar'. Pero quizás el ms. usado por Mena traía otra lectura, como tal vez traía «quater philosophi» por «quater viginti», aunque esta cifra resultaba tan evidentemente fantástica, que no sería raro que Mena la hubiera corregido a propósito, [bien en el «quatro» que aparece en las impresiones consultadas por mí, bien en el «quarenta» del códice editado por M. Á. Pérez Priego, J. de Mena, *Obras completas*, Barcelona, 1989, p. 190.] La precisión «en el iiij° de la *Natural Estoria*» (y véase la nota siguiente), en cambio, seguramente es de la responsabilidad exclusiva de Mena, deseoso de dar a su texto mayores apariencias de verdad y erudición. Nótese, por otro lado, que la conversión de Aristóteles en cordobés venía ligeramente favorecida por la redacción del *De preconiis*: «Et sicut de Hispania fuit Aristoteles... ita et Averroyz... fuit etenim [otros manuscritos: et est] cordubensis».

mayor rreputaçión fuessen tenidos. Assí mesmo Séneca e Lucano, como dixe. E pues que la fuente de la filosophía de España fue Córdoua, creer deuemos que todos los filósophos o los más [dellos] [56] que de España salieron, de Córdoua ouieron [la sciencia o] el nascimiento. Ansí que deuemos aver por conclusión que, pues Aristóteles salió de España, que fue en ella nascido, segund Plinio testifica en el iiij° de la *Natural Estoria*, e segund Lucas de Tui en sus corónicas, [en el capítulo de Arca se dicto Afuero (*sic*)]. El qual dicho Aristóteles fue de Córdoua, fuente de sabiduría, pero después passó en Greçia, do fue discípulo de Platón et maestro de Alexandre (fol. LXVI vo.).

regis filio, ascripsserunt, ut ex hoc in maiori auctoritate libri haberentur et filii regis nomen in maiori memoria et reverentia haberetur (176 [13-16] y 177 [6-7], [9-14]).

De Hispania siquidem fuit Aristoteles, philosophorum perfectio et consummatio, secundum Plinium et secundum Lucam Tudensem episcopum, in coronicis suis, in capitulo de Artaxerse, dicto Asuero. Hic Platonis fuit discipulus, Alexandri Magni doctor egregius (175 [12-14] y 176 [1-2]).

No es simplemente un testimonio más. Para hacer a Aristóteles no ya español, sino concretamente cordobés, Mena olvida el disfraz de la disposición cronológica y, dando la vuelta al orden adoptado por Gil de Zamora, reconstruye a ojos vistas el proceso de inducción que debió originar la leyenda. El *De preconiis* había partido del dato fabuloso sobre Aristóteles; el comentario a la *Coronación*

---

56. Las palabras entre [paréntesis cuadrados] las tomo de la edición de Valladolid, 1536, según la transcripción de Blecua, *El laberinto de Fortuna*, pp. IX-X, n. 5; edición que concuerda con la también vallisoletana de 1540 y entre otras variantes menores lee más abajo: «en el libro de la *Natural Estoria*». ¿Toulouse, 1489?, en vez de «en el capítulo...», escribe: «más luengamente cuenta».

arranca del caso cierto de Averroes, lo confirma con el supuesto de Avicena y con el bien sabido de Séneca y Lucano, y con rigor de silogismo infiere al fin: *ergo* Aristóteles hubo de ser cordobés.

[No echemos la culpa únicamente a la fiebre patriotera. En la primera mitad del Cuatrocientos, fueron bastantes los españoles que se dejaron fascinar por la revolución cultural que el humanismo había producido en Italia. Los viajes, los viajeros, algunos libros recientes les pusieron ante los ojos la maravilla de una resurrección de la Antigüedad que estaba cambiando la literatura, las artes, la misma vida cotidiana de las gentes refinadas. Los 'intelectuales' madrileños de la última postguerra tal vez abrazaban el existencialismo por el procedimiento de ponerse un jersey negro o se hacían comunistas estudiando en un viejo manual de filosofía el capítulo dedicado a refutar a Marx. De modo no demasiado diferente, los contemporáneos de Juan de Mena veían solo los resultados más epidérmicos de los *studia humanitatis* y a menudo aspiraban a emularlos con los medios que tenían a mano y sin variar la formación que les era propia. ¿Había que multiplicar las pinceladas mitológicas, las alusiones a la historia y a la geografía del mundo grecolatino? Pues allí estaban la *General estoria* y el *Catolicón*, las *Etimologías* y el *De imagine mundi*, tan opíparos en datos, mejores o peores, a tal propósito. ¿El ideal del estilo era la elocuencia latina? Pues ellos se sabían al dedillo las recetas de los *dictatores*, y muchos, además, las del leguleyo a la escolástica. ¿La tradición clásica era en Italia, también, una divisa nacionalista? Pues Gil de Zamora certificaba la hispanidad nada menos que de Aristóteles... El recurso de la *Coronación* al *De preconiis* es solo una anécdota más, por encima incluso de las implicaciones *chauvinistes*, del espejismo que encandiló más o menos duraderamente a los prerrenacentistas españoles: la quimera de construir una literatura 'clásica' con materiales e instrumentos básicamente medievales[57].

Por fortuna, no era esa una situación dada de una vez por todas, ni individual ni colectivamente. El esnobismo de los padres, acercando a los hijos a la órbita del humanismo, les ayudó a recorrerla desde el principio con sosiego y aplicación. El decisivo mecenazgo que dispensó «al estudio de las letras» y a la renovación de las artes era para el Cardenal Mendoza, expresamente, un modo de continuar las lecciones de su padre, Santillana: «como el Marqués, my señor»[58].

No siempre fue preciso aguardar una generación. Juan de Mena, parece, nunca llegó a penetrar el meollo de los *studia humanitatis* y percatarse de que no eran (o no sólo eran) la moda que él creía, sino, repito, una auténtica revolución. Pero del *Calamicleos* a las *Coplas de los pecados mortales* va un largo trecho. En verdad, Mena fue advirtiendo paulatinamente hasta qué extremo podía ser superficial la manera poética que le obsesionaba y, sin abandonarla por entero, se esforzó por dar a sus versos un

57. [Es tema sobre el que me extiendo en la primera parte de *La invención del Renacimiento en España*, en preparación; por el momento, he hecho consideraciones y examinado datos al respecto, con mayor o menor detención, en varios artículos: en particular, en «Petrarca y el 'humanismo' catalán», en *Actes del sisè col·loqui internacional de llengua i literatura catalanes*, Abadía de Montserrat, 1983, pp. 257-291; «Imágenes del Prerrenacimiento español: Joan Roís de Corella y la *Tragèdia de Caldesa*», en *Estudios de literatura española y francesa... Homenaje a Horst Baader*, Frankfurt, 1984, pp. 15-27; «Il nuovo mondo di Nebrija e Colombo. Note sulla geografia umanistica in Spagna e sull contesto intellettuale della scoperta dell'America», en *Vestigia. Studi in onore di Giuseppe Billanovich*, Roma, 1984, pp. 575-607 (versión esp., en el colectivo *Nebrija y la introducción del Renacimiento en España*, Salamanca, 1983, pp. 157-185); «Antoni Canals y Petrarca. Para la fecha y las fuentes de *Scipió e Anibal*», en *Miscel·lània Sanchis Guarner*, I, Valencia, 1984, pp. 285-288. Vid. también arriba, pp. 46, n. 24, y 52, n. 40.]

58. [*Apud* F. Layna Serrano, *Historia de Guadalajara y sus Mendoza en los siglos XV y XVI*, II, Madrid, 1942, p. 20; cf. últimamente R. Díez del Corral Garnica, *Arquitectura y mecenazgo. La imagen de Toledo en el Renacimiento*, Madrid, 1987, p. 26.]

sentido más hondo; a la par, un saber cada vez más amplio y maduro le fue sin duda mostrando los peligros y los ridículos a que venía exponiéndose con sus pretensiones de erudición en falso.

Si hacia 1438, así, la *Coronación* otorgaba a Aristóteles la ciudadanía española, la *Yliada en romance*, un lustro después[59], no se atrevía a renovársela. La ocasión, sin embargo, era pintiparada. En el prólogo, Mena hincaba la rodilla ante don Juan II y se decía venido «no de Ethiopia con relumbrantes piedras, no de Syria con oro fino, ni de África con bestias monstruosas y fieras, mas de aquella vuestra cavallerosa Córdoba», de donde «los mayores y antiguos padres» tantas obras habían traído antaño «a los gloriosos príncipes»:

> Como si dixéssemos de Séneca el moral, de Lucano, su sobrino, de Abenrruiz, de Avicena y otros no pocos, los quales temor de causar fastidio más que mengua de multitud me devieda los sus nombres explicar...[60]

Debemos leer ahí una rectificación en regla, más aun que una simple muestra de prudencia. Porque los contactos literales entre ambos textos aseguran, diría yo, que al escribir el prólogo a la *Yliada* Mena tenía en la cabeza la copla XXXVI de la *Coronación*, con el correspondiente comentario en prosa[61], y censuraba con plena conciencia la dispa-

59. [Para la fecha y los demás aspectos de la obra son importantes los trabajos de Guillermo Serés: *La traducción parcial de la «Ilíada» del siglo XV*, Bellaterra, Barcelona, 1987 (en microfichas); «Pedro González de Mendoza y la 'grande *Ilíada* de Homero'», *Boletín de la Biblioteca de Menéndez Pelayo*, LXV (1989), pp. 5-54; «La *Ilíada* de Juan de Mena: de la 'breve suma' a la 'plenaria interpretación'», *Nueva revista de filología hispánica*, XXXVII (1989), pp. 119-141.]

60. Edición de M. de Riquer, Barcelona, 1949, p. 35, [y M. A. Pérez Priego, *loc. cit.*, p. 333.]

61. «Córdoua de la esmerada cauallería maestra» / «vuestra cavallerosa Córdova», «y otros sabios cordoueses» / «y otros no pocos», «puesto que digan... que... supla sus menguas» / «temor de causar fastidio más que mengua de multitud...»

ratada afirmación de antaño sobre la españolidad del Estagirita.

Ni la palinodia de Mena, sin embargo, ni el progresivo afianzamiento de los *studia humanitatis* en la Península consiguieron desterrar por completo la mohosa patraña. Por el contrario, llama la atención comprobar que los avances de los unos fueron en alguna ocasión del brazo con los avances de la otra. Uno de los síntomas más claros de la mutación que poco a poco se operó en la cultura española está en la sustitución de las traducciones medievales de Aristóteles por las primorosas versiones de Leonardo Bruni, una vez, incluso, en 1461, copiadas por un jovencísimo Antonio de Nebrija que se esforzaba por dar a la escritura toda la dignidad y la belleza de la más pura caligrafía humanística [62]. Pero de la Salamanca de 1463-1464 y del círculo de Pedro de Osma, maestro jamás negado por Nebrija, procede cierto manuscrito donde los *Libri Politicorum Aristotelis* puestos en latín por Bruni llevan como introducción la *Summa* que les dedicó el Oxomiense, aquí rematada con el colofón que menos esperaríamos:

> Frater Iohannes Egidius Zamorensis tradit Aristotelem fuisse hispanum, in eo libro qui *de laudibus Hispaniae* intitulatur. Nonnulli alii dicunt eundem philosophum natum fuisse in Villumbrales apud Palenciam [63].

La especie está expresada cautelosamente, con la precisa mención de la fuente de que procede, con la atribución a «nonnulli» del aserto que la complementa, como quien quiere sacudirse de encima cualquier responsabilidad. Pero

---

62. [Tengo presente el manuscrito 2603 de la Biblioteca Universitaria de Salamanca, hasta hace poco en la Biblioteca de Palacio.]

63. [Vid. A. García y García, F. Cantelar Rodríguez y M. Nieto Cumplido, *Catálogo de los manuscritos e incunables de la Catedral de Córdoba*, Salamanca, 1976, núm. 136, pp. 272-273.]

semejante timidez no nos satisface: de ese ambiente podían llegar ya una impugnación y una denuncia unívocas, y no encontramos sino un mero testimonio de que la bola de la leyenda, que en Alfonso el Sabio andaba por Portugal (n. 21), había seguido rodando hasta Villumbrales, «apud Palenciam», Dios sabrá por qué [64].

Claro está, no obstante, que la conseja para entonces más que centenaria de ningún modo podía correr al otro lado de los Pirineos.] La versión de Mena tiene también la virtud de ilustrarnos sobre ese rasgo ya conocido de nuestra historia. En efecto, el párrafo de la *Coronación* con la sorprendente noticia sobre Aristóteles no aparece en todas las ediciones: lo traen (no sin variantes) la supuesta *prin-*

64. [No es, con todo, nuestro solo testimonio en un sentido análogo. En un panfleto de 1481 en defensa de los conversos, para descalificar la interesada opinión que hacía al pueblo judío más inteligente de suyo que otro cualquiera, fray Hernando de Talavera alegaba la segura supremacía de los clásicos grecolatinos en el dominio de las humanidades: «Mas naturalmente no fue aquel pueblo más sabio, más sotil ni más ingenioso que otro, ni lo son los que descienden de él, antes por ventura menos, como parece claramente por otras gentes y naciones de aquellos tiempos; ca en las ciencias humanas, que se alcanzan por sotiles [*sic*] de ingenio, más sotiles y más ingeniosos eran los caldeos, y mucho más lo fueron los griegos, y después los latinos y romanos, y aun los arábicos, como parece claramente por los libros de las tales ciencias, así naturales como morales, que de él los [*sic ¿por ellos?*] tenemos, aunque algunos tienen que Aristóteles haya seído judío y zun» (*Católica impugnación*, ed. F. Martín Hernández, pról. F. Márquez, Barcelona, 1961, pp. 150-151). La sintaxis de fray Hernando no es particularmente luminosa e ignoro el sentido de *zun* (si no es relacionable con *sunní*, 'musulmán ortodoxo', según me sugiere Juan Antonio Pascual, sin hacer excesivo hincapié y al tiempo que me remite a la nueva edición, por él revisada, de J. Corominas, *Diccionario crítico etimológico castellano e hispánico*, II, Madrid, 1980, p. 32, sobre algunos posibles derivados del árabe *súnna*, 'precepto o tradición religiosa'). Pero me parece obligado conjeturar que ese Aristóteles hebreo responde a un doble estímulo: pues, por una parte, databa de siglos el cuento que achaca el saber del Estagirita al conocimiento de los libros de Salomón (a las pistas que pueden hallarse en María Rosa Lida, «La leyenda de Alejandro en la literatura medieval», en su libro *La tradición clásica en España*, Barcelona, 1975, pp. 165-197, añádase en especial el texto de Virgilio Cordobés citado arriba, n. 19); y, por otro lado, la fábula del Aristóteles hispano se proponía como un modelo muy adecuado para quien quisiera reforzar con nombres y datos el mito de la superior inteligencia de los judíos.]

ceps, las de Valladolid, 1536 y 1540, Toledo, 1548, y sin duda muchas otras; no se halla, en cambio, en las de Amberes, 1543 y 1552, y posiblemente alguna más impresa fuera de la Península[65]. Ahora bien, otro tanto ocurriría —según hemos visto— con el pasaje gemelo del *Prosodion* de Gil de Zamora: pasaje ausente de los manuscritos ahora accesibles, extranjeros todos; pero pasaje que difícilmente faltará si algún día aparece un códice español.

El paralelismo no se acaba ahí: si el Aristóteles hispano del *Prosodion* sufrió las iras de Petrarca, el Aristóteles cordobés de la *Coronación* no obtuvo mejor trato a manos de otro humanista italiano. A principios de 1505, Antonio de Ferrariis, el Galateo, remataba lo que había empezado por ser una carta a Crisostomo Colonna y acababa en un cumplido tratado *De educatione*[66]. No corrían los mejores tiempos para las relaciones entre las dos penínsulas mediterráneas: las armas españolas triunfaban en Italia y las letras italianas tronaban contra la «superbia gothica» de España. En el *De educatione*, Galateo se dolía muy en particular del desdén por la cultura de que blasonaban los españoles (y los franceses), más pagados de su raigambre bárbara que de la herencia de Roma. La luz de las letras sólo brillaba en unos cuantos: por ejemplo Enrique de Villena, por ejemplo Juan de Mena. Mena era no poco

65. Cf. M. R. Lida de Malkiel, *Juan de Mena...*, p. 334, n. 6, y «Juan Rodríguez del Padrón: vida y obras», *Nueva revista de filología hispánica*, VI (1952), p. 335, n. 23, [ahora en sus *Estudios sobre la literatura española del siglo xv*, Madrid, 1977, p. 54.]

66. Tengo noticia de dos ediciones: una al cuidado de F. Casotti, en los *Scritti inediti o rari di diversi autori trovati nelle provincie d'Otranto*, Nápoles, 1865; y otra en la *Collana degli scritori della Terra d'Otranto*, diretta da S. Grande, II, Lecce, 1867 (cf. otras referencias bibliográficas en B. Croce, *Giornale storico della letteratura italiana*, XXIII, 1894, pp. 394-397, y A. Croce, *Archivio storico per le provincie napoletane*, XXIII, 1937, pp. 366-393); fragmentos en Garin, *L'educazione umanistica in Italia*, Bari, 1959³. Para nuestro tema, cf. B. Croce, *La Spagna nella vita italiana durante la Rinascenza*, Bari, 1917, pp. 107-120.

leído en Italia. El mismo Galateo lo recuerda en la *Esposizione del Pater Noster*[67]; pero, claro está —puntualiza en el *De educatione*—, ¿cómo comparar a Dante y Petrarca con Juan de Mena, «Homerus ille hispanus»? Junto al «Italia mia...», ¿cómo poner la *Coronación*, con su desatinada glosa? Más bien habrá que llamarla «*Cornicationem*, cum suo commento et Aristotele suo cordubensi»[68].

Los últimos vaivenes de la leyenda del Aristóteles hispano[69] resultan harto significativos, y no tanto por ilustrar una nueva querella de patriotismos, cuanto por seguir descubriéndonos un conflicto de métodos y criterios. Petrarca desmentía a Jean de Hesdin y a Gil de Zamora aduciendo un par de datos rápidos, pero tamizados por la crítica

67. En la *Collana degli scrittori della Terra d'Otranto*, IV, p. 201: «se metteranno ad solazar nel dolce romanzo, leggeranno Joan de Mena, lo Omero spagnuolo, la *Coronazione*, con lo suo commento, e *Las tricientas*»; y en B. Croce, *La Spagna...*, p. 63, n. 5. [Cf. también S. Martelli, «La *Vituperatio litterarum* di Antonio De Ferrariis (Galateo)», en *Civiltà dell'umanesimo*, ed. G. Tarugi, Florencia, 1972, pp. 145-162 (156-157); V. Zacchino, «Il *De educatione* di A. Galateo e i suoi sentimenti antispagnuoli», en *Atti del congresso di studi sull'età aragonese*, Bari, 1969, pp. 620-642; y F. Tateo, «L'immagine della Spagna negli scrittori dell'età aragonese», *Annali dell'Istituto Universitario Orientale. Sezione romanza*, XXX: 1 (1988), pp. 91-104.]

68. *De educatione*, en la *Collana...*, p. 154; y en B. Croce, *La Spagna...*, p. 64.

69. No me interesan aquí las referencias tardías de los historiadores Enciso, Garibay y Roa; cf. R. de Floranes, en la *Colección de documentos inéditos para la historia de España*, XX, p. 139, y M. R. Lida de Malkiel, *Juan de Mena*, p. 334, n. 6. [De otros ecos del Aristóteles español después del Cuatrocientos queda mención en Nicolás Antonio, *Bibliotheca Hispana Vetus*, I, Madrid, 1788, p. 110, y en B. J. Gallardo, *Ensayo de una biblioteca...*, II, Madrid, 1866, col. 254. Añadiré solo que la pervivencia de la leyenda en el Siglo de Oro se revuelve en más de un caso, no sólo con la fama de Juan de Mena, sino asimismo con la fortuna de Annio da Viterbo, quien hacía la filosofía española ochocientos años anterior a la griega: «Tanto videlicet Hispaniae quam Graeciae antiquior est splendor et philosophia!» (*apud* B. J. Gallardo, *Ensayo...*, I, col. 218; cf. M. R. Lida de Malkiel, en *Studia hispanica in honorem R. Lapesa*, I, Madrid, 1972, pp. 45-46); baste remitir a Juan de Mal Lara: «Esta philosophía y manera de saber se estendió por todo el mundo, y no avía corrido tanto que, ya primero que ella nasciesse en Grecia, no se hallase origen en Hespaña de grandes sciencias...» (citado por Américo Castro, *Hacia Cervantes*, Madrid, 1960[2], p. 154).]

(«credo», «grecus aut macedo»), sobre el origen de Aristóteles. Juan de Mena, que sólo había asimilado el relumbrón aparente del humanismo, se fiaba en cambio de muy dudosas fuentes modernas (de la «ignorantium caterva» que era para el cardenal Margarit la mayoría de los historiadores peninsulares)[70] y fantaseaba la referencia a un Plinio no leído (de modo característicamente medieval). Frente a ello, el Galateo incoaba el caso contra Mena en el contexto de una invitación a las humanidades. En torno al Aristóteles cordobés, batallaban así el saber de la Edad Media y la cultura del Humanismo.

70. Cf. R. B. Tate, «Italian Humanism and Spanish Historiography of the Fifteenth Century», en *Bulletin of the John Rylands Library*, XXXIV (1951-1952), pp. 137-165, [y *Joan Margarit i Pau, cardenal i bisbe de Girona*, Barcelona, 1976, p. 378.]

4

LAS ENDECHAS A LA MUERTE
DE GUILLÉN PERAZA

A Bruce W. Wardropper

No quisiera ser injusto con don Marcelino, pero creo que quien de veras devolvió las endechas por Guillén Peraza al mundo de la literatura viva fue la *Poesía de la Edad Media y poesía de tipo tradicional* (1935) de Dámaso Alonso. Como siempre, cierto, primero hay que quitarse el sombrero ante Menéndez Pelayo, a cuyo tino no se le escapó una pieza tan «notable por la intensidad del sentimiento poético» ni aun disimulada entre las páginas de una remota publicación regional[1]. Pero en el «Suplemento» a la *Primavera* de Wolf y Hoffmann las endechas habían de quedarse

---

1. *Antología de poetas líricos castellanos*, IX (Madrid, 1945), pp. 328, 332-333 (y vid. VI, p. 91). En una nota a la selección de Cairasco de Figueroa inserta en el tomo XLII de la Biblioteca de autores españoles, p. 449, don Adolfo de Castro había transcrito las endechas y el elogio que les dedica Vargas Ponce, a zaga de Viera y Clavijo. Pero Menéndez Pelayo se tropezaría con ellas, en la «*Historia de la Conquista de las siete islas de la Gran Canaria*, escrita por el Reverendo Padre Fray Juan de Abreu Galindo. Año de 1632, Santa Cruz de Tenerife, 1848 (*Biblioteca isleña*), pp. 63-64», cuando preparaba el prólogo a *Los guanches de Tenerife y conquista de Canarias* para la edición de la Real Academia Española. En ese prólogo, aparecido el mismo año de 1900 en que se imprimió la citada entrega de la *Antología*, vuelve a mencionar «el bellísimo fragmento, a modo de endechas, que deplora la muerte de Guillén Peraza, en La Palma» (*Estudios sobre el teatro de Lope de Vega*, V [Madrid, 1948], p. 302).

en mera aportación erudita, y, desde luego, el imprevisible batiburrillo de Cejador no podía hacer demasiado para sacarlas del limbo[2]. Cejador exhumó el poema, pero no tenía carismas para resucitarlo.

Otro gallo le cantaba a la antología de Dámaso. La inclusión de una muestra deslumbrante de la *poesía de tipo tradicional* en un volumen consagrado primordialmente a la *Poesía de la Edad Media* obedecía a una precisa consigna de Menéndez Pidal. En un discurso leído en 1919 en el Ateneo de Madrid, don Ramón había reclamado «en toda historia literaria» un capítulo sobre «nuestra abundante lírica popular», «eminentemente sintética» y volcada en los «motivos elementales de la sensibilidad», «flor que espontáneamente se abre al calor de toda emoción vital»[3]. Aun así, la elección de las endechas por Guillén Peraza estaba lejos de ser obvia: al propio maestro parece que se le olvidaron, por más que hubieran ido pintiparadas en el discurso de la 'docta casa'[4]. Para acogerlas entre una cincuentena de ejemplos del «Cancionero anónimo», había que gustar no solo los «motivos elementales» de la «lírica popular», sino también la valentía más elaborada de una cadena de metáforas, el atractivo surrealista de un paisaje onírico.

La conjunción de sencillez y atrevimiento era algo que Dámaso Alonso y sus coetáneos estaban soberbiamente capacitados para apreciar. En el Ateneo, ante un público de variado pelaje, la propuesta de Menéndez Pidal no iba limitada a los especialistas, antes bien se apuntaba como

2.   J. Cejador y Frauca, *La verdadera poesía castellana. Floresta de la antigua lírica popular*, II (Madrid, 1921), p. 75, núm. 1169.

3.   R. Menéndez Pidal, «La primitiva poesía lírica española», en *Estudios literarios*, Madrid, 1920, pp. 342-344.

4.   No falta, en cambio, sucinta mención de ellas, al fondo de una nota, en «Sobre primitiva lírica española» (1943), reimpreso en *De primitiva lírica española y antigua épica*, Buenos Aires, 1951, p. 117, n. 6, en tanto «complemento necesario del trabajo extenso titulado 'La primitiva poesía lírica española'».

programa para los creadores, en la esperanza de que «el estudio de esta poesía» fecundara el quehacer de «nuestros eximios poetas españoles... con audacia renovadora de lo viejo». Nadie ignora que ocurrió exactamente así y que los mismos poetas fascinados por las vanguardias y por los suntuosos laberintos de don Luis de Góngora se arrobaron con los romances y las cancioncillas de la tradición antigua y moderna[5]. Por eso es tan significativo que el florilegio de Dámaso formara serie (y se quedara en pareja) con otro no menos célebre en que Gerardo Diego sentaba el canon de la *Poesía Española* de los *Contemporáneos* (1932, 1934) y bendecía a los grandes nombres de la nueva generación. Cuando las dos antologías se ponen una junto a otra, respiramos el mismo aire en que renació Guillén Peraza, percibimos el mismo equilibrio de tradición y originalidad, naturalidad y tensión imaginativa, sentimiento y símbolo, vivencia y cultura, que también nos admira en las endechas.

El clima que abrigaba a Dámaso y Gerardo, mantenido durante tres decenios, convirtió el planto por el mozo sevillano en un clásico irremplazable en las antologías[6] y en una presencia firme en el paisaje de la poesía española. Cuando en otoño de 1959 Jaime Gil de Biedma me encon-

---

5. No se recuerdan tan a menudo como uno esperaría las estupendas páginas que sobre el tema escribió don José F. Montesinos, *Estudios sobre Lope de Vega*, nueva edición, Salamanca, 1967, pp. x-xiv.

6. Cuya fuente habitual es la *Lírica* [en la primera edición, *Poesía*] *de tipo tradicional* (Madrid, 1956) preparada por José Manuel Blecua como apertura de la *Antología de la poesía española* que proyectaba en colaboración con Dámaso Alonso y en la que por primera vez modernamente (vid. la nota 8) las endechas se publican en trísticos, a la luz de J. Pérez Vidal, *Endechas populares en trístrofos monorrimos. Siglos XV-XVI*, La Laguna, 1952 (pero cf. también J. Álvarez Delgado, «Las canciones populares canarias. Diseño de su estudio filológico», *Tagoror. Anuario del Instituto de Estudios Canarios*, I [1944], pp. 113-126). Desde que Dámaso Alonso inició la práctica, varios editores las han impreso encabezadas por el rótulo hoy generalizado de «Endechas a la muerte de Guillén Peraza»: así, por ejemplo, en la preciosa *Poesía elegíaca española* (Salamanca, 1967) de Bruce W. Wardropper o en el admirable *Museo atlántico. Antología de la poesía canaria* (Santa Cruz de Tenerife, 1983) de Andrés Sánchez Robayna.

tró en «Cristal City» hojeando la *Lírica de tipo tradicional*
de José Manuel Blecua, que él tanto había disfrutado[7], lo
primero que hizo fue llamarme la atención sobre los piro-
pos que las damas de Canarias echaban a las mejillas de
Guillén Peraza («la flor... de la su cara», en interpretación
muy de Jaime) y pasar luego a discurrir doctamente sobre
la sinécdoque de no sé qué revista al titular la noticia de la
muerte de Gérard Philippe: «Les plus belles pommettes de
la France, flétries». Nunca he perdido el entusiasmo que
entonces sentí al leer el poema.

¡Llorad, las damas, sí Dios os vala!
Guillén Peraza quedó en La Palma
la flor marchita de la su cara.

No eres palma, eres retama,
eres ciprés de triste rama,
eres desdicha, desdicha mala.

Tus campos rompan tristes volcanes,
no vean placeres, sino pesares;
cubran tus flores los arenales.

Guillén Peraza, Guillén Peraza,
¿dó está tu escudo, dó está tu lanza?
Todo lo acaba la malandanza[8].

7.   Véase J. Gil de Biedma, *Diario del artista seriamente enfermo*, Barcelona, 1974, p. 39, y «La imitación como mediación, o de mi Edad Media», en
J. Benet *et al.*, *Edad Media y literatura contemporánea*, Madrid, 1985, pp. 62-64,
71-75.

8.   El *textus receptus*, repetido por todos sin más que algún cambio en la
puntuación (véase abajo, n. 57), se dice siempre procedente de fray Juan de
Abreu, *Historia de la conquista de las siete islas de Canaria* (que yo citaré por la
excelente edición de A. Cioranescu, Santa Cruz de Tenerife, 1977; nuestro poema, en la p. 108). En realidad, tanto en las ediciones como en los manuscritos
conocidos, la *Historia* trae *así Dios os vala* (1). Donde aparece la lectura *sí
Dios...* es en la *Descripción histórica y geográfica de las Islas de Canarias* (1737),
de Pedro Agustín del Castillo (en la edición de Miguel Santiago, vol. I, fasc. 1

Por los mismos años de *Poesía de la Edad Media y poesía de tipo tradicional*, también en apretada asociación con las vanguardias y también sobre manera curiosos por la veta popular en la literatura que les era más propia, Tynianov, Mukarovsky, el joven Jakobson explicaban que un poema consiste en un sistema lingüístico en cuyo marco jerarquizado un elemento o un grupo de elementos predomina sobre los restantes, cohesionándolos y conformándolos. Es el *dominante*. Tynianov había escrito que la palabra entra en el verso no tanto «en sí y por sí» cuanto como

---

[Las Palmas de Gran Canaria, 1948], pp. 160-161), que, sin embargo, nadie parece haber tomado en cuenta para editar las endechas. Es evidente que *sí*, en una fuente del siglo XVIII, es *lectio difficilior* que se impone aceptar y que por ello mismo aumenta el interés de las otras variantes que ofrece Castillo: *Llorad damas* (1), *eres desdicha y fortuna mala* (6), *y cubran tus flores* (9). Como la *Descripción*... tiene una deuda fundamental con la *Historia*... por cuanto atañe a Guillén Peraza (vid. A. Cioranescu, *ibid.*, pp. XXXII y 108, n. 11), no creo que deba inferirse que a Castillo le era familiar otro texto de las coplas, sino más bien que utilizaba la obra de Abreu en un códice distinto de los conservados (véase otro testimonio al propósito en mi n. 54). Así las cosas, dos de las cuatro variantes de ese códice hoy perdido pueden descartarse como error material (*Llorad damas*) o vacilación típica de copista (en el verso 9), pero una tiene autoridad cabal (*sí*) y otra, aun siendo indudablemente una trivialización (*fortuna mala* corrige el pleonasmo lleno de expresividad *desdicha mala*), merece ser recordada como posible fruto de la vida tradicional de las endechas o, en cualquier caso, como útil guía antigua —quizá del siglo XVI— a la comprensión de un aspecto del poema (compárese abajo, p. 146). Castillo, por otro lado, es el único texto accesible antes de la monografía de J. Pérez Vidal (cf. n. 6) que transcribe la pieza, no como si se tratara de un romancillo pentasílabo, sino en los versos largos que hoy sabemos propios de las «endechas de Canaria»: también ese dato contribuye a dar valor al manuscrito en que se funda.

Con todo ello, no acabo de explicarme de dónde sale el *sí* que imprimen unánimes los editores modernos. Menéndez Pelayo era perfectamente capaz de conjeturarlo *ope ingenii*, pero sucede que el primer libro en que aparece con posterioridad al Seiscientos, por cuanto yo sé, son los *Estudios* (1880) de G. Chil y Naranjo (vid. n. 48), quien empleaba la misma edición de Abreu, pero sin la intuición filológica de don Marcelino, y a quien este no parece haber consultado, pues fecha la muerte de Guillén Peraza en 1443.

Notaré, por último, que modernizo todos los textos aquí citados, salvo en unos pocos nombres propios en que la grafía arcaica quizá nos mantiene más cercanos a las lenguas canarias subyacentes. Vid. también p. 102.

«miembro de una cierta serie, coloreada de un cierto modo»[9]. Mukarovsky comentaba que el *dominante* es quien «pone en movimiento e imprime dirección a las relaciones entre todos los demás componentes», quien los tiñe de una tonalidad propia. Jakobson lo definía como el centro de perspectiva del poema y cifraba la 'poeticidad' en la función de «un componente que transforma necesariamente los otros elementos y hace que la palabra sea sentida como tal palabra»[10]. Pues bien: no es preciso jurar por la Opojaz y el Círculo de Praga, ni mucho menos suponer que la identificación de los procedimientos constructivos da cuenta suficiente del agrado que un poema produce, para conceder que la noción de *dominante* viene como anillo al dedo a la comprensión del lamento por Guillén Peraza.

«Guillén Peraza» y «La Palma»: maneras de dominio

Hay en nuestras endechas, obviamente, dos grandes protagonistas, dos factores temáticos esenciales: el caballero muerto y el lugar donde cayó. Pero uno y otro no sólo gobiernan el conjunto en términos argumentales —digamos—, anecdóticos, sino también con la textura verbal y con las resonancias del significado, con la plenitud de la palabra más propiamente poética. Cuando la voz plañidera, tras la ritual invocación a las lágrimas, dice los nombres de *Guillén Peraza* y *La Palma*, no da la información seca de una crónica de sucesos: establece una trama de conexiones que alcanza a todos los planos del texto. La mención simétrica de *Guillén Peraza* y de *La Palma*, aparte declarar el *quis* y el *ubi*, la *persona* y el *locus* de la

9. *Apud* J. N. Tynianov, *Formalismo e storia letteraria*, pról. y trad. de M. Di Salvo, Turín, 1973, p. XI.
10. F. Lázaro Carreter, *Estudios de poética*, Madrid, 1973, p. 64, también con la cita de Mukarovsky.

narratio (versos 2-3), los descubre encadenados por el destino de la asonancia en *áa* y proyecta esa fatalidad de principio a fin de las coplas. *Guillén Peraza* fija el ritmo del discurso y, aparte cumplir otras funciones, proporciona el broche consonántico para cerrarlo. El sentido originario de *La Palma*, a su vez, es la raíz de las imágenes y visiones que pueblan en gran medida la haz de la endecha. En suma: de los dos nombres, el poeta ha recogido componentes fonéticos, métricos, semánticos que en nada interesarían al historiador, y los ha convertido en *dominantes*, en ejes de la composición entera. Entendemos por qué aseguraba Maiakovsky que hasta los nombres de las calles de Moscú eran en sus versos *epitheta ornantia*[11]: la buena poesía rescata y realza dimensiones del lenguaje ignoradas en la trivialidad del idioma, en el tedio de la cháchara diaria.

Particularmente llamativa es la impronta formal de los dominantes. La asonancia que los vincula se hace presente antes que los nombres de los protagonistas —no hay duda, pues, de que está en el arranque mismo del poema— y modela ya el primer verso en los puntos neurálgicos para caracterizarlo como tal, en el límite de los hemistiquios: *damas, vala*. Cuando llegamos al segundo trístico y la voz se vuelve contra la isla, la simple harmonía vocálica (como en *cara*) asciende un grado, sin encumbrarse hasta la consonancia: puesto que la atención se concentra ahora en *La Palma*, los asonantes —a un paso de anagramas— retienen siempre la sílaba final del topónimo (*reta*ma, *ra*ma, ma*la*). Si ese remache compensa el abandono de la horma *áa* en la primera mitad del verso quinto —como en la frontera estrófica que es el tercero—, el alcance concordemente funesto de *ciprés y triste* se refuerza por la «conflictatio» de

---

11. R. Jakobson, «Closing Statement: Linguistic and Poetics», en *Style in Language*, ed. T. A. Sebeok, Cambridge, Mass., 1960, p. 377.

ambos vocablos[12], y la figura de insistencia se extiende a la retahíla de *eres...*, *eres...*, y a ese peculiar 'superlativo' creado por la repetición léxica (*desdicha, desdicha...*) y la tautología (*...desdicha mala*). La asonancia rectora se esfuma en la tercera copla (por más que la tónica permanece en *áe*), pero por buenas razones: al culminar la violencia de la maldición a La Palma, se yuxtaponen dos grupos de *-m* implosiva ante *p-*, con distribución cruzada de las vocales (*áo, óa*), en un verso excepcionalmente marcado por las oclusivas (*tus campos rompan tristes volcanes*), según la artimaña milenaria (*Eneida*, VIII, 596: «quadrupedante putrem sonitu quatit ungula campum»). La contraposición del verso octavo, *no...*, *sino...*, más suelta de sintaxis en el trístico anterior (*No eres..., eres...*)[13], se potencia por cuanto cada una de las palabras clave supone una variación fonética de la otra, y ambas, con asombrosa argucia, de nuevo a un paso del anagrama —*les mots sous les mots*—, lo son del apellido de Guillén: *placeres, pesares, Peraza*. (No se descuide que se escribía y se pronunciaba *Peraça* y *plazeres*, con sibilantes entonces bien próximas a la de *pesares*.) Pero notemos la vibrante simple entre vocales (*-ere-, -are-*): la pauta propuesta por *Guillén Pe*raza y observada desde el comienzo absoluto (*Llorad...*), como sutil hebra de engarce (*cara*, el cuádruple *eres*), llega ahora al apogeo y al virtuosismo de *plac*eres, *pes*ares, *f*lores, *aren*ales. La pirotecnia ocurre justamente en el punto en que va a retornar el nombre del héroe con toda la energía de la enunciación desnuda y repetida, capaz de sugerir cuanto

---

12. Según el término acuñado (al par que «allitteratio») por Pontano en el *Actius* (*I dialoghi*, ed. C. Previtera, Florencia, 1943, p. 184) para designar similares encuentros de consonantes («remis rostrisque ruentibus», etc.).

13. Sobre las figuras de sintaxis en ese y otros lugares de las endechas, vid. Ricardo Senabre, «Las endechas a la muerte de Guillén Peraza», *Serta gratulatoria in honorem J. Régulo*, I (La Laguna, 1985), pp. 663-673 (669-670); en general, procuro no duplicar las finas consideraciones del profesor Senabre.

no puede articular el sentimiento. Con el nombre retorna, y uno diría que era de esperar, la treta de la copla segunda: si allí *La Palma* imponía la sílaba *ma*, aquí *Peraza* trae obligada *za* (*lanza*, *andanza*); y la asonancia básica se desborda en el último verso, cuyas oes iniciales hacen más perceptible la cascada de aes que delimita el territorio del cantar: *acaba la malandanza*.

La categoría de dominante semántico o, mejor, figurativo en la parcela más amplia de las endechas corresponde inequívocamente a *La Palma*. La invectiva contra el lugar donde fue abatido el caballero recupera el valor del topónimo como nombre común y a partir de él trenza un admirable sistema de metáforas arbóreas y vegetales. Guillén Peraza no pudo domeñar la isla, antes bien gustó allí el sabor acre de la derrota y la muerte. *La Palma*, pues, en vez de la palma de la victoria, es la planta amarga por excelencia, la *retama*, y aun el más lúgubre de los árboles, el *ciprés*. En la estrofa tercera, cuando no se trata ya de denigrar y desprestigiar —literalmente—, sino de maldecir, el poeta renuncia a las imágenes y conjura una visión de grandeza apocalíptica: La Palma se romperá desde dentro con las tremendas sacudidas de los *volcanes*, y los *arenales* enterrarán hasta las últimas *flores*[14]. Por aquí volvemos, naturalmente, no sólo al reino vegetal, sino asimismo a Guillén Peraza: si el guerrero dejó *marchita* en La Palma

---

14.   «La maldición invoca el asolamiento de la belleza isleña, representada en *campos* y *flores*, a cargo de sus correlatos mortíferos, *volcanes* y *arenales*. En ambos casos, la posposición de los sujetos, relegados a los finales de verso, deja en primer lugar la mención de lo inmediatamente visible y aplaza la aparición de los peligros ocultos, no solo porque, en una imaginativa reconstrucción del proceso real, estos se presentan después, sino por el mismo carácter prospectivo de la maldición, que exige, en buena lógica, la posición retrasada de lo que no es aún presente, sino deseado futuro en el dolorido pensamiento del sujeto lírico» (R. Senabre, art. cit., p. 672). En igual sentido, Irma Césped, «Análisis formal de las endechas a Guillén Peraza», *Boletín de Filología* de la Universidad de Chile, XXXI (1980-1981), pp. 979-1.002 (986).

la flor *de la su cara* (donde el modismo recobra el valor prístino merced a la modificación introducida por el participio, primero, y luego a través de la asociación con *palma* y el resto del plantío [15]), marchitas bajo la arena habrán de quedar también las flores de la isla. Todo verdor perecerá.

Detengámonos un minuto, para que no se nos escape la eficaz combinación de cultura y folclore, de símbolo y realidad. La predicación y la liturgia habían generalizado el conocimiento de la palmera como signo de triunfo, pero asimismo habían acostumbrado a contemplarla (o, más a menudo, imaginarla) como dechado de esbelta belleza [16]. La execración de La Palma sin duda se hace cargo también de la segunda connotación: no sólo sentencia que la isla no merece el nombre que lleva porque Guillén Peraza no ha logrado «ganar la palma» (según la frase ya entonces usual [17]), sino que además le niega la proverbial hermosura del árbol homónimo.

La retama era y es socorrido término de ponderación popular para la amargura. En fechas cercanas a nuestras coplas [18], un deslenguado juglar castellano, al parangonarla a otra «cosa» todavía «más amarga», nos ilustra egregia-

15. Sobre la locución «la flor de la cara» (que podría traducirse perfectamente con «la tez de mi rostro», como dice la protagonista de *La Dorotea*, I, ı), vid. abajo, pp. 130-133, así como María Rosa Alonso, «Las 'endechas' a la muerte de Guillén Peraza», *Anuario de estudios atlánticos*, II (1956), pp. 457-471 (461), y R. Senabre, art. cit., p. 668.

16. Copiosa información, nítidamente discernida, en J. M. Díaz de Bustamante, «*Onerata resurgit*. Notas a la tradición simbólica y emblemática de la palmera», *Helmantica*, XXXI (1980), pp. 27-88.

17. Véase, verbigracia, J. de Mena, «De vós se parte vencida», en *Poesie minori*, ed. C. de Nigris, Nápoles, 1988, p. 347: «en una tan gran vitoria / avés ganado la palma / que vos pueda dar la gloria / para el cuerpo y para el alma».

18. Cf. mi nota en *Bulletin of Hispanic Studies*, L (1973), p. 233, n. 1 (reimpresa arriba, p. 47, n. 28), no tomada en cuenta por A. D. Deyermond, «*Juglar*'s Repertoire or Sermon Notebook?: The *Libro de Buen Amor* and a Manuscript Miscellany», *ibidem*, LI (1974), pp. 217-227.

mente sobre cómo una cancioncilla y una fraseología medievales pueden perdurar hasta nuestros días:

> De la retama la rama,
> de la rama la corteza,
> no hay bocado más amargo
> que amar donde no hay firmeza [19].

Pero, a la vez, el cuarto verso de las endechas se nos sitúa en una tradición sorprendentemente homogénea, cuando lo leemos al arrimo de la *oína* recogida por Manuel Alvar en 1950 entre los sefardíes de Marruecos:

> Si subieras, mi madre,
> y al campo por la mañana,
> pregunta a los corantados ['muertos antes']
> cómo es el trago de la retama
> amargo y preto [20].

No es sólo saber ancestral ni sólo estilización lírica, porque, mientras había pocas palmeras [21], la austerísima retama parecía especialmente característica de La Palma. Observaba

19. El texto del juglar («Del escoba la rama, / de la retama la corteza, / en el mundo todo nunca cosa más amarga / fallé que era larga probeza») y la canción moderna se hallarán en R. Menéndez Pidal, *Poesía juglaresca y orígenes de las literaturas románicas*, Madrid, 1957, pp. 236 y 390. Un delicado «responder» del folclore canario de nuestros días suena así: «Sobre el risco, la retama / florece, pero no grana» (*apud* A. Sánchez Robayna, *Museo atlántico*, p. 47). Inútil añadir otros ejemplos a los reunidos en los artículos de M. R. Alonso, p. 463, I. Césped, p. 986, R. Senabre, p. 669, y sobre todo R. Navarro Durán, «Sobre la fortuna literaria de la retama», *Boletín de la Biblioteca de Menéndez Pelayo*, LIX (1983), pp. 205-226.

20. M. Alvar, *Endechas judeo-españolas*, edición refundida, Madrid, 1969, núm. V, p. 141.

21. De haber sido más comunes, el P. Abreu, que explicaba el nombre de la capital de Gran Canaria «por la abundancia de palmas» (*Historia de la conquista...*, p. 180), no se hubiera preguntado de dónde venía el de la isla, «pues la significación de La Palma es tan contraria a los naturales gentiles de ella» (p. 260).

el padre Abreu: «es cosa maravillosa el efecto que obran las retamas en esta isla, que al ganado cabruno es muy buen pasto para las hembras, pero a los machos les cría piedras en la vegiga, de que mueren, a cuya causa les guardan de traer, a lo menos a los machos, entre retamas; las cuales, aunque tienen semejanza con las retamas de Castilla en la hoja y flor, pero deben ser especie de ellas, porque las de esta isla de La Palma son árboles grandes, y la cáscara es amarilla»[22]. El verso en cuestión, pues, nos lleva al ámbito de la experiencia transmutada en metáfora.

El ciprés, por el contrario, no es aquí «árbol funerario de camposantos» españoles[23], porque en los aledaños de 1450 no existían los cementerios de los grabados románticos, sino el «cupressus funebris» (*Épodos*, V, 18) de la Antigüedad clásica: «funebris», por cuanto consagrado al infernal Plutón[24]. «Por eso se solían desparcir sus ramos a las puertas de los defunctos»[25], por eso se «sembraban sus ramos» en los sepulcros de los ricos («como en los de los pobres se esparcía el apio, como dijo Lucano, lib. 3 [442]»)[26] y por eso la endecha a Guillén Peraza mienta concreta y sabiamente la «triste *rama*» de la conífera.

Sin embargo, podemos preguntarnos si la experiencia

22. *Ibidem*, p. 261. La retama peninsular, en efecto, es el *Spartium junceum*; la canaria, el *Spartium nubigenum* (o el *Spartocytissus supranubius*). Compárese la bella descripción de Alejandro de Humboldt, *Del Orinoco al Amazonas*, Barcelona, 1981, pp. 18 y 23.

23. M. R. Alonso, art. cit., p. 463. Todavía en 1847 se proponía como novedad plantar en los cementerios barceloneses «hileras de árboles funerarios, como cipreses, sauces de Babilonia, etc.» (*apud* C. Saguar Quer, «El cementerio del Este de Barcelona», *Goya*, núm. 214, enero-febrero de 1990, p. 218).

24. Vid. sólo H. O. Lenz, *Botanik der alten Griechen und Römer*, Wiesbaden, 1966 (reimpresión), pp. 366-373, y la nota de R. G. M. Nisbet y M. Hubbard, *A Commentary on Horace Odes, Book II*, Oxford, 1978, p. 236.

25. Andrés Laguna, *Pedacio Dioscórides Anazarbeo, Acerca de la materia medicinal...*, Salamanca, 1566, p. 61.

26. Cito el óptimo artículo de Covarrubias, *Tesoro de la lengua castellana o española*, ed. M. de Riquer, Barcelona, 1943, p. 422.

no vuelve a asomar en la tercera estrofa. *Tus campos rompan tristes volcanes*, en todo caso, no es una maldición genérica, ni quizá nos basta interpretarla como adecuada en especial a una isla notoriamente volcánica. «Los palmeros antiguos» contaban que bajo el señorío del padre de Jedey y Chenauco, los caudillos por quienes fue vencido Guillén Peraza, «se había derretido la montaña de Tacande ..., y dicen ... que ... cuando se derritió y corrió por aquel valle era la más vistosa de árboles y fuentes que había en esta isla, y que en este valle vivían muchos palmeros, los cuales perecieron»; y añadían que el padre de Jedey y Chenauco «había pronosticado la ruina de esta montaña»[27]. No sería de extrañar que la destrucción que auguran las endechas se apoyara en el recuerdo de esa erupción todavía reciente y que la impresionante visión de la copla tercera, a la par memoria y profecía, se hubiera compuesto a conciencia de que en cierto modo, desde otro bando, prolongaba el vaticinio del adalid indígena. Ni sería imposible que *cubran tus flores los arenales* vuelva en deseo, por una vez, el temor que desde el primer momento sintieron los conquistadores ante el peligro de deforestación y desertización siempre pendiente sobre el archipiélago[28].

No es inútil, creo, interrogarse sobre el entorno que pudo haber encauzado la génesis de las endechas, mientras no se nos olvide que los datos externos orientan pero no deciden necesariamente el alcance de un poema. En particular, el nuestro apunta con firmeza que el cuerpo de Guillén Peraza *quedó* en La Palma. Verdad es que de un soldado, yazga donde yaciere, siempre cabe decir que '[se]

27. J. de Abreu, *Historia de la conquista...*, pp. 265 y 267; y cf. M. R. Alonso, art. cit., pp. 463-464, n. 5, con buena crítica de los intentos de relacionar las endechas con el volcán palmeño de 1585.
28. Cf., entre otros, Abreu, *Historia de la conquista...*, p. 261, y D. Castro Alfín, *Historia de las Islas Canarias. De la prehistoria al Descubrimiento*, Madrid, 1983, pp. 22-25.

quedó' en el campo de batalla en que fue vencido o que allí 'dejó' tal o cual atributo[29]. Pero el mecanismo poético obliga a pasar por encima de cualquier indecisión: la puntual correspondencia, en posiciones idénticas, entre *la flor marchita de la su cara* y *las flores* cubiertas por *los arenales* —no en balde enlazadas con la interpelación final al caballero— convence de que el cadáver *quedó en La Palma*. Fray Juan de Abreu, no obstante, hace constar que lo llevaron a Lanzarote (abajo, pág. 119). La verdad de la poesía no tiene por qué coincidir con la verdad de la historia.

Si *La Palma* ejerce la hegemonía figurativa y comparte la formal con el nombre del héroe, la condición de dominante métrico recae evidentemente en *Guillén Peraza*. Nos las habemos, hora es de recordarlo (o adelantarlo), con la muestra más antigua de esas «endechas de Canarias»[30] en

29. No hay que ir más allá de uno de los monumentos de la primitiva lírica castellana: «En Cañatañazor / *perdió* Almanzor / *el tambor*». Vid. ahora S. G. Armistead, «Almanzor's Lost Drum», *La Corónica*, VIII:1 (1979), pp. 39-43.

30. La primacía, por cuanto a trísticos se refiere, sólo podría disputársela la canción de Ana Sánchez, copiada en las *Saudades da terra* de Gaspar Frutuoso, pero mentada ya en 1520 en un proceso inquisitorial (vid. L. Siemens Hernández, «Las endechas canarias del siglo XVI y su melodía», *Homenaje a don Agustín Millares Carlo*, II [Las Palmas de Gran Canaria, 1975], pp. 281-310 [282-283, 308]):

> Ana Sánchez, Ana Sánchez,
> flor del valle del gran Rey,
> deseo tengo de cogerte,
> mas más saudad tengo de verte,
> flor del valle del vallete,
> flor del valle del gran Rey.

La respuesta no está sólo en la dudosa fecha del suceso que la inspira (¿al mediar el siglo XV?), sino en el mismo carácter de la versificación: Frutuoso y el proceso hablan de «endecha» y de «un cantar como endechas», pero ¿habrá que entender que se trata de una endecha azejelada? Sobre algunas convergencias del zéjel y las endechas del tipo de «Señor Gómez Arias...», cf. Margit Frenk, «Sobre las endechas en tercetos monorrimos» (1958), *Estudios sobre lírica antigua*, Madrid,

que parecen confluir, por un lado, ciertas «canciones sentidas y lastimeras» al uso entre los aborígenes de las islas [31] y, por otra parte, los plantos en dísticos y en tercetos monorrimos documentados en la Edad Media ibérica y entre los *voceri* de Córcega [32]. A medida que avanzaba el siglo XVI (el manuscrito que más copiosamente las atestigua lleva la fecha de 1551), hasta las vísperas del barroco, las tales «endechas» fueron encandilando a todos los españoles con un doble hechizo: «la expresión patética, exaltada y a la vez contenida, del desengaño y del fracaso», y un verso de «extraña andadura». «Es —sigue explicándolo Margit Frenk— un verso largo que no mide sus pasos; no

---

1978, pp. 237-243 (241-242), y «Endechas anónimas del siglo XVI», en *Studia Hispanica in honorem R. Lapesa*, II (Madrid, 1974), pp. 245-268 (252-253, y 251, n. 27, para las primeras endechas en dísticos).

31. «Pedro Gómez Escudero», *Historia de la conquista de Gran Canaria*, ed. D. V. Darias y Padrón, Gáldar, 1936, p. 79. El Anónimo Matritense se refiere expresamente al cambio de lengua: «Era gente afable, y sus cantares, muy lastimeros, cortos, a manera de endechas, y muy sentidos, y ahora los cantan en romance castellano, que mueven a compasión a los oyentes» (ed. A. Millares Carlo, «Una crónica primitiva de la conquista de Gran Canaria», *El museo canario*, V [1935], 35-90 [57]; cf. L. Siemens Hernández, art. cit., pp. 281-282 y 285). En todo caso, las endechas en lengua de La Gomera transcritas por Leonardo Torriani han de reflejar ya la influencia de los tercetos románicos: otra cosa es que la «sonada graciosa y suave» (Mal Lara, *Filosofía vulgar*, Sevilla, 1568, fol. 245 vo.) se mantuviera más fiel a los orígenes canarios.

32. He tenido ocasión de ir citando la bibliografía principal sobre las «endechas de Canaria»: el precursor estudio de J. Pérez Vidal (n. 6); las sustanciales contribuciones de Margit Frenk (n. 30), que ahora culminan en el monumental *Corpus de la antigua lírica popular hispánica (siglos XV a XVII)*, Madrid, 1987 (vid. en p. 353, n., un amplio inventario de los textos castellanos); el sugestivo artículo de L. Siemens Hernández (n. 30), con la reconstrucción del modelo melódico del género; con particular o exclusivo hincapié en el lamento por Guillén Peraza, M. R. Alonso (n. 15), I. Césped (n. 14) y R. Senabre (n. 13), amén del acerado ensayo de Andrés Sánchez Robayna, «Epifanía: endechas», en *El Día*, Santa Cruz de Tenerife, 17 de mayo de 1980, p. 33. Sobre las endechas en vascuence, Luis Michelena, *Textos arcaicos vascos*, Madrid, 1964, pp. 75 y sigs.; J. Caro Baroja, *Los vascos y la historia a través de Garibay*, San Sebastián, 1972, pp. 325-338, y J. Juaristi, *Flor de baladas vascas*, Madrid, 1989, núms. 5 y 6.

cuenta las sílabas, ni sigue un ritmo fijo. A veces le bastan ocho sílabas, otras requiere doce, pero se mueve más a sus anchas entre nueve y once. Aquí y allá se apunta una división en hemistiquios, que suelen ser desiguales ('por los míos, que quedan allá' 541_3, 'el cuerpo va, el corazón os queda' 555_2, 'que fueron libres y vienen cautivos' 841_3), pero tienden a igualarse en 5 + 5 ('qu'unas se vienen y otras se van' $843B_2$), sin que tal división llegue a ser sistemática»[33].

Que nuestra endecha se nos ofrezca excepcionalmente atenida a una norma métrica es singularidad que debe atribuirse a la presión de *Guillén Peraza*. Pese al controvertible «asomo de irregularidad en el verso quinto», es un hecho que la pauta no sólo silábica sino también acentual (o ó o ó o) marcada por el nombre del muerto campea poderosa en toda la composición[34]. En rigor, sólo se le resisten seis (4^2, 5^1, 6^1, 7^2, 9^1, 12^1) de veinticuatro hemistiquios, porque, aun si no conociéramos la virtud de los acentos secundarios, la misma inercia provocada por tal pauta nos solucionaría cualquier duda sobre cómo realizar *de là su cára, sinò pesáres* y *los àrenáles*[35]. Señalaba don Tomás Navarro que, «contra la ordinaria inclinación dactílica» del pentasílabo, la «insistente acentuación en la segunda sílaba» de cada hemistiquio da aquí «al período rítmico un grave compás trocaico»[36]. Pues bien: la notable

33.   «Endechas anónimas del siglo XVI», pp. 247-248 (y 252, para la frase entrecomillada en el párrafo siguiente), pero con referencias al número de orden que los ejemplos llevan en el *Corpus de la antigua lírica popular hispánica*.

34.   Coincido aquí con I. Césped, art. cit., p. 893, que fue la primera en observarlo.

35.   Ni que decirse tiene que la presencia de un acento supernumerario o extrarrítmico (*sí Dios os vala*: ó ó o ó o) no afecta a la eficacia y a la perceptibilidad del modelo métrico.

36.   *Métrica española. Reseña histórica y descriptiva*, Nueva York, 1966², p. 142; no viene ahora al caso que, sin anacrusis, el compás pueda entenderse como yámbico.

regularidad de nuestro poema, frente a la fluctuación habitual en las «endechas de Canarias»[37], se explica perfectamente al advertir que *Guillén Peraza* fija el patrón métrico a que responden las tres cuartas partes de los hemistiquios[38]. La pareja de elementos dominantes extiende su peculiaridad a todos los ámbitos del cantar.

La historia y la memoria

El análisis literario me interesa aquí (y siempre) en tanto indicio histórico. Fray Juan de Abreu, al copiar el planto por Guillén Peraza presentándolo como «unas endechas cuya memoria dura hasta hoy», atestigua que el cantar pervivía a finales del siglo XVI[39]. Pero es casi inconcebible que el plural azar de la transmisión oral desembocara en un texto aglutinado tan densamente en torno a los dominantes que hemos descubierto. Hay que pensar, por el contrario, que la presencia de esos dominantes y del trama-

37. Como señala M. Frenk, «Endechas anónimas...», p. 252 y n. 36, el planto conservó de las endechas «la mezcla de asonancias y consonancias, la relativa independencia de las estrofas (acentuada por el cambio de rima en la tercera), un asomo de irregularidad en el quinto verso ... y quizá algún otro rasgo», como el contraste de *placeres* y *pesares* (vid. abajo, pp. 136-139), «la antítesis misma» (frecuente en el género) y el diseño *no..., sino* (*Corpus*, núm. 860: «No cogeré flores del valle, / sino del risco...»). El último ejemplo aducido por la Sra. Frenk nos remite a su vez a la canción de Ana Sánchez (n. 30), donde la *flor* y la repetición del nombre de la protagonista para constituir un verso no pueden sino recordarnos el planto por Guillén Peraza.

38. Quizá no sobre aludir a la evidente función estructuradora de los nombres propios en «Señor Gómez Arias», «Los Comendadores», «Ay, Sierra Bermeja» o «Casamonte alegre» (cf. M. Frenk, «Sobre las endechas...», pp. 241-242, y *Corpus*, núms. 886-888).

39. Vid. también la n. 56. La *Historia* de Abreu debió escribirse, «en su primera forma, allá por el año de 1590», y creció luego «a base de correcciones y de adiciones sueltas, de las cuales la última auténtica, si no nos equivocamos, es la de 1602»; los pasajes datables en 1632 «fueron interpolados tardíamente» por otra mano (A. Cioranescu, ed. cit., pp. IX-XIII). Nótese que Abreu pasó a Canarias hacia 1570 (p. VIII).

do de vínculos que determinan se remonta a la redacción primitiva de la pieza, y que fue precisamente la pujanza de tales centros rectores la que consiguió que el poema no sufriera grandes transformaciones al correr de boca en boca. Vale decir: la versión que nos ha llegado tiene todas las probabilidades de no diferir gran cosa del original compuesto hacia 1440 y pico [40].

No estoy en condiciones de fijar el año exacto, porque tampoco me consta cuándo murió Guillén Peraza, pero todo desmiente la fecha vulgata de 1443 (vid. nota 48) y certifica el período que va de junio de 1445 a abril de 1448. Los datos al propósito se hallan menos en anales de gestas que en legajos que registran los negocios y las ambiciones de un grupo social en ascenso [41]. En nuestro infortunado caballero, en efecto, se reunían varios linajes (Las Casas, Peraza, Pérez Martel) que desde el Trescientos tuvieron siempre entre ojos la ocupación del archipiélago. Eran familias pertenecientes a la aristocracia sevillana no titulada, que habían conseguido una excepcional prosperidad económica merced al desempeño de cargos hacendísticos y que en la intervención en la empresa de Canarias veían la oportunidad, no ya de aumentar su riqueza, sino, en especial, de satisfacer sus aspiraciones señoriales, alzán-

40. Si acaso, cabría hacer cábalas sobre la eventualidad de que la tradición hubiera podado los ingredientes menos sujetos a los dominantes; pero no se ve en qué podrían consistir tales ingredientes.

41. La fuente principal es la voluminosa «pesquisa e inquisición» de Esteban Pérez de Cabitos «Sobre cúyo es el derecho de la isla de Lanzarote y conquista de las Canarias, hecha [en 1477, en Sevilla] por comisión de los Reyes Católicos don Fernando y doña Isabel», con motivo del levantamiento de los vecinos de la isla contra los Señores de Canarias, Inés Peraza —la hermana de Guillén— y su marido Diego de Herrera. La prueba documental fue publicada por Gregorio Chil y Naranjo, *Estudios históricos, climatológicos y patológicos de las Islas Canarias*, II (Las Palmas de Gran Canaria, 1880), pp. 518-632; la testifical, por Rafael Torres Campos, *Carácter de la conquista y colonización de las Islas Canarias. Discursos leídos ante la Real Academia de la Historia...*, Madrid, 1901, pp. 121-206.

dose definitivamente a la alta nobleza[42]. En concreto, a los padres de Guillén, es decir, a Fernán Peraza e Inés de Las Casas, habían ido a parar los derechos a las islas ganadas y por ganar que los ascendientes de Inés habían obtenido por donación real en 1420 y por compra al Conde de Niebla en 1430, y quizá también otros títulos que Fernán pudo heredar como hijo de Gonzalo Pérez Martel[43]. Como fuera, tales derechos, muy amplios pero aun así parciales, se redondearon en junio de 1445, cuando Fernán Peraza, ya viudo, obrando tanto en nombre propio cuanto de sus hijos Guillén e Inés Peraza, menores de edad, adquirió los que poseía Guillén V de Las Casas, a cambio de una finca en Huévar[44]. Ahora bien, los documentos y los cronistas (desde el primero en consultarlos con detención, Pedro Agustín del Castillo) dejan claro que la expedición en que pereció Guillén fue consecuencia inmediata de esa permuta que daba a los Peraza carta blanca para rematar la conquista[45]. Pero cuando en abril de 1448 las dos partes contratan-

42. Cf. sobre todo M. Á. Ladero Quesada, «Los señores de Canarias en su contexto sevillano (1403-1477)», *Anuario de estudios atlánticos*, XXIII (1977), pp. 125-164.

43. Vid. M. Á. Ladero, *loc. cit.*, pp. 143-144 y n. 77; J. Peraza de Ayala, «La sucesión del señorío de Canarias a partir de Alfonso de las Casas», *Revista de historia canaria*, XXII, núms. 115-116 (1956), pp. 45-52, y «Juan de las Casas y el señorío de Canarias», *ibidem*, XXIII, núms. 119-120 (1957), pp. 65-82. No hubiera tenido acceso a los artículos de Peraza de Ayala ni a otros estudios de historia canaria de no haber contado con la inagotable generosidad de Andrés Sánchez Robayna.

44. M. Á. Ladero, *ibidem*, p. 134. El documento en cuestión puede leerse en G. Chil y Naranjo, *Estudios históricos...*, pp. 557-571.

45. «Guillén de Las Casas, fuese porque su edad avanzada le detuvo a seguir la empresa, o que quiso dar más honor suyo y ser empleo más proprio para caballero mozo, hizo permuta con Hernán Peraza, su yerno, doña Ignés Peraza y don Guillén, sus hijos, cediéndoles las islas de Canaria y señorío de las conquistadas y por conquistar, por la hacienda que estos tenían en el lugar de Güelva [*sic* por Huévar], por escriptura que otorgaron en 28 de junio de 1443, que confirmó el rey don Juan II en Arévalo, en 13 de julio de 1447. Con estos derechos, Hernán Peraza hizo su armamento en Sevilla, nombrándose rey de las islas de Canaria, y pasó a ellas, a su posesión, trayendo en su compañía a

tes ratificaron el convenio, Ferrán compareció «por sí e como heredero legítimo universal que dijo es de fecho e de derecho del dicho Guillén Peraza, su fijo defunto, que Dios haya»[46]. Los términos *a quo* y *ad quem*, por ende, no pueden estar más claros: la muerte de Guillén Peraza hubo de ocurrir entre junio de 1445 y abril de 1448[47], y de nin-

---

Guillén Peraza, su hijo» (P. A. del Castillo, *Descripción*..., p. 157). El autor yerra en los parentescos y en las fechas, pero parece seguro el ligamen que establece entre la cesión de Huévar y el avío de la armada. Tanto Castillo como Abreu confunden a Guillén IV (que había fallecido ya en 1443) con Guillén V de Las Casas, pero también el franciscano, pp. 106-107, apunta correctamente que los derechos y el impulso para la conquista pasaron de los Las Casas a los Peraza. Para las genealogías de unos y otros, vid. los citados artículos de M. Á. Ladero y J. Peraza de Ayala.

46.   *Apud* G. Chil y Naranjo, *Estudios históricos*..., II, p. 571 (y 573).

47.   En una primera aproximación, los documentos parecen proponer un *a quo* que reduce el intervalo a menos de un año, pero no sería prudente vender esa impresión por certeza. En el contrato del 28 de junio de 1445, Guillén de Las Casas y Fernán Peraza acordaron recabar «licencia» de don Juan II para dar el trato por irrevocable. Juan II se la concedió, en efecto, a 13 de julio de 1447, en Arévalo, y al hacerlo mencionaba expresamente a «Ferrand Peraza ... con Guillén Peraza e doña Inés Peraza, sus fijos legítimos» (*apud* G. Chil, *loc. cit.*, p. 571). Sin embargo, el 15 de abril de 1448, al presentarse los interesados a ratificar el convenio a la luz de tal licencia, Guillén Peraza, según hemos leído, es citado ya como «defunto». A quedarnos con el tenor literal de todo ello, puede entenderse que Fernán Peraza esperó la licencia del Rey para fletar la armada en que murió Guillén: entre julio de 1447, por tanto, y abril de 1448. Pero no hay ninguna garantía de que la secuencia de los hechos fuera esa. Para embarcarse hacia Canarias, los Peraza no necesitaban esperar ni es fácil que esperaran la sanción regia. De hecho, Fernán Peraza y Guillén de Las Casas ratificaron el documento *después* de realizada la campaña y muerto Guillén Peraza; pero si la licencia previa hubiera sido requisito imprescindible para acometer la empresa, es de suponer que la ratificación del contrato tampoco hubiera esperado al desenlace de la expedición. En el momento de firmar la permuta, ambas partes la daban por válida de suyo: «el qual dicho troque e cambio que en uno facemos queremos que valga e sea firme, habiendo para ello licencia de Nuestro Señor el Rey para poder yo, el dicho Guillén de Las Casas, facer este dicho troque e cambio e promutación de las dichas mis partes de las dichas islas ...» (*ibid.*, p. 570). Obsérvese además que los Peraza, mitad colonizadores, mitad mercaderes de esclavos, andaban por el archipiélago desde decenios atrás, y a mayor abundamiento la carta de permuta le reconocía a Fernán la potestad de «entrar e tomar e ocupar» las islas «sin licencia e sin actoridad e sin mandamiento» alguno (p. 567), del mismo modo que el Conde de Niebla, en 1430,

gún modo, como lleva un siglo repitiéndose, en 1443 [48].

En cualquier caso, en 1445 Guillén Peraza era «mayor de catorce años e menor de veinte e cinco años» [49], y por tanto se hallaba todavía «so poderío paternal» (*PD*, 559, 558) [50]. Como «mozo», se comprende que estuviera ansioso de «corresponder en sus hechos a sus mayores» (*HC*, 107),

---

decía cedérselas a Guillén IV de Las Casas «para que las podades entrar e tomar por vós mesmo e por vuestros herederos sin más licencia e poder mío e sin licencia de juez e de allcalde e de cualquier otro oficial» (p. 552). Por otro lado, la fecha de la licencia no puede tomarse por las buenas como testimonio de que Guillén Peraza aún estaba vivo en el momento de extenderla, porque la petición pudo haberse cursado mucho antes —verosímilmente, el mismo día en que se selló el pacto— y la aprobación no llegar hasta julio de 1447. Cabe, pues, señalar la posibilidad de que Guillén Peraza falleciera entre ese mes y abril de 1448, pero a conciencia de que tal período no es ni siquiera mucho más probable que cualquier otro posterior a junio de 1445.

48. Menéndez Pelayo, *Antología...*, p. 332, escribió que las endechas «se cantaron por los años de 1443», y la indicación se ha convertido en una menos cauta y generalizada asignación de muerte y planto a «1443», lisa y llanamente; sólo G. Chil y Naranjo, *Estudios...*, p. 448, y María Rosa Alonso, en su valioso ensayo, p. 459, se alejan de la regla, para dar el año de «1447, según prueba documental». Ignoro qué razones tuvieron don Marcelino, Chil y la Sra. Alonso para sus respectivas dataciones, pero sospecho que los segundos atienden al momento de la licencia regia, mientras el primero se fija en el año de la permuta de Huévar en la forma equivocada en que la dan P. A. del Castillo (cf. mi n. 45) y el más divulgado Joseph de Viera y Clavijo, *Noticias de la historia general de las Islas Canarias* (ed. A. Cioranescu, Santa Cruz de Tenerife, 1967⁶, vol. I, pp. 393-394).

49. No hay medio de ir más allá de ese formulismo legal (cf., por ejemplo, *Primera Partida (Manuscrito Add. 20.787 del British Museum)*, ed. J. A. Arias Bonet, Valladolid, 1975, tít. I, ley XII, pp. 8-9), aunque consta que Fernán Peraza e Inés de Las Casas estaban ya casados en 1423 (M. Á. Ladero, «Los Señores de Canarias...», p. 134).

50. En los párrafos siguientes, uso las siglas *PD*, *PT* y *HC*, seguidas del número de la página, para remitir respectivamente a la prueba documental y a la prueba testifical de la información de Pérez de Cabitos (cf. n. 41) y a la *Historia...* de Abreu. Nótese que este trata los puntos que nos interesan en el capítulo XXII del libro primero, pp. 105-108 («Cómo vende las islas el Conde de Niebla a Guillén de Las Casas»), pero en III, VI, pp. 277-278 (a propósito de «La conquista de las dos islas Fortunadas, La Palma y Tenerife» en general, y específicamente de «algunas entradas de Hernán Peraza y su gente» en La Palma), vuelve a referir la muerte de Guillén, más rápidamente, pero añadiendo algún detalle no desdeñable.

y ciertamente la fortuna le dio la ocasión de intentarlo. «Ferrand Peraza ..., después que hobo las Islas, porque era home muy rico, vendió muchos de sus heredamientos que tenía, así en Camas como en Huévar ..., e en esta cibdad [de Sevilla] vendió... casas ... e otros muchos bienes e joyas para la conquista de las dichas Islas ..., e fizo grandes gastos cerca dello» (*PT*, 169). Tras la permuta de 1445, en particular, fletó «tres navíos de armada, con doscientos hombres ballesteros», a cuyo frente puso a Guillén[51], quien «partió de Sevilla» y navegó hasta «Lanzarote y Fuerteventura, donde se le juntaron otros trescientos hombres, y fueron a La Gomera[52], y de allí pasó a La Palma» (*HC*, 107). Es legítimo preguntarse si los expedicionarios llegaban a la isla con el propósito de conquistarla o de «cautivar palmeros y robarles los ganados», en una de las «entradas y asaltos» en que los Peraza eran duchos

51. Que también Fernán Peraza pasó entonces al archipiélago es afirmación de P. A. del Castillo, *Descripción*..., pp. 157-159, de Tomás Arias Marín de Cubas, *Historia de las siete islas de Canaria*, ed. A. de Juan Casañas y M. Régulo Rodríguez, Las Palmas de Gran Canaria, 1986, pp. 124-125, y de Viera y Clavijo, *Noticias*..., pp. 392-393. Pero la «pesquisa» de 1477 excluye que fuera así: un testigo distingue cuidadosamente las «muchas veces [en que] el dicho Ferrand Peraza fue en persona a facer la dicha conquista» y las «otras» en que mandó «armada de navíos e gentes», como cuando «le mataron a su fijo Guillén Peraza» (*PT*, 169); en las restantes deposiciones es típico decir «que Ferrand Peraza *envío* con armada a la Isla de La Palma a Guillén Peraza» (140), «vido que el dicho Ferrand Peraza *envío* con armada a la dicha Isla de La Palma a Guillén Peraza» (145), etc., etc.

52. «... a La Gomera y al Hierro», en el segundo relato del P. Abreu, p. 278. P. A. del Castillo, *ibidem*, en un fragmento añadido al original (p. 158, n. *a*), habla además de una incursión en Tenerife. En la información de Cabitos, Martín de Torre «dijo que sabe lo contenido en este artículo, porque estando este testigo en la Isla de La Gomera que vido que trojeron nueva de cómo estaba en el puerto de la dicha isla una nao de armada en que venía Guillén Peraza, e con él Ferrando de Cabrera e otros escuderos, fidalgos e otros; e que partió la dicha nave para La Palma, e que oyó decir a los de La Gomera que había venido una nao después e que echó gente en tierra e trojeron nueva de cómo eran muertos en la dicha conquista el dicho Guillén Peraza e el dicho Ferrando de Cabrera a otros escuderos, fijosdalgo e otras personas» (*PT*, 200).

desde decenios atrás[53]. La envergadura de la flota y la importancia que en la «pesquisa e inquisición» de 1477 (vid. n. 120) se atribuye a la expedición a La Palma para confirmar los derechos de Ferrán Peraza y sus sucesores hacen pensar que sí se trató de un intento de conquista propiamente dicha y no de una simple correría.

53. Abreu, p. 278, escribe que Guillén recibió «navíos y gente para que hiciese algunas entradas y asaltos en las demás islas que estaban por ganar»; unas líneas más abajo, narra que, tras el desastre, «los vasallos de la isla del Hierro, aunque no por vengar la muerte de su señor Guillén Peraza, sino con codicia de la presa que en esta isla se hallaba de cueros y sebo, solían muchas veces pasar de la isla del Hierro a la de La Palma, a cautivar palmeros y robarles los ganados». Castillo, *Descripción*..., pp. 159 y 158, asegura que «quiso [Fernán] Peraza tomar por principio de sus conquistas la isla de La Palma», pero no en balde señala asimismo: «antes de entrar en empresa alguna, dispuso el que se reconociesen las Islas y hacer en ellas asaltos en que se lograsen algunos naturales de quienes tomar noticias que le dirigiesen sus movimientos».

Es ilustrativo el testimonio de Juan Íñiguez de Atabe, «escribano de cámara del Rey e de la Reina», en la *PT*, 155: «Otrosí dijo que oyó decir que el dicho Ferrand Peraza envió a su hijo Guillén Peraza a conquistar la Isla de Palmas, e descendió en tierra con la gente que llevaba, e que los canarios de la dicha isla pelearon con él, e que tomaron ende al dicho Guillén Peraza e a Ferrando de Cabrera e a otros muchos de los que con él iban; e otrosí que, después, el dicho Ferrand Peraza, en su vida, fizo conquistar las dichas islas de Gran Canaria y Tenerife y Palmas, y traía de ellas a esta cibdad [de Sevilla] munchos cativos e cativas; e esto dijo que lo sabe porque este testigo tovo arrendado del dicho Ferrand Peraza el quinto de los captivos de las dichas islas e le trajeron ciertos captivos del dicho quinto».

En los documentos de la época, *conquistar* a menudo se utiliza no tanto con el valor de 'adquirir, obtener' cuanto de «*pretender* por armas algún reino» (Covarrubias), y aun como mero eufemismo para referirse a operaciones de pillaje. Véase, por ejemplo, en la *PT*, 135 y 127-128, la declaración de Juan Rodríguez de Cubillos, «cómitre del Rey, Nuestro Señor»: «vido que Ferrand Peraza *conquistó* la Grand Canaria e Isla de Palmas e Tenerife, pero que *non ganó* ninguna de ellas, nin hoy día son ganadas, e que sabe que el dicho Diego de Ferrera ha conquistado las dichas islas, segund que las conquistó el dicho Ferrand Peraza, e que sabe que mataron los Canarios de Las Palmas a Guillén Peraza ... e a otra mucha gente en la conquista de la dicha isla ...»; o la de Antón Ferrández Guerra, cómitre también: «este testigo fue en el dicho su navío en compañía de otros navíos en la dicha conquista de la dicha Isla de Palmas [por Maciot de Béthencourt], de donde sacaron de aquel viaje setenta e cinco esclavos e esclavas ..., e que a este testigo le copieron dos esclavos por parte del navío, e más su flete».

Los sevillanos tomaron «puerto en el término de Texuya [hoy 'Tajuya'], señorío de Chedey [cuyo nombre parece reflejarse en el topónimo 'Jedey'], el cual encomendó la defensa de la tierra a su hermano Chenauco, el cual apellidando la tierra vino en su ayuda y socorro otro palmero valiente dicho Dutynymara [54]. Eran capitanes de la armada de Guillén Peraza de las Casas, de la gente de Sevilla Hernán Martel Peraza, y de la de las islas, Juan de Adal y Luis de Casañas y Mateo Picar. Metióse la tierra adentro. La isla de La Palma es muy alta y áspera de subir y andar, y la gente que llevaba Guillén Peraza de las Casas, no usada a semejantes asperezas; y los palmeros, diestros y ligeros en ella, poniéndose en los pasos más ásperos y dificultosos, acometieron a los cristianos de tal manera, que los desbarataron y, aunque se defendían animosamente, los hicieron recoger. Y queriendo Guillén Peraza de las Casas hacer rostro, le dieron una pedrada y cayó muerto» (HC, 107-108). (Que una pedrada acabe con un caballero puede parecer un mero accidente, un percance irregular; pero no se olvide que los palmeros no habían pasado del Neolítico: «las armas con que peleaban eran varas tostadas», y, «como en las demás islas, también se aprovechaban de piedras, que había entre ellos algunos de tanta fuerza y destreza, que de una pedrada derribaban una penca de las palmas» [HC, 271 y 150].) La empresa había fracasado: los expedicionarios, «visto el desgraciado fin de su capitán, se tornaron a embarcar, y con falta de muchos

54. «Si Viera y Clavijo, V, 23 [ed. cit. en mi n. 48, pp. 393-394], se sirvió para este episodio, como lo creemos, solamente del texto de Abreu Galindo, resulta que disponía de un manuscrito más completo y más correcto que el que aquí se publica. En efecto, su fuente indica Echedey en lugar de Chedey [pero Ehedey se encuentra en el segundo relato, p. 278; y cf. M. R. Alonso, art. cit., p. 464, n. 5], y Dutinmara en lugar de Dutynymara, añadiendo inmediatamente: 'palmero valiente, astuto y primer ministro de Tiniaba, príncipe de Tagaragre en el territorio de Barlovento'» (A. Cioranescu, en nota a Abreu, p. 107). Vid. arriba, n. 8.

de ellos» (*HC*, 108), hasta «cuarenta» o «casi sesenta ho-
mes» (*PT*, 204 y 132)[55]. Hernán Pérez Martel no pudo
hacer otra cosa que recoger el cadáver del pobre muchacho
y llevarlo a Lanzarote, «donde se le cantaron unas endechas cuya memoria dura hasta hoy» (*HC*, 108)[56].

No hay razones para dudar que las coplas se compusie-
ron al calor de tales hechos y rodaron por la tradición oral
(pero probablemente no sólo así) hasta que las transcribió
fray Juan de Abreu. Ha hecho bien Ricardo Senabre, sin
embargo, en asumir el papel de abogado del diablo e intentar situarlas a principios del siglo xvi: bien y requetebién,
digo, porque la convicción de que el planto es inmediatamente posterior a la muerte de Guillén Peraza no había
sido sometida nunca a análisis crítico y, unida como iba al
error de fechar la tragedia en 1443, era obligado ponerla
en cuarentena. No obstante, el apoyo a la hipótesis es más

55. Los cronistas más tardíos no añaden pormenores fiables al relato del
Padre Abreu, a no ser que Pedro Agustín del Castillo dispusiera aquí de fuentes
inaccesibles a los demás y no se limitara a amplificar al franciscano. Pues, a
creerlo a él, los palmeros, «advertidos de las invasiones pasadas, se pusieron en
celada en el camino que conocían pudieran entrar los españoles, a los que,
llegando al tiro de sus dardos y piedras, cargaron como fieras, hiriendo y matan-
do con gran presteza, de suerte que, antes que se ordenasen, tuvieron el lastimo-
so suceso de haber caído del caballo en que iba lozano el joven Guillén Peraza al
golpe de una piedra que le dio en la cabeza, acabándole la vida atravesado con
los dardos» (*Descripción*..., p. 160). Otro tanto, T. A. Marín de Cubas, *Historia*..., p. 125: de las «lanzas de a caballo ... era capitán Guillén Peraza, que por
la gala fue el blanco de los palmeros ..., de una pedrada en la cabeza cayó luego
del caballo ... y quedó muerto». Vid. asimismo los extractos de la *PT* en las
anteriores notas 52 y 53.

Castillo, p. 161, cuenta también: «Entre las antiguas memorias que he
mendigado para este asumpto, encontré que siendo este caballero sobrino de don
Hernán Peraza, camarero que había sido de el Papa, quien lo regaló con una
joya de grande precio, y heredándola don Guillén, la llevaba puesta sobre las
armas cuando entró en el combate y la perdió con la más estimable de su vida,
quedando el joyel por despojo de ningún valor a los palmeros».

56. La *Descripción*... de Castillo, que data de 1737, introduce las endechas
comentando: «Esta pérdida se lamentaba en estas islas hasta el pasado siglo con
el metro antiguo que refiero aquí» (p. 160).

que débil, como que se reduce a un único punto que, en realidad, no resiste el más leve examen: *quedar*, con el valor transitivo de 'dejar', según se emplea en el primer terceto (*quedó en La Palma la flor...*), parece uso adscribible «a un ámbito leonés» y no se ha documentado «antes del siglo XVI»[57]; de ahí que el profesor Senabre, sin duda al tanto de que en el siglo XV el archipiélago había sido mayormente un coto de los andaluces, se sienta inclinado a retrasar las endechas «hasta el primer tercio del siglo XVI, acaso entre 1515 y 1530», cuando, «definitivamente consolidada la incorporación de las islas Canarias, con multitud de conquistadores peninsulares establecidos allí y mezclados con los indígenas», en un «conglomerado variadísimo en que castellanos, leoneses y otros repobladores aportaron sus peculiares tradiciones», «se daban las condiciones oportunas para que aquel nuevo pueblo comenzase a elaborar poéticamente su propia historia»[58].

Por desgracia, nuestro conocimiento del léxico antiguo no es tan completo que nos permita excluir la existencia de *quedar* en el sentido de 'dejar' en la segunda mitad del Cuatrocientos, ni aun si tuviéramos un vocabulario exhaustivo de los textos del período sería prudente descartar que

57. La bibliografía al respecto se encontrará en el estudio de R. Senabre, pp. 664-665 (pero cf. además M. R. Alonso, art. cit., p. 462). Por la interpretación pronominal de *quedar*, manifiesta en la coma que colocan después de *La Palma*, optan A. de Castro, G. Chil y Naranjo, Menéndez Pelayo, J. Cejador, D. Alonso y todos los antólogos posteriores; lo dan por transitivo y por tanto prescinden de la coma J. Pérez Vidal, M. R. Alonso, L. Siemens Hernández y los citados editores recientes del P. Abreu, P. A. del Castillo y Viera y Clavijo. Nótese aún —y ahora hago yo de abogado del diablo— que cabría defender la tal coma sin necesidad de entender *la flor marchita de la su cara* como «una extraña aposición sintáctica de *Guillén Peraza*» (R. Senabre, p. 664), sino como una construcción absoluta: '(una vez) marchita(da) la flor...', '(con) la flor de su cara (ya) marchita'.

58. R. Senabre, pp. 664-666, e imagino que tomando en cuenta que, «concluido el primer tercio del siglo, el flujo inmigrante disminuye o cesa» (D. Castro Alfín, *Historia de las Islas Canarias*, p. 228).

una acepción registrada hacia 1500 pudiera haberse anunciado, más o menos tímidamente, hacia 1450. En este, como en tantos otros terrenos, siguen siendo plenamente válidas las conclusiones de Menéndez Pidal sobre la «gran duración» de los procesos lingüísticos y sobre los fenómenos que el «estado latente» puede mantenernos invisibles centurias enteras. Como sea, incluso si supiéramos con absoluta certeza que *quedar* 'dejar' no hizo acto de presencia sino «entre 1515 y 1530», nada nos sería lícito deducir sobre la datación de las endechas: en un poema expuesto al flujo y reflujo de la tradición oral, el desplazamiento de *dejar* por *quedar*, o viceversa, es variante que sólo acredita el hábito personal de un transmisor y de ningún modo nos remonta al arquetipo originario; y cuando el padre Abreu recoge los trísticos, entre 1570 y 1590 (cf. n. 39), en el «conglomerado variadísimo» de las Canarias, el hábito en cuestión ni siquiera hace al monje, ni siquiera delata una procedencia dialectal[59].

Todo habla contra la conjetura de que la canción surgiera tres cuartos de siglo después de la desaparición del caballero a quien plañe. No reparemos en que las endechas verosímilmente evocan la erupción del volcán de Tacande (arriba, n. 27), ni nos detengamos todavía en mostrar que la tradición las arrima a usos funerarios que nos llevan a las mismas exequias de Guillén. Veamos sólo los signos más obvios, más elementales. En verdad, bien entrado el Quinientos, el poema habría resultado ininteligible como

---

59. Las razones para atribuirlo al «antiguo dominio lingüístico leonés» están en la perduración del fenómeno en «amplias zonas» del mismo (aunque también es frecuente en Colombia), pero, de hecho, el más antiguo de los dos primeros testimonios se halla «en la *Tragedia Josephina* del placentino Micael de Carvajal» (R. Senabre, pp. 665, n. 16). En prensa estas páginas, Margherita Morreale me señala gentilmente un ejemplo anterior, en la traducción por Juan del Encina de la primera de las *Églogas* virgilianas (cuya versión no completó el autor sino a principios de 1492): «de rey que tal fama queda» (*Cancionero*, Salamanca, 1496, fol. xxxiiii).

creación *ex novo*. Incluso si se nos antoja que las *damas* de la invocación son un eco convencional de las «filiae Israhel» que luego encontraremos (y no más bien las andalucitas casaderas que perdían uno de los mejores partidos de Sevilla), ¿por qué iba nadie a exhortarlas con tal urgencia a hacer correr el llanto por un remoto desconocido? Se dirá quizá que la evidente sensación de proximidad, de inmediatez, es simplemente un efecto dramático. Pero si las coplas se ponen «entre 1515 y 1530» y se suponen artificial transposición al pasado, ¿a quién que las oyera podía ocurrírsele pensar en un mozo desaparecido hacia 1446 o 1447? En aquellos años del siglo XVI, *Guillén Peraza*, por las buenas, era el donjuanesco Guillén Peraza de Ayala, sobrino nieto de nuestro protagonista, felizmente recién casado (en 1514) y recién creado Conde de la Gomera (exactamente en 1516)[60]; y, sin más, no había motivos para barruntar que se tratara de ningún otro, y sí para recibir el cantar como una noticia manifiestamente falsa, como un bulo inexplicable... Pero, además, por entonces, ¿qué grotesca maldición era la dirigida contra La Palma? Si el conjuro se transportaba a mediados del Cuatrocientos, perdía toda fuerza, hasta volverse ridículo, al cabo de decenios y decenios sin cumplirse; si se dejaba «entre 1515 y 1530», ¿qué sentido tenía desear catástrofes cósmicas a una isla donde los españoles estaban tranquilamente aposentados desde 1493?

A mi juicio, la esencia misma del poema excluye cualquier posibilidad de contemplarlo como una tardía 'elaboración poética de la historia canaria', porque es apenas concebible que un proyecto de tal índole hubiera pretendi-

---

60. Cf. D. V. Darias Padrón, «Notas históricas sobre los Herreras en Canarias (condes de la Gomera y marqueses de Adeje)», *El Museo Canario*, II (1934), pp. 43-77 (58-67, y 73, para un Guillén Peraza posterior). A Guillén Peraza de Ayala celebra Vasco Díaz Tanco de Fregenal en el cuarto de *Los veinte triunfos*.

do realizarse por caminos tan puramente líricos —en vez de narrativos— y en el vehículo insólito de las «endechas de Canaria». Ciertamente, en los orígenes se entonaban estas en las islas «con motivo de la muerte de alguna persona principal»[61], y en castellano fueron bautizadas en virtud de esa función primitiva. Pero la «sonada» (cf. n. 31) no se puso de moda sino en la primera mitad del siglo XVI, y «el género, entre tanto, había cambiado de carácter (aunque conservando siempre su forma): 'ya no son verdaderas endechas funerarias, sino cantos tristes de asunto amoroso o de tema en que se mezcla la tristeza con cierta gravedad sentenciosa'», quejas de «un ser desdichado —casi siempre un hombre—, que llora su destierro, su soledad, la inmensidad de su pena, la crueldad de la amada, el 'mal presente y el bien pasado'»[62]. Vale decir: si nuestra pieza se hubiera compuesto «entre 1515 y 1530», sería difícilmente explicable la adopción del molde de las «endechas de Canaria», a esa altura ajenas ya al uso fúnebre que antaño habían tenido.

Ni es aceptable, por otro lado, que la *desdicha mala* de Guillén Peraza tuviera que esperar al remate de la conquista y al asentamiento de nuevos pobladores para entrar en la conciencia histórica de las Canarias. Cuando menos hasta los días de fray Juan de Abreu, la muerte del joven caballero y la desgraciada expedición a La Palma persistieron en el recuerdo no sólo como un episodio doloroso, sino como una página decisiva en los anales del archipiélago. En 1477, la información de Pérez de Cabitos (n. 41), en definitiva, busca dilucidar una cuestión de historia —«a

61. Leonardo Torriani, *Descripción e historia del reino de las Islas Canarias...*, trad. A. Cioranescu, Santa Cruz de Tenerife, 1959, p. 201, y *apud* L. Siemens Hernández, art. cit., p. 283.

62. M. Frenk, «Sobre las endechas...», p. 238 (con cita de J. Pérez Vidal, *op. cit.*, p. 41), y «Endechas anónimas del siglo XVI, p. 247 (con una frase de «Nesta Babilonia...», *Corpus*, núm. 831, p. 377).

quién pertenesció e pertenesce la conquista de ... las ...
islas de Canaria»—, y para dilucidarla pregunta a insulares
y peninsulares «si saben, vieron o oyeron decir quién ganó
la isla de Lanzarote e las otras islas de Canaria, e quién
fueron los que la conquistaron e tomaron la posesión de
ellas»; y, cuando contestan que sí, les repregunta concretí-
simamente «si Ferrand Peraza conquistó e ganó otras islas
a sus expensas..., en la cual conquista mataron al dicho
Ferrand Peraza un fijo», «si saben o creen que una vez
conquistando Ferrand Peraza la isla de Las Palmas [*sic*]
los canarios de la isla le mataron a su fijo Guillén Peraza»
(*PT*, 121, 123, 174)[63]. La inmensa mayoría de los testigos
posee adecuada noticia de todo ello. Uno asistió al paso de
los expedicionarios por La Gomera (n. 52); otro «*vido* que
Ferrand Peraza envió con armada a la isla de La Palma a
Guillén Peraza, su fijo, e que lo mataron en ella» *(PT*, 145);
el padre de Pedro Tenorio «escapó en la dicha conquista e
se acaesció a ella al tiempo que se fizo» (196), y el de
Manuel Fernández Trotín «perdió en la dicha armada muchos dineros que había prestado a un vasallo de Ferrand
Peraza» (178), etc., etc. Poquísimos son quienes ignoran
los sucesos de treinta años atrás. Para la inmensa mayoría,
repito, se trata de cosas archifamiliares, «porque es *pública voz e fama de la muerte de Guillén Peraza* en la dicha
conquista, ... así en esta cibdad [de Sevilla] como en las
dichas islas» (155).

A ampliar esa «pública y notoria fama» (*PT*, 139), junto a la lógica impresión que había de provocar un suceso
tan malaventurado, contribuyeron por mucho los intereses
que en relación con él estaban sobre el tapete. Las protes-
tas, primero, y después la rebelión de los lanzaroteños
contra Inés Peraza y Diego García de Herrera se contaban

---

63. Cuando no hay posibilidad de confusión, aligero las citas de los inso-
portables *dicho* y *dicha* curialescos.

entre las razones que movieron a los Reyes Católicos a encargar a Pérez de Cabitos que esclareciera los derechos al señorío y la conquista de las Canarias. Los títulos del matrimonio sevillano eran impecables, pero, naturalmente, en la «pesquisa e inquisición» de 1477, los esposos no desaprovecharon ningún posible argumento a favor suyo. La muerte de Guillén, a quien Inés heredaba a través de Hernán Peraza, era una prueba resonante de que la familia había ejercido las prerrogativas y respondido con creces a las exigencias del señorío; y como tal baza fue jugada una y otra vez en el curso de la información de Cabitos. Se entiende, pues, que el dictamen emitido por fray Hernando de Talavera y otros dos ministros del Consejo para resolver el expediente reconociera que «Diego de Herrera y doña Inés, su mujer, tienen cumplido derecho a la propiedad ... de las cuatro islas conquistadas» y «a la conquista de la Gran Canaria e de la isla de Tenerife e de La Palma», al tiempo que precisaba que si «por algunas justas y razonables causas» convenía a los Reyes «mandar conquistar las dichas islas», era obligado resarcir a Diego e Inés «por el derecho que a la dicha conquista tienen y por los muchos *trabajos y pérdidas* que han recibido y costas que han fecho en la prosecución de ella» (*PD*, 632). Cuando al poco la Corona decidió que no faltaban las tales «causas», se comprometió, en efecto, a compensarles con cinco millones de maravedíes y con el Condado de Gomera y Hierro. Los cinco cuentos, sin embargo, no se satisficieron sino a plazos escalonados entre 1486 y 1490, y el Condado no llegó sino con Carlos V, en 1516[64]. Pero el retraso sin duda tuvo que mover a los perjudicados a airear a menudo los méritos que les habían conseguido esas mercedes tan dilatadas, y es ostensible que los descendientes de Diego e Inés

---

64. Vid. el cómodo resumen de D. Castro Alfín, *Historia de las Islas Canarias*, pp. 166-167, y las «Notas históricas...» de Darias Padrón (n. 60).

se enorgullecían del parentesco con Guillén: no en balde el primer Conde de Gomera se llamó Guillén Peraza. En verdad, la familia de nuestro héroe, que conservó el señorío sobre cuatro islas y nunca abandonó sus pretensiones e implicaciones en Canarias, tuvo múltiples oportunidades de rememorarlo: cuando Sancho de Herrera, por ejemplo, trocó a un sobrino la heredad de Valdeflores por la doceava parte de Lanzarote y Fuerteventura[65], no podía sino tener presente que por una permuta similar había empezado la empresa en que sucumbió el primer Guillén Peraza.

Propios y extraños, pues, quienes siguieron de cerca los sucesos de La Palma y quienes tenían lazos de sangre e intereses comunes con el malogrado mozo, debieron de ayudar a conservar el recuerdo de Guillén por el camino de propagar el planto a él dedicado. Pero nótese que la muerte de Guillén parece haber alcanzado una repercusión popular bastante superior a la que uno esperaría de la relevancia objetiva del hecho. Al fin, aunque conmovedor, fue solo un lance menudo en el curso de una larga, vertiginosa partida. La historia de Canarias en el siglo xv abunda en momentos, no ya más importantes, desde luego, sino incluso más sangrientos y llamativos: por ejemplo, y sin salir del mismo linaje, el asesinato de Hernán Peraza, hijo de Inés y Diego de Herrera (HC, 247-250). Por ahí, la «pública voz», la «notoria fama» de la malandanza de Guillén no se explica sólo por la impresión que el suceso causara en los extraños ni por la divulgación nada inocente que le dieran los propios, a través del cantar o por otros medios: hay que suponer que las endechas, de suyo, por su singular intensidad, por su vigor poético, prendieron en la memoria de las gentes desde el primer instante. Entre las deposiciones de 1477, hay incluso algunas en que se deja entreoír un

---

65. Cf. P. Rubio Merino, en las actas del *IV Coloquio de historia canario-americana*, Las Palmas de Gran Canaria, 1979, vol. II, pp. 249-311.

eco de las coplas: así, cuando Diego de Sevilla o Álvaro
Romero declaran «que mataron al dicho Guillén Peraza en
la dicha Isla de Palmas» o «que habían muerto en la dicha
Isla de Las Palmas al dicho Guillén Peraza» (*PT*, 202,
204), ¿no nos hallamos ante una mísera reducción del segundo verso a prosa administrativa[66]? No pasan de una
página los datos del Cura de Los Palacios sobre «cómo
fueron conquistadas ... estas islas» antes de que la Corona
asumiera la empresa: unas líneas sobre «Mosén de Betan-
curt» (y ni siquiera ciertas de si floreció bajo don Enrique III o bajo don Juan II), una mención aún más sumaria del Conde de Niebla, un par de vagas indicaciones
sobre Fernán Peraza («tuvo e señoreó e poseyó [cuatro
islas] cuanto vivió, e aun fizo guerra a las otras tres», pero
«nunca pudo ganar[las]», poco más), y, en medio de ellas,
un episodio resaltado: «donde en la conquista en La Palma le mataron un fijo los palmeses, llamado Guillén Peraza, que no tenía otro varón ... »[67] La mención inusualmen-
te precisa, en un marco tan pobre en detalles, ¿no postula
que aquí nos encontramos con un caso más de «la intensa
utilización por Bernáldez de fuentes orales», y en concreto
de nuestras endechas? Creo que sí[68]. Tres cuartos de siglo
después del magnífico Cura, fray Juan de Abreu nos ga-
rantiza que, si quizá no la expedición a La Palma (contada

66.   El posible vestigio de la asociación entre *Guillén Peraza* y *La Palma* en
las endechas se aprecia particularmente por contraste con otras formulaciones:
«en la Isla de Las Palmas mataron a Guillén, su hijo» (*PT*, 132), «lo mataron en
ella a él e a otros muchos» (136), «faciendo guerra en la dicha isla le mataron
cierta gente» (149), «en la dicha armada e conquista mataron a Guillén Peraza»
(183), etc.

67.   Andrés Bernáldez, Cura de Los Palacios, *Memorias del reinado de los
Reyes Católicos*, ed. M. Gómez-Moreno y J. de M. Carriazo, Madrid, 1962,
pp. 139-140; la frase en seguida entrecomillada en el texto es del profesor Carriazo, p. XXVIII.

68.   Vid. asimismo Marcel Bataillon, *La Isla de La Palma en 1561. Estam-
pas canarias de Juan Méndez Nieto*, La Laguna, 1987, p. 9 (versión original, en
Revista da Faculdade de Letras, III serie, XIII [Lisboa, 1971], pp. 21-45).

por él, confiesa, «según oí afirmar a los antiguos» [69]), por lo menos las primorosas endechas («cuya memoria dura hasta hoy»: la distinción es significativa) todavía no habían sido olvidadas. Posiblemente fueron ellas, la poesía mejor que la historia, las que haciéndose emblema, de acuerdo con los tiempos, convirtiéndose en leyenda heráldica, canonizaron a Guillén Peraza como una suerte de patrón lego de las islas. Pues ya Marín de Cubas asevera que de Guillén es «la cabeza que está pintada de seglar, con las dos de religiosos, en el sello de la provincia de Canaria», «por orla de una palma» [70].

«Poesía del siglo XV» y lírica tradicional

Es opinión común que las endechas por Guillén Peraza se nos ofrecen «muy influidas por la poesía del siglo XV» [71]. Entiendo que la *idée reçue* no se engaña, a grandes rasgos, pero necesita buen número de precisiones y matices. Pues, por una parte, ¿qué veta de la riquísima, abigarrada «poesía del siglo XV» es la que se enlaza en concreto con nuestras coplas? ¿Dónde están, por otro lado, los puntos de engarce esenciales? ¿En el género, en los temas, en la dicción? Las filiaciones propuestas por la crítica, a la inmensa sombra de Jorge Manrique, no han entrado en demasiados pormenores. J. Pérez Vidal les descubre «el aire cortesano y filosófico de su tiempo». María Rosa Alonso las halla acordes con la «revalorización de la diosa Fortuna» y

69. «... le dieron una pedrada, de que murió, según oí afirmar a los antiguos y refiere Francisco López de Gómara en la *Historia general de las Indias*» (*HC*, 278). Gómara, en efecto, menciona la muerte de Guillén (Biblioteca de autores españoles, XXII, p. 293*a*), pero en un contexto que no hace sino extractar la mentada página de Andrés Bernáldez.

70. T. A. Marín de Cubas, *Historia de las siete islas de Canaria*, p. 125.

71. M. Frenk, «Endechas anónimas del siglo XVI», p. 252.

con las «invocaciones a la muerte» propias del «gótico florido»: como en otros plantos de la época —escribe—, en ellas «se anatemiza ..., se invocan las prendas del muerto ..., se alude a la veleidad del azar con esa tópica melancolía que en torno a la Fortuna existe en la segunda mitad del siglo XV...» Irma Césped y Ricardo Senabre realzan la aparición del consabido *ubi sunt*? [72] No perderemos el tiempo si hilamos más delgado.

Notaba arriba que el nombre de la isla en que pereció Guillén es la raíz de toda la floresta de metáforas de los dos primeros tercetos: *la flor marchita de la su cara*, la *palma*, la *retama*, el *ciprés*. Notaba también que el valor simbólico de la *retama* era trivial en el acervo popular y que para las fechas de nuestra composición la *palma* emblemática brotaba hasta en los modismos de la conversación cotidiana. En cambio —conviene subrayar ahora—, las connotaciones mortuorias del *ciprés* eran todavía poco conocidas, incluso en la tradición sabia: hasta el punto de que ni siquiera un Enrique de Villena es seguro que las perciba claramente cuando glosa las «arae... atra... cupresso» de la *Eneida* (III, 63-64) [73]. Por ello se diría de más peso comprobar que todos los elementos que trenzan la

72. J. Pérez Vidal, *Endechas populares en trístrofos monorrimos*, p. 39; M. R. Alonso, «Las 'endechas' a la muerte de Guillén Peraza», pp. 458-461; I. Césped, «Análisis formal...», p. 997; R. Senabre, «Las endechas...», p. 672.

73. El comentario al propósito apenas pasa de indicar que «el enramar de [las aras] se facía con ciprés montesino, e quieren algunos decir que se entiende por la sabiña, porque ha así la foja menuda como el ciprés, en el buen olor la infección que la secor del muerto facía en el aire» (*sic*). Tampoco en relación con II, 714-715 («iuxtaque antiqua cupressus / religione patrum multa servata per annos»), alude al simbolismo funerario del ciprés, ni a cuenta de III, 670 («... coniferae cyparissi ...»), hace otra cosa que referirse a la «proceridad» del árbol. Con esos antecedentes, no parece probable que don Enrique reservara la explicación que nos interesaría para la nota a VI, 626 («e cubrieron los costados del muerto de negros ramos e ante de los otros de cipreses dados a las funerarias de los muertos allí fueron constituidos»), que quedó sin glosa. Cito esa obra fundamental por la magna edición de Pedro M. Cátedra: Enrique de Villena, *Traducción y glosas de «La Eneida»*, Salamanca, 1989 y sigs.

guirnalda de imágenes vegetales en honor de Guillén Peraza —a salvo la *retama* del folclore y las Canarias— se aprietan en un par de coplas cercanas en la *Coronación del Marqués de Santillana.*

Ahí, en efecto, navegando «sobre las aguas leteas», Juan de Mena divisa «siete peligros marinos» que lo hacen palidecer:

> La mi sangre, que alterara
> la visible turbación,
> desque frío me dejara,
> robó *la flor de mi cara*,
> por prestarla al corazón... (XXII)

Después, en la cumbre del Parnaso, contempla un paisaje de maravillosa frondosidad:

> Vi los collados monteses...,
> altas *palmas* y *cipreses*,
> con cinamomos y nardos,
> y vi cubiertos los planos
> de jacintos y platanos
> y grandes linaloeles,
> y de cedros y laureles
> los oteros soberanos... (XXXIII)

La prosa del comentario nos permite no perder detalle del alarde erudito que el autor ha condensado en el verso. Por el comentario averiguamos que *la flor de la cara* es «la sangre della» y advertimos que la frase no se siente como metafórica, sino como designación normal del 'color del rostro', el 'arrebol', el 'tinte rubicundo (natural o enfermizo) de la tez'[74]. Por el comentario debían de confirmar

---

74. «Esta es natural speriencia que cuando los hombres han grand pavor páranse amarillos e queda robada la flor de su cara», porque «en cualquier logar que la carne rescibe alguna pasión luego la sangre socorre muy aína aquel lugar,

muchos lectores que la «palma es un árbol que denota victoria»[75] y enterarse bastantes más de las implicaciones fúnebres del ciprés: «Este nombre le pusieron los griegos, según dice Isidoro [XVII, VII, 34]. En otro tiempo, cuando los gentiles solían quemar los cuerpos muertos, hacían poner muchos ramos de cipreses en cerco de los lugares, por afuyentar los malos olores, ca la suavidad y olor del palo de ciprés no deja corromper el aire del morbo pestilencial».

Para mí caben pocas dudas de que el verso y la prosa de esas dos estrofas brindaron al anónimo de las endechas los esquejes deseados para plantar su propio jardín en torno al nombre de la isla fatídica. Porque no sólo los elementos en cuestión se presentan en el mismo orden, la *flor* en una copla y en otra, contiguos, la *palma* y el *ciprés* de significación escasamente divulgada, y no sólo la *Coronación*, a zaga de las *Etimologías*, se refiere expresamente a los «*ramos* de cipreses». Sucede también que los devotos de Juan de Mena difícilmente podían leer la copla XXII

---

e como cuando los hombres conciben grand temor aquella concepción guárdase en el corazón, e como la sangre, que es amiga de la carne, siente aquel miembro que es el corazón con aquella pasión, la cual pasión ca[u]sa el miedo, luego socorre la sangre de todas partes al corazón por lo fortificar; e así como de todos los miembros del cuerpo socorre la sangre aquel lugar, también de la cara, e déjala así amarilla»; análogos mecanismos explican por qué «los hombres ... se paran colorados con la vergüenza», «e por aquesto decía la copla que *era robada la flor de mi cara*, conviene a saber, 'la sangre della'» (J. de Mena, *La Coronación (¿Toulouse, 1489?)*, facsímil al cuidado de A. Pérez Gómez, Cieza, 1964, fols. XLV vo. y XLVI). Las precisiones de Mena ayudan a entender un villancico célebre: «¿Con qué la lavaré / la flor de mi cara? / ¿Con qué la lavaré, / que vivo mal penada?» (*Corpus de la antigua lírica popular hispánica*, núm. 589, p. 272); la muchacha se queja ahí de tener el rostro excesivamente colorado (como tantas morenicas lamentan serlo), contra los cánones de belleza entonces generales: «Mi gran blancura y tez / la tengo ya gastada», aclara una glosa (*ibidem*).

75. «Palma es dicha porque tiene las hojas así lisas a manera de la palma. Es palma un árbol que denota victoria, segúnd scribe Isidoro en el XVII libro de las *Ethimologías*, en el título *de propriis nominibus*», etc. (fol. LVIII vo.; en el siguiente, el escolio sobre el ciprés).

del *Calamicleos* (de hacia 1439) sin recordar que la misma expresión pintoresca comparecía en otro celebérrimo poema del maestro, «El fijo muy claro de Hiperión» (algunos años anterior, según todas las posibilidades), pero aquí referida ni más ni menos que a la muerte sangrienta de un paradigma de juvenil gallardía:

> Mis lágrimas tristes atales non son...,
> mas son como aquellas que Tisbe mesclara
> con sangre de Píramo acerca el lucillo,
> con ojos llorosos e rostro amarillo,
> la muerte robando *la flor de su cara*[76].

Cuando Garcisánchez de Badajoz evoca a don Manrique de Lara

> como hombre muy aborrido,
> su pena escura muy clara,
> de todas partes herido,
> *muerta la flor de su cara* ...,
> su real sangre vertida ...[77],

las semejanzas en la aplicación del modismo nos convencen de que nos las habemos con una reminiscencia de «El fijo muy claro...» Pero no es menor la similitud con que las endechas lo recrean para Guillén Peraza; y si a ese parecido le sumamos las coincidencias con la *Coronación*, no veo cómo no concluir que el anónimo bebía en las fuentes de Juan de Mena.

Así pues, en un aspecto primordial de la *elocutio*, podemos dejar a un lado las generalidades habituales y preci-

---

76.   J. de Mena, *Poesie minori*, p. 130. La *General estoria*, oportunamente aducida por la editora, se remonta al mismo pasaje ovidiano para escribir: «esfriábase ya a él la cara con la muert...»

77.   *Cancionero general*, Valencia, 1511, fol. cxxi*a*.

sar cuál es la «poesía del siglo XV» con la que el planto está próximamente emparentado: un tanto por sorpresa, la pieza obligada al frente de todas las colecciones de lírica 'popular' resulta en deuda constitutiva con las obras más doctas del más docto vate del Cuatrocientos castellano. Los «rústicos ... cantando» no eran del agrado de Mena (*Laberinto de Fortuna*, 287*h*), pero Mena sí agradaba a quienes cantaban también para los «rústicos», endechadores incluidos[78]. La inspiración letrada no basta para quitarles a las endechas el carácter de 'tradicionales': 'popular' remite a una variable, al origen o al trecho de un recorrido; 'tradicional', a las constantes de un estilo con etapas folclóricas ciertamente privilegiadas. Ahora bien, sea cual fuera la procedencia de los materiales que maneja, es obvio que el estilo de nuestra canción nada tiene que ver con Juan de Mena.

A juzgar por el comentario a la *Coronación* y el tenor de «El fijo muy claro...», *la flor de la cara* era para Mena un giro lexicalizado, inerte. Al igual que hace con *La Palma*, y verosímilmente por el impulso que le presta el modo de encarar ese dominante semántico, el anónimo devuelve a la acuñación toda la viveza que en ella hubo de concentrarse el día de su creación: para lograrlo, no necesita sino adjetivar de *marchita* a la *flor* y alinearla con la arboleda inmediata. Una elaboración de ese tipo, destinada a recu-

---

78. De unos versos de Mena parte la endecha «Muerte que a todos convidas...», viva en la tradición de Marruecos; vid. M. Alvar, *Endechas judeo-españolas*, pp. 45 y sigs. y, para la atribución, C. de Nigris, ed. cit., pp. 508-509. Valga otro ejemplo. Un conocedor tan fino como A. Sánchez Romeralo «ve claramente» el «origen popular» de los «refranes ... rurales que hablan del propio lugar, de sus tierras, sus montes y sus ríos», como uno transcrito por Correas: «Arlanza y Arlanzón, Pisuerga y Carrión en la puente de Simancas juntos son» (*El villancico. Estudios sobre la lírica popular en los siglos XV y XVI*, Madrid, 1969, pp. 299-300); pero a mí me suena más bien a una adaptación del *Laberinto de Fortuna*, copla 162: «Arlanza, Pisuerga e aun Carrión ... / desque juntados, llamámoslos Duero, / facemos de muchas una relación ...»

perar el color de un elemento desteñido por el tiempo, no entraba en las cuentas de Mena. A Mena le interesaba sobre todo el reverberar erudito del lenguaje, que las palabras llevaran un halo de referencia a la cultura que tan trabajosamente se había ganado. La enumeración de árboles del *Calamicleos* (quizá recordada todavía en el *Persiles*, III, 5) no quiere ponernos ante los ojos un *locus* tan *amoenus* como imposible, sino enseñarnos una biblioteca. No busca que el lector se represente visualmente las «palmas», los «cinamomos» y los «platános» (¿quién, además, los reconocería?), sino que repase el libro XVII de las *Etimologías*. No finge un bosque: compila un catálogo. La pedantería es dulce, y nada hay que objetar, por supuesto. Pero otro es, evidentemente, el proceder de las endechas. Del museo botánico de Mena, el anónimo ha rescatado *la flor de la cara*, ha mantenido la *palma*, que estaba en la historia y en la geografía de Guillén Peraza, como la *retama* en la isla, y ha respetado el *ciprés*, pero caracterizándolo de forma que a nadie, docto o indocto, se le escapara su alcance fúnebre. Pues a quien no pudiera descifrarlo como alusión libresca se lo dibujaba como figuración real con fuerza de metáfora. De ahí la especificación crucial, *de triste rama*, con su precisa indicación (*rama*) para el enterado, pero cuyo valor, en última instancia, sin más que dejarse guiar por el adjetivo *triste*[79], también podía percibir quien no hubiera saludado a San Isidoro ni al Mena de la *Coronación*. Las imágenes encontradas en la lectura se funden con las captadas en la realidad. La artificialidad de Mena se cambia en el planto por una percep-

---

79. Cabe preguntarse, por otro lado, si no se dará aquí una deliberada variación de expresiones como «con mal ramo», «(dar) mal ramo» o acaso «(tornarse) a buena rama» (así en el *Libro de buen amor*, 101*c*, 398*b* y 936*c*). Vid. también Alfonso Álvarez de Villasandino, en *Cancionero de Baena*, ed. J. M. de Azáceta, I (Madrid, 1966), p. 208: «desque la cometa / mostró ramos tristes en punto menguado».

ción milagrosamente natural y a la vez simbólica: la *palma*, la *retama*, el *ciprés* son paisaje y emblema.

Desde las mismas jarchas, es ése modo de hacer arquetípico de una corriente caudalosa en el Guadiana de la lírica tradicional: la realidad enunciada es a la vez tal realidad e inevitablemente símbolo o metáfora de otra. Verbigracia:

> ¡Qué faré, mamma?
> Meu al-habib est'ad yana.

El amigo, en verdad, está a la puerta de la casa, y la amada, en puertas de entregársele.

> A coger amapolas,
> madre, me perdí:
> ¡caras amapolas
> fueron para mí!

Las amapolas son ciertamente las que la moza iba a quitar de los sembrados, pero asimismo las gotas de sangre con que los salpicó. No es cosa de prolongar los ejemplos. Pocos hacen falta para cerciorarse de que el anónimo conduce las sugerencias de Juan de Mena a las maneras del estilo tradicional.

¿Cabría registrar confluencias similares con otras venas de la «poesía del siglo XV»? Con menos puntualidad, quizá sí. Aparte el terceto de la invocación, los tres restantes contrapuntean con finura concreciones y abstracciones. La *retama* y el *ciprés* siniestros se hacen *desdicha, desdicha mala*. Los *placeres* de las *flores* y los *pesares* de los *arenales* contrastan categorías semánticas al par que mezclan rasgos fonéticos. El *escudo* y la *lanza* abatidos son prendas de la *malandanza*. En esa trama de convergencias y divergencias, dos abstractos, por una vez, se contraponen entre sí a corta distancia, en el ámbito de un solo verso: *no vean placeres, sino pesares.* Con autoridad única ha señalado Margit Frenk que el careo de los dos infinitivos sustantivados parece un rasgo de las «endechas de Canaria» («Propio mío era el placer, / agora el pesar le vino a vencer...», «... Pesar por placer, / dolor por pasión») [80], y nos preguntamos si el recuerdo de nuestro cantar no contribuiría a divulgarlo en las demás muestras del género. El juego de palabras en cuestión es «de los que saltan en la fraseología vulgar» [81] y tal vez se nos antoje demasiado trivial para intentar sacarle punta en ese o en otro análogo sentido. Pero un simple vistazo a «El fijo muy claro de Hiperión», aún bien a mano, puede ser suficiente para hacernos cambiar de opinión.

En la obrita de Mena, es sabido, el arte mayor de las estrofas nones, rebosantes de fanfarria clásica y bisutería mitológica, alterna con los octosílabos de las pares, quebradas de sutilezas y donde no hay conceptuosidad que no tenga asiento. Por ejemplo, en la copla siguiente a la estampa de Píramo con «la muerte robando la flor de su cara»:

> En poco grado mi grado
> se falla ser en mi ser;
> cuantas me toma cuidado
> veces, me deja *placer*;
> siguiendo tan a menudo
> tal *pesar*, ¿cuál infinida
> humildad bastar me pudo
> a dolor tan dolorida?

Y en seguida, con sólo ocho versos de por medio:

---

80. Vid. arriba, n. 37; los ejemplos se hallarán en el *Corpus*, núms. 824 y 798.

81. La autoridad, en cambio, es de lujo: Eugenio Asensio, *Poética y realidad en el cancionero peninsular de la Edad Media*, Madrid, 1970², p. 114.

> Por *pesar* del des*placer*,
> querría poder forzar
> mi deseo a mal querer
> o el tuyo a desear...

Nadie puede entrar en la cabeza de un creador y nadie, con frecuencia ni el propio poeta, puede decir de dónde se desprende la chispa de un poema. Pero de ningún modo insinúo que el endechador sin nombre sacara también los *placeres* y los *pesares* (cambiándolos de registro, por supuesto) del familiarísimo texto del cordobés: al contrario, subrayo que el hecho de encontrar la antítesis *incluso* en uno de los dos pasajes de Mena que venimos manejando y, por otro lado, el hecho de que las estrofas pares de «El fijo muy claro...» sean una auténtica quintaesencia de cierta lírica cancioneril significan que la oposición de ambos términos, por nimia que parezca en el pronto, debe considerarse sumamente representativa de una de las direcciones mayores en la «poesía del siglo XV»: la complacida en dar vueltas y revueltas a los conceptos químicamente puros, la que todo lo traduce a nociones abstractas que reitera y anatomiza, empareja y separa, gradúa, confunde..., en una incansable cantiga de nunca acabar [82].

En la tradición gallega, los avatares de la aventura erótica se habían declarado insistentemente enfrentando el *pesar* con el *placer*, en las cantigas de amor («Eu que no mundo viv' a meu pesar / eu viveria muit' a meu prazer») y sobre todo en las cantigas de amigo:

---

[82]. Entre las aportaciones recientes al respecto (cf. también la n. 85) hay que destacar el librito de Keith Whinnom, *La poesía amatoria de la época de los Reyes Católicos*, Durham, 1981. He hecho algunas observaciones sobre la materia en «De Garcilaso y otros petrarquismos», *Revue de litérature comparée*, LII (1978), pp. 325-338, y «El destierro del verso agudo (con una nota sobre rimas y razones en la poesía del Renacimiento)», *Homenaje a José Manuel Blecua*, Madrid, 1983, pp. 525-551.

> Per uno soilo prazer
> pesares vi já mais de mil ...
>
> Nunca eu ar pudi saber
> que x'eras pesar nen prazer ...[83]

En ese punto los cancioneros heredaron a los *cancioneiros*, y hasta mediar el siglo XV, principalmente en los días de Santillana y Juan de Mena, ambos «opósitos» se deslizan frecuentemente entre los sollozos de los rimadores:

> Deseo non desear
> y querría non querer;
> de mi pesar he placer
> y de mi gozo pesar ...
>
> y pesarme ha del placer
> que terné de lo que digo... [84]

A medida que la centuria avanza, no obstante, los contenidos que se expresaban a través de la confrontación de las dos voces han de reformularse verbalmente, porque *pesar* va quedando orillada en las preferencias trovadorescas. En el camino abierto por el llorado Keith Whinnom, un minuciosísimo estudio de Vicente Beltrán, sobre un conjunto de ciento cuarenta piezas representativas de las varias etapas de la canción cortés castellana, revela que *pesar* es palabra que menudea especialmente (hasta los quince ejemplos) en la primera mitad del Cuatrocientos, en tanto falta por com-

---

83. J. J. Nunes, ed., *Cantigas de amor*, Coimbra, 1932, núm. 205, y *Cantigas de amigo*, Coimbra, 1926-1928, núms. 348 y 117. Otros ejemplos, en E. Asensio, *loc. cit.*

84. Marqués de Santillana, «Cuando la Fortuna quiso», en *Obras completas*, ed. A. Gómez Moreno y M. P. A. M. Kerkhof, Barcelona, 1988, p. 36, y Lope de Stúñiga, «El tiempo de libertad», en *Poesie*, ed. L. Vozzo Mendia, Nápoles, 1989, p. 96.

pleto del *corpus* en los textos de la segunda mitad[85]. No veamos en el dato más que un síntoma, desde luego, porque claro está que el fondo de la antítesis ni desaparece ni puede desaparecer mientras no se mude la condición humana, y claro está que incluso en esa segunda mitad volvemos a encontrarla alguna vez en sus propios términos[86]. Pero no desdeñemos la concordancia de todos los indicios: a través de la antinomia de *pesares* y *placeres*, tan propia de una época del conceptismo cancioneril, las endechas por Guillén Peraza, a la altura de 1440 y bastante, vuelven a presentársenos en relación determinable con una de las escuelas mejor definidas en la «poesía del siglo xv».

Tampoco ahora debemos inferir que el contacto les robe carácter 'tradicional'. Vuelvo a la grata compañía de Margit Frenk: «una amplia zona de la lírica folklórica de nuestros días —folklórica, sí— deriva en línea directa de la archiculta 'poesía de cancionero' de los siglos xv y xvi», y concretamente de su venero «conceptual y hasta conceptuoso»[87]. El ligero jugar del vocablo con los *placeres* y los *pesares* no hace sino ponernos ante un caso madrugador de esa derivación. Nada nos incita a ver en el anónimo a uno de los trovadores del momento que sintieron la tentación de ensayar formas populares como el romance[88]. Fuera cual fuese su biografía, por curiosidad y admiración

85. *La canción cortés en el otoño de la Edad Media*, Barcelona, 1988, y *El estilo de la lírica cortés*, Barcelona, 1990.

86. Así en Jorge Manrique («Es placer en que hay dolores ..., / un pesar en que hay dulzores ...») o en el Vizconde de Altamira («Hay placeres, hay pesares, / hay glorias, hay mil dolores ...»), ambos en el *Cancionero general*, fols. LXXXXVIII y CXXV vo.

87. *Entre folklore y literatura (Lírica hispánica antigua)*, México, 1971, p. 12. Cf. las múltiples noticias reunidas por Y. J. de Báez, *Lírica cortesana y lírica popular actual*, México, 1969.

88. Vid. más arriba, pp. 1-32, mis indicaciones sobre los orígenes de «Fontefrida» y el primer romancero trovadoresco. El punto que me parece más necesitado de estudio son las dimensiones europeas de la revalorización de la poesía popular.

que le despertara la lírica de los cancioneros, su oficio de poeta pertenecía a otro ámbito[89]. Al Padre Abreu, que aduce a López de Gómara hasta para un testimonio mínimo y de tercera mano (n. 69), le hubiera gustado que un autor de campanillas respaldara la historia y el cantar de Guillén Peraza; sin embargo, tuvo que contentarse con repetirlas según se las oyó «a los antiguos» y las conservó la «memoria» de las gentes. El dato de la transmisión coincide con las señas del estilo, pero a la larga son ellas quienes han de prevalecer: y la varia lección de la «poesía del siglo xv» no traiciona las señas de un estilo 'tradicional'.

El planto de David

Una imagen quizá demasiado convencional del otoño de la Edad Media y, todavía, un justo deslumbramiento ante la obra maestra de Jorge Manrique han inducido a abultar los vínculos de nuestro poema con otras «composiciones castellanas de malogrados» a lo largo del Cuatrocientos[90], y el prejuicio ha arrastrado a la ceguera de proclamar que «en la endecha están presentes todos los motivos del *planh*» trovadoresco: «(i) invitación al lamento, (ii) linaje del difunto, (iii) enumeración de las tierras o personas entristecidas con su muerte, (iv) elogio de las virtudes del difunto, (v) oración para impetrar la salvación del

---

89. Pienso que en gran medida podemos aceptar para nuestro texto las conclusiones a que Margit Frenk llega en relación con todo el género: «Los autores de esas endechas no fueron un Juan de Mena ni un Garci Sánchez de Badajoz. Parecen escritas por poetas que eran lectores sin llegar a ser doctos, que estaban influidos por la poesía del siglo xv, pero escribían 'sin artificio' [según Mal Lara]; poseían una técnica, probablemente tradicional, pero una técnica más rudimentaria que la de los poetas de corte ...» («Endechas anónimas...», p. 247).

90. M. R. Alonso, art. cit., p. 462.

alma, (vi) dolor producido por la muerte»[91]. Es obvio que
la mera enumeración de tales motivos, sin necesidad de
otras razones, refuta el aserto que quisiera confirmar. En
realidad, las coplas por Guillén Peraza no muestran especial parentesco ni con el *planh* provenzal ni con las *defun-
ciones, consolaciones* y *plantos* que lo ponen al día en la
España del siglo xv[92], sino que responden a un esquema
harto más antiguo y para entonces literariamente menos
trivial.

El segundo libro de los Reyes (en la Vulgata y en los
Setenta) se abre con la escena en que David recibe la noticia de que Saúl, su hijo, y Jonatán, el hijo de Saúl, han
perecido en los campos de Gelboé frente a los filisteos.
Luego, cuenta el hagiógrafo, «planxit David planctum
huiuscemodi super Saul et super Ionathan filium eius»:

[18] Considera Israhel pro his qui mortui sunt
super excelsa tua vulnerati.
[19] Incliti Israhel super montes tuos interfecti sunt:
quomodo ceciderunt fortes?
[20] Nolite adnuntiare in Geth
neque adnuntietis in conpetis Ascalonis
ne forte laetentur filiae Philistim
ne exultent filiae incircumcisorum.
[21] Montes Gelboe, nec ros nec pluvia veniant super vos
neque sint agri primitiarum
quia ibi abiectus est clypeus fortium, clypeus Saul,
quasi non esset unctus oleo.
[22] A sanguine interfectorum, ab adipe fortium,

91. I. Césped, «Análisis formal...», pp. 996-997, siguiendo a M. de Riquer,
S. C. Aston y C. Cohen para la caracterización del *planh*.

92. Véanse sólo la espléndida *thèse* de P. Le Gentil, *La poésie lyrique
espagnole et portugaise à la fin du Moyen Âge* , I: *Les thèmes et les genres*
(Rennes, 1949), pp. 377-393, 423-440, y el útil repaso de E. Camacho Guizado,
La elegía funeral en la poesía española, Madrid, 1969, pp. 63-98, por no embar-
carnos en la mención de trabajos monográficos; pero cf. también las notas 106
y 109.

sagitta Ionathan numquam rediit retrorsum,
et gladius Saul non est reversus inanis.
[23] Saul et Ionathan amabiles et decori in vita sua,
in morte quoque non sunt divisi,
aquilis velociores, leonibus fortiores.
[24] Filiae Israhel super Saul flete,
qui vestiebat vos coccino in deliciis,
qui praebebat ornamenta aurea cultui vestro.
[25] Quomodo ceciderunt fortes in proelio?
Ionathan in excelsis tuis occisus est [*vel* es]?
[26] Doleo super te frater mi Ionathan,
decore nimis et amabilis super amorem mulierum.
Sicut mater unicum amat filium suum,
ita ego te diligebam.
[27] Quomodo ceciderunt robusti et perierunt arma bellica? [93]

Es diáfano que las endechas al joven sevillano se inspi-
ran punto por punto en la hermosa elegía de David. Dejé-
moslas, por comodidad, en los huesos de seis elementos:
(1) invocación al llanto; (2) noticia del suceso, con destaca-
da mención del lugar; (3) definición, por vía negativa, de
la isla e, inseparablemente, (4) maldición contra La Palma;
(5) pregunta al muerto por las armas con que combatía;
(6) conclusión sentenciosa. Las comprensibles variantes,
adaptaciones y discrepancias no ocultan la conformidad
sustancial entre uno y otro texto.

93.   Doy el texto (II Samuel = II Reyes, I, 18-27) según la edición de R. We-
ber *et al.*, *Biblia Sacra iuxta Vulgatam versionem*, I (Stuttgart, 1975[2]), p. 417,
pero añado la puntuación más necesaria y repongo el arranque del planto, «Considera Israhel...» [18], ausente en el arquetipo seguido por los editores, pero regular en la gran mayoría de las biblias usadas en España. Vid., por ejemplo, las
versiones de la *General estoria*, ed. A. G. Solalinde, L. A. Kasten y V. R. B.
Oelschläger, II, II (Madrid, 1961), p. 354 («¡Mesura, Yrrael, por aquellos que
fueron llagados sobre las tus altezas e son muertos!»), y de la *Biblia romanceada
I.1.8. The 13th-Century Spanish Bible Contained in Escorial MS I.1.8*, ed. M. G.
Littlefield, Madison, 1983, p. 125 («Piensa, Israel, por aquellos que murieron
plagados sobre tus alturas»); el versículo falta, en cambio, en la *Escorial Bible
I.J.4*, ed. O. H. Hauptmann y M. G. Littlefield, II (Madison, 1987). Cf. también
la n. 95.

(1) Ni que decirse tiene que la invocación al llanto, constitutiva del género, no sería de por sí indicio digno de consideración, si no fuera unida a paralelismos inequívocos en otros órdenes. En cualquier caso, si David arranca de una amplia exhortación a «considerare ... pro his qui mortui sunt»[18] y si luego la desvía, vuelta del revés, hacia las 'hijas de los filisteos' («ne forte laetentur filiae Philisthim»[20]), cuando en definitiva la concreta en una incitación a llorar es a las israelitas a quienes se dirige: «*Filiae* Israhel super Saul *flete*»[24]. Por otra parte, si quienes han de verter lágrimas por Guillén Peraza no son los 'compañeros' o los 'cristianos' —digamos—, sino precisamente mujeres, y no —por ejemplo— las 'mozas', sino las *damas*, las de su misma condición social[94], las israelitas que harán otro tanto por Saúl son aquellas que con él se trataban, a quienes «vestiebat... coccino in deliciis», a quienes «praebebat ornamenta aurea»[24].

(2) David da la noticia del suceso inmediatamente después de la exhortación inicial y con mención prominente del lugar del combate: «super excelsa tua vulnerati»[18], «Incliti, Israhel, super montes tuos interfecti sunt»[19], «Montes Gelboe...»[21].

(3) y (4) La maldición y la definición negativa de Gelboé van en David inextricablemente fundidas: «*nec* ros *nec* pluviae veniant super vos, *neque sint* agri primitiarum»[21]. Tanto la Biblia como las endechas conjuran sobre el lugar del desastre —al que apostrofan en segunda persona— una

---

94. No acabo de estar de acuerdo con el profesor Senabre, art. cit., p. 668: «Las *damas* a las que se invoca en la endechas no son ... unas mujeres concretas vinculadas de algún modo al difunto. Al despojarlas de cualquier indicio de adscripción definida, el anónimo poeta recalca tan sólo su condición femenina (y, naturalmente, su estrato social, lo que incluye al muerto, implícitamente y por adelantado, en la categoría de los caballeros). Si las *damas* genéricas deben llorar es porque ha fallecido un joven apuesto y amador»; pero la vinculación significativa de *las damas* con Guillén Peraza consiste justamente en la igualdad de clase.

visión de esterilidad y desolación, se refieren a los *campos*, «agri», y emplean análogas construcciones: «nec ..., nec ..., neque sint ...», *no eres..., no...*

(5) Las armas de Saúl y de Jonatán, y notablemente el escudo, son evocadas por David con patética insistencia: «abiectus est clypeus fortium, clypeus Saul...»[21], «sagitta Ionathan numquam rediit retrorsum, et gladius Saul non est reversus inanis»[22]. Las interrogaciones desencantadas, por otro lado, van punteando el curso de la elegía, con relieve creciente («quomodo ceciderunt fortes?»[19], «quomodo ceciderunt fortes in proelio?»[25]), y en el último verso acogen también el *leitmotiv* del armamento de los guerreros: «quomodo ceciderunt robusti et perierunt arma bellica?»[27] David, en fin, habla y aun interpela directamente a Jonatán por partida doble: «Ionathan, in excelsis tuis occisus es?»[95], «doleo super te, frater mi Ionathan ...»[25-26].

La totalidad de esos ingredientes confluye en los versos 10 y 11 de las endechas: la voz plañidera nombra dos veces a *Guillén Peraza*, le pregunta expresamente por sus armas, y en primer término por el *escudo*, para cerrar el poema con una penúltima nota en rigurosa consonancia con David.

Aparte, pues, (6) la conclusión sentenciosa, todos los rasgos determinantes de las coplas tienen equivalente exacto en la elegía bíblica, desde el imperativo del comienzo hasta la interrogación sobre las armas en la coda, a través del uso persistente de la segunda persona. Sin embargo, nos hallamos ante una vivacísima recreación, de ningún modo ante un calco. El anónimo mantiene las 'funciones', los factores esenciales del planto de David, pero no en su literalidad, sino metamorfoseándolos en otros de diverso contenido y estableciendo entre estos una nueva concatena-

---

95. La lectura «occisus es» (en vez de «est»), copiosamente representada en la tradición textual, es, por ejemplo, la de la *General estoria* («¿... en los tus montes fueste muerto?»).

ción. Es justamente a propósito de los componentes más distintivos del modelo donde mejor se advierte que nuestro poeta concilia una ostensible fidelidad con un derroche de imaginación libérrima.

La maldición davídica del lugar, «Nin venga sobre vós rocío nin lluvia» (según traduce la *General estoria*), por ejemplo, que resultaría pálida aplicada a los pedregales canarios, se convierte en una imprecación más violenta y apropiada a la naturaleza de La Palma, para enfrentarnos con el impresionante paisaje de una isla desgarrada por los *volcanes*, donde las *flores* yacen enterradas bajo montes de arena. El leve apunte negativo, «neque sint agri primitiarum», se desdobla en la serie afirmativamente aciaga: *No eres palma, eres retama, eres ciprés...* La evocación de las armas trenzada progresivamente con las preguntas melancólicas y las interpelaciones a Jonatán, hasta culminar en el final «quomodo ... perierunt arma bellica?», queda reducida en las coplas a sus elementos químicamente puros, con una eficacísima desnudez: *Guillén Peraza, Guillén Peraza, ¿dó está tu escudo, dó está tu lanza?* David decía «quomodo ...?», exclamando más que interrogando, pero el endechador sabe que esa misma emoción puede romancearse con una fórmula tradicional: *ubi sunt ...?* [96] Las doloridas interrogaciones bíblicas no buscaban otro eco que una tácita apelación a la justicia de Yhavé: «Tradat te Dominus corruentem ante hostes tuos ...» (Deuterono-

---

96. Véase sólo Margherita Morreale, «Apuntes para el estudio de la trayectoria que desde el *¿ubi sunt?* lleva hasta el '¿Qué le fueron sino...?' de Jorge Manrique», *Thesaurus. Boletín del Instituto Caro y Cuervo*, XXX (1975), pp. 471-519 (cita de las endechas, en n. 16), con la bibliografía fundamental; baste añadir unas pocas indicaciones: R. García Villoslada, «El tema del *ubi sunt*. Nuevas aportaciones», *Miscelánea Comillas*, XLV (1966), pp. 7-117; N. Roth, «The 'ubi sunt' Theme in Medieval Hebrew Poetry», separata (pp. 56-62) de una publicación no identificada; M. Ciceri, «Tematiche della morte nella Spagna medievale», en *Dialogo. Studi in onore di Lore Terracini*, Roma, 1990, pp. 137-153.

mio, XXVIII, 25). El anónimo, en cambio, no es capaz de callar la respuesta que le brindan los tópicos de la época: *todo lo acaba la malandanza*. Vale decir, como en tantos otros plantos medievales: la Fortuna es la culpable.

Una coincidencia, verosímilmente casual, con el proverbial «Quien con mal anda, con mal acaba»[97] ha llevado a interpretar el último verso como un «reproche» a Guillén Peraza[98]. Sin embargo, es difícilmente admisible que el poema se despida condenándolo. Por el contrario, si bien ese *todo* puede valer 'todas las cosas' y subrayar la enseñanza genérica de la historia del héroe, tengo por más plausible que se refiera —o aluda también— a 'todas las dotes y todas las cualidades' del protagonista y, por el mismo hecho de proclamarlas destrozadas por la *malandanza*, las exalte con primorosa discreción. Conviene recordar que una de las pocas variantes de la transmisión textual trueca, en el verso sexto, el pleonástico *desdicha mala* por un menos expresivo *fortuna mala* (vid. n. 8). Pero si la noción de 'fortuna' se moldea formalmente con los dominantes del trístico (la obsesiva asonancia en *áa*, la sílaba que remata el apellido de Guillén) el resultado no puede ser sino *malandanza*. En efecto, *andanza* siempre ha tenido el valor de 'Fortuna o suerte'[99], y en el siglo XV esa acepción es a menudo particularmente nítida: «... son vanos e falsos en la *desaventura e malandanza*»[100]. Las ende-

---

97.   Así en las primeras documentaciones, *apud* E. S. O'Kane, *Refranes y frases proverbiales españolas de la Edad Media*, Madrid, 1959, p. 150a.

98.   Es la opinión de L. Siemens Hernández, art. cit., p. 310: «La 'mala andanza' de Guillén Peraza era, al parecer, ir a capturar palmeros para venderlos como esclavos fuera de las islas»; comp. M. R. Alonso, art. cit., p. 465.

99.   Real Academia Española, *Diccionario histórico de la lengua española*, fasc. 18 (Madrid, 1988), p. 1.006a.

100.   [Clemente Sánchez Vercial], *Libro de los exenplos por a.b.c.*, ed. J. E. Keller, vocab. L. J. Zahn, Madrid, 1961, p. 404. Alegaré sólo otro contexto revelador, en un poema de Garcisánchez de Badajoz «Contra la Fortuna»: «De mil nombres me han nombrado, / yo no siendo cosa alguna: / unos,

chas, pues, terminan proclamando el señorío de la Fortuna sobre toda prestancia, sobre todo esplendor. De nuevo nos hallamos ante el reflejo de una de las grandes modas literarias del Cuatrocientos[101], pero captado de manera tan natural (*malandanza* se cuenta entre las dos o tres voces más castizas, por más diáfanas e internamente motivadas, de todo su campo semántico), con tan elegante sobriedad, que el detalle vuelve a traslucirnos que, por mucho que el autor estimara los cancioneros, no es a ellos a quienes debe el arte poética.

Era cosa sabida que «Ferrand Peraza envió con armada a la Isla de La Palma a Guillén Peraza» (n. 51) y no parece dudoso que lloró a «su fijo defunto, que Dios haya» (n. 46), con tanto desconsuelo como David a Saúl. No hace falta forzar el paralelismo y concluir que originariamente las endechas se imaginaron puestas en boca de Fernán Peraza[102]. Pero sí podemos inquirir si existió algún estímulo que inclinara a un rimador tan aficionado a la

---

'Ventura', 'Fortuna'; / otros, 'dicha' e 'suerte' e 'hado' ... / Pues si tiene mi esperanza / el doliente de mi mal, / por ser mi mudanza tal, / haré bien su malandanza ...» (A. Rodríguez-Moñino, *Suplemento al «Cancionero general» de Hernando del Castillo*, Valencia, 1959, p. 47a).

101. Vid. P. Le Gentil, *op. cit.*, I, pp. 351-376; J. de D. Mendoza Negrillo, S. J., *Fortuna y providencia en la literatura castellana del siglo XV*, Madrid, 1973, y los preliminares de F. Díaz Jimeno, *Hado y Fortuna en la España del siglo XVI*, Madrid, 1987; para una perspectiva más larga y abundante bibliografía reciente, J. C. Frakes, *The Fate of Fortune in the Middle Ages. The Boethian tradition*, Leiden, 1988.

102. Que en el texto bíblico era concretamente un padre quien endechaba a su hijo fue, sin embargo, dato nunca olvidado. Así, en la anónima *Comedia de El caballero de Olmedo*, de 1606, es don Rodrigo, y no otro personaje, quien lo adapta a la muerte del protagonista: «¡Montes deste campo impío, / causa de mi triste luto, / ruego a Dios que no deis fruto, / ni os dé el cielo su rocío! / ¡Como los de Gelboé, / os veais, malditos, sin flor; / campos seais de dolor, / pena vuestra vista dé! / ¡Las aves que por el cielo / fueren con alas abiertas, / caigan al momento muertas, / si cruzan por vuestro suelo! / ¡Mal conde, por agua gaste / tu aleve sangre este lago / que a Duero camina, en pago / del hijo que me quitaste!» (ed. E. Juliá Martínez, Madrid, 1944, p. 134).

poesía de su tiempo a rechazar los esquemas del planto
habitual en los cancioneros y poner los ojos en el libro
segundo de los Reyes. Que el epicedio de David había de
tener larga supervivencia no sorprenderá a nadie: si no
hubiera bastado la belleza apasionada de la composición,
el simple hecho de ser la elegía más extensa y elaborada
que la Biblia dedica a la muerte de un guerrero habría
bastado para convertirla sin más en uno de los grandes
dechados para similares empeños en la tradición occidental. En el año 799, por ejemplo, al morir alevosamente
Enrique, marqués del Friúl, Paulino de Aquilea maldecía
los parajes donde se consumó la traición («vos super un-
quam imber, ros nec pluvia / descendant, flores nec tellus
purpureos / germinet ...») y se volvía inútilmente contra el
monte y la costa «ubi cecidit vir fortis in proelio / clypeo
fracto, cruentata romphea, / lanceae summo retunso ...
iaculo» [103]. Cuando Angilberto deplora la derrota de Lota-
rio en Fontenoy (841), los recuerdos personales de la batalla se le revuelven con los recuerdos de la Escritura: «gra-
men illud ros et imber nec humectat pluvia, / in quo fortes
ceciderunt, proelio doctissimi ...» [104] Inútil (e imposible ahora) seguir esa senda [105], porque, si se trataba de llorar a un
combatiente, a los autores medievales continuamente se les

---

103. La maldición prosigue: «... humus nec fructus triticeos / Ulmus nec
vitem gemato cum pampino / sustentet, uvas nec in ramis pendeat, / frondeat
ficus sicco semper stipite, / ferat nec rubus mala granis punica, / promat irsutus
nec globus castaneas, / ubi cecidit ...» (D. Norberg, *L'oeuvre poétique de Paulin
d'Aquilée. Edition critique avec introduction et commentaire*, Estocolmo, 1979,
pp. 101-102; pero no sigo la puntuación). El poema de Paulino, primero que
conozco con fuertes reminiscencias del planto de David, se presta ya a un instruc-
tivo cotejo con nuestras endechas.

104. *Apud* F. J. E. Raby, *Oxford Book of Medieval Latin Verse*, Oxford,
1959, núm. 83, p. 111.

105. Se hace cuesta arriba, no obstante, no mentar cuando menos el precioso *planctus* VI de Abelardo, «Dolorum solatium», ahora editado y comentado por Peter Dronke, *Poetic Individuality in the Middle Ages*, Oxford, 1970, y
Londres, 1986² (trad. esp., Madrid, 1981).

venían a las mientes la figura y las palabras de David en duelo, el «planctum lacrimabilem / postquam Saul cecidit, / Ionathas occubuit»: «alway I shall fele thy departyng as Dauid dyd of Natan ...»[106]

No obstante, la falta de otros ecos en la poesía castellana del Cuatrocientos[107] hace pensar que no fue por la vía estrictamente literaria como llegó el endechador a la elegía bíblica. No pretendo robarle ni una brizna de genio al sugerir que, sin embargo, es probable que su elección estuviera condicionada en parte por otra tradición. Dos textos hispanolatinos del siglo XII parecen esbozarla con suficiente pulcritud. El más antiguo está en la *Chronica Adefonsi Imperatoris* (hacia 1148), allí donde refiere que cuando Muño Alfonso, alcaide de Toledo, cayó en la campaña de 1143 contra los almorávides y fue enterrado en la catedral de Santa María, «per multos dies mulier Munionis Adefonsi cum amicis suis et caeterae viduae veniebant super sepulchrum Munionis Adefonsi et plangebant planctum huiuscemodi: 'O Munio Adefonsi, nos dolemus super te:

106. La primera cita es de una adición a *Parce continuis...*, según la edición de Peter Dronke, *Medieval Latin and the Rise of European Love-Lyric*, Oxford, 1965-1966, p. 344; la segunda la tomo de V. Bourgeois Richmond, *Laments for the Dead in Medieval Narrative*, Pittsburgh, Pa., 1966, p. 163 (y cf. 142, 162, etc.).

107. En todo el *Cancionero de Baena*, tan pródigo en materia tomada de la Escritura, no hallo más que una referencia, y dudosa, en un decir de Fernán Pérez de Guzmán «por contemplación de los emperadores e reys e príncipes e grandes señores que la muerte cruel mató e levó deste mundo»: «El grand sabio Salomón / e David, salmista santo, / e Narciso e Absalón, que fueron fermosos tanto, / con dolor e triste planto, / muy grand lloro e grand fortuna, / todos sin duda ninguna / sufrieron este quebranto» (núm. 572, vv. 41-48). El romance «Llanto hace el rey David» data probablemente del primer tercio del siglo XVI y no pasa de una discreta versión del original bíblico (puede leerse en A. Rodríguez-Moñino, ed., *Cancionero de romances (Anvers, 1550)*, Madrid, 1967, pp. 325-326; cf. G. Piacentini, *Ensayo de una bibliografía analítica del romancero antiguo*, Pisa, 1981-1986, I, núm. 98, y II, núm. 147). Sin advertir su carácter de traducción, E. Camacho Guizado, *La elegía funeral en la poesía española*, pp. 114-115, y R. Senabre, art. cit., p. 671, lo mencionan como ejemplo de «las maldiciones al sitio de la muerte», motivo —nota certeramente Senabre— «poco habitual».

sicut mulier unicum amat maritum, ita Toletana civitas te diligebat. Clipeus tuus nunquam declinavit in bello et hasta tua nunquam rediit retrorsum, ensis tuus non est reversus inanis. Nolite annuntiare mortem Munionis Adefonsi in Corduba et in Sibilia, neque annuntietis in domo regis Texufini, ne forte laetentur filiae Moabitarum et exultent filiae Agarenorum et contristentur filiae Toletanorum'»[108].

Es, claro, un extracto de la Vulgata. Conocemos de sobras la costumbre arcaica de plañir a un difunto, cuando «las dueñas ... e parientas todas ... [hacían] grandes duelos por él ..., e ... llamaban ellas e daban voces en sos llantos ...»[109], y la elaboración estilística del fragmento hace creer que «el cronista no quiere reflejar un llanto prosaico de las viudas toledanas, sino una lamentación, un canto fúnebre»[110]. Pero, como todo el relato dedicado a la derrota de Muño Alfonso muestra otras huellas de los capítulos sobre la muerte de Saúl en los dos primeros libros de los Reyes[111], no cabe pensar que el pasaje en cuestión sea un

108. *Chronica Adefonsi Imperatoris*, ed. L. Sánchez Belda, Madrid, 1950, pp. 143-144.

109. Así se lee en la *General estoria*, II:1, pp. 171-172, «De la muert de Narciso». Sobre la tal costumbre, remitiré simplemente al prólogo de J. M. Blecua a *Lírica de tipo tradicional* (vid. n. 6), pp. XLVI-XLVIII, al de M. Alvar a *Endechas judeo-españolas* (n. 20), y al excelente artículo de J. Filgueira Valverde, «El planto en la historia y en la literatura gallega», *Cuadernos de estudios gallegos*, IV (1945), pp. 511-606, y ahora en su libro *Sobre lírica medieval gallega y sus perduraciones*, Valencia, 1977, pp. 9-115; algunos complementos pueden hallarse en J. E. Gillet, *Propalladia and Other Works of B. de Torres Naharro*, ed. O. H. Green, IV (Filadelfia, 1961), pp. 214-218, así como en J. A. Pascual, «El silencioso llorar de los ojos», *El Crotalón. Anuario de filología española*, I (1984), pp. 799-805, y en mi última edición del *Lazarillo de Tormes*, Madrid, 1987, p. 96, n. 114; para una amplia perspectiva antropológica, E. De Martino, *Morte e pianto rituale. Dal lamento funebre antico al pianto di Maria*, Turín, 1975.

110. R. Menéndez Pidal, «Sobre primitiva lírica española» (vid. n. 4), p. 117.

111. Vid. sólo las notas 87-90 del editor, pp. 139-142, y «Las letras latinas del siglo XII en Galicia, León y Castilla», *Ábaco*, núm. 2 (1969), pp. 74-76;

trasunto fiel de las endechas que en la realidad se entonaron por el alcaide. Con todo, el segundo texto aludido nos lleva a conjeturar que el enlace entre los trenos de las toledanas y el planto de David tampoco es puramente gratuito.

En 1803, al cambiarse de lugar el sarcófago de Ramón Berenguer IV en el Monasterio de Ripoll, se descubrió en el sepulcro un interesante *Epitaphium* del conquistador de Tortosa, Lérida, Fraga, y gran benefactor de la abadía rivipulense (m. 1162). El elogio del Conde como soldado y la primera exhortación a las lágrimas se hacen ahí a vueltas de transparentes préstamos a la elegía davídica: «Hic certe rex pacis, princeps iustitiae, dux veritatis et aequitatis, armiger intemerate fidei christianae, contra sarracenos et infideles debelator fortis, cuius sagitta numquam abiit retrorsum, nec declinavit clipeus in bello et eius numquam est aversa hasta. Incliti Christianorum plebis, flete, quoniam cecidit dux vester!» La exhortación se extiende al punto a Cataluña, a Aragón y a la Iglesia (es decir, a Ripoll), ahora viuda: «Clama in cilicio et planctu, pia Mater, induere viduitatis vestes, tanto serenissimo et victoriosissimo filio viduata. Plora igitur, plora, deducant oculi tui lacrimas per diem et noctem, quoniam defecit anchora spei tuae. Heu qualem amissisti filium, conciliatorem et protectorem!» [112]

Las coincidencias entre la *Chronica* y el *Epitaphium* se acusan sobre el fondo compartido de las deudas con la

---

alguna otra derivación del planto de David en el remate en verso de la *Chronica Adefonsi Imperatoris* la señalo en «Del *Cantar del Cid* a la *Eneida*: tradiciones épicas en torno al *Poema de Almería*», *Boletín de la Real Academia Española*, LXV (1985), pp. 197-211 (199).

112. Edición del P. Flórez, en *España Sagrada*, XLIII, pp. 466-467; cf. R. Beer, «Die Handschriften des Klosters Santa María de Ripoll», *Sitzungsberichte der Kais. Akademie der Wissenschaften in Wien, Philosophisch-historische Klasse*, CLVIII:2 (1908), p. 26, y F. Rico, *Signos e indicios en la portada de Ripoll*, Barcelona, 1976, pp. 49-50.

Escritura. Una y otro se alejan de David y concuerdan entre sí en la exaltación del «clypeus» que no «declinavit in bello», giro que en vano se buscará en la Vulgata. Una y otro, anunciando el *escudo* y la *lanza* que se blanden en nuestras coplas, complementan la mención de ese «clypeus» con la evocación del «hasta», ajena a la fuente bíblica [113]. En una y otro, el muerto se representa como marido de una esposa metafórica, trátese de la ciudad de Toledo o de la Iglesia de Ripoll: «sicut mulier unicum amat maritum...», «induere viduitatis vestes...» [114] En la una, al planto histórico de las viudas toledanas se le da equivalente con el planto de David; en el otro, el planto histórico de los monjes de Ripoll se conforma al planto de David y a la par al planto de una viuda.

Es este último, desde luego, el rasgo que más nos importa, porque en él ocurre la convergencia fundamental con la canción de Guillén Peraza: el planto de David va de la mano con los plantos de las *damas*. El contacto no se deja explicar como fortuito, ni tampoco por la influencia de la *Chronica* sobre el *Epitaphium* [115], ni menos sobre las endechas cuatrocentistas. Pero ¿qué interpretación podemos darle entonces? Entre las varias respuestas posibles, una, a mi juicio, cuenta con particular apoyo: suponer que en las exequias de un caballero, en la realidad, y ya no sólo en la literatura, el planto de David se oía tan a menu-

113.   Pero la pareja de escudo y lanza (que ya hemos encontrado en Paulino de Aquilea introducida por un «ubi...») sí comparece a mero título descriptivo en otros numerosos lugares de la Escritura: Jueces, V, 8; I Reyes, XVII, 45; I Paralipómenos, XII, 8, etc.

114.   Sobre la historia de ese motivo, al que con demasiada ligereza se han atribuido orígenes árabes, quisiera discurrir despacio en otra ocasión; por el momento, véanse algunos materiales en mi ensayo «El amor perdido de Guillén Peraza», *Syntaxis*, núm. 22 (invierno de 1990), pp. 27-34, y ahora como excurso al presente estudio.

115.   Que la *Chronica* fuera conocida en Ripoll es sumamente posible, pero parecería demasiada casualidad que los redactores del *Epitaphium* fueran a inspirarse precisamente en las pocas líneas que aquí nos atañen.

do como los plantos de las mujeres, era tan habitual como ellos, y que la *Chronica*, el *Epitaphium* y las endechas no hacen sino reflejar el hecho de esa asociación usual.

¿Hace falta recordar que las ocasiones luctuosas eran en la Edad Media uno de los principales puntos de encuentro de las costumbres populares, como los plantos femeninos, y las costumbres eclesiásticas, entre las que por fuerza debía entrar el recurso al planto de David? La misma tenacidad con que la Iglesia combatió durante siglos la práctica del «funebre carmen quod vulgo defunctis cantari solet» y quiso substituirlo «cum psalmis tantummodo», exclusivamente con himnos y cánticos religiosos [116], podría explicar que planto de David y plantos de mujeres se vieran como anverso y reverso de una sola moneda. Cuando censura los «grandes duelos» y otros abusos de los funerales, la *Primera partida* aduce con toda naturalidad unas palabras de David [117]. En circunstancias análogas, es lógico conjeturar que los clérigos presentes en los ritos mortuorios de un guerrero, buscando reemplazar el escándalo de las plañideras por manifestaciones de pesar más aceptables, una y otra vez sacaran a relucir la elegía del profeta. Pero notemos que la *Chronica* y el *Epitaphium* coinciden literalmente en un par de novedades extrañas a la Vulgata (en especial, el «declinavit in bello» negado del escudo). La tradición común a que se remontan no era, pues, un proceder

116. Vid. J. Filgueira Valverde, «El planto...», pp. 10-14, y E. De Martino, *Morte e pianto rituale*, pp. 328-344.

117. *Primera Partida*, tít. V, ley xcviii, «Cómo defendió Dios en la Vieja Ley e depués defendió otrosí en la Nueva Ley que non fiziesen duelo por los muertos», y al tratar «de los que cubren las fuesas con manteles e ponen ý pan e vino e otras viandas para dar a comer a los pobres»: «Et por ende dijo el rey David [Psalmos, CV, 28], mal[avés] que comiera de tal sacrificio como este, parejándose [?] de la ley de Dios e tornándose a comer del ídolo del Behelfegor, et cuando vio lo que había fecho, dijo que había fecho eneitados [*initiati sunt Beelphegor*] dejando a Dios e creyendo en los ídolos, comiendo el sacrificio de los muertos» (ed. F. Ramos Bossini, Granada, 1984, p. 98).

frecuente pero inarticulado, sino que había de estar fijado en una versión estable. Según ello, creo necesario postular la existencia de un texto litúrgico o paralitúrgico que a menudo formaría parte de ciertas honras fúnebres (¿en especial si dedicadas a un caballero?) y en el que se aprovecharía con largueza el planto de David por Saúl y Jonatán (del que nos consta que más de una vez figuró en el oficio que curas y monjes rezaban a diario[118]). A ese texto parece probable que deban referirse tanto los elementos que enlazan la *Chronica Adefonsi Imperatoris* con el *Epitaphium* de Ramón Berenguer IV como el chispazo que alumbró la creación de las endechas a Guillén Peraza.

Texto y contextos

Si alguna conclusión cupiera sacar de las páginas anteriores, no sería, desde luego, ninguna novedad: que la obra literaria varía al par que las circunstancias, las perspectivas o las tradiciones en las cuales la situamos y desde las cuales la contemplamos; que, en breve, el texto varía con los contextos.

Tomemos como ejemplo el *ciprés*. Comprobábamos que los versos que lo nombran parten de una sugerencia de la *Coronación del Marqués de Santillana*, donde Juan de Mena, sin embargo, no intentaba que nos representáramos

118. Así, en el *Antifonario visigótico mozárabe de la Catedral de León*, ed. L. Brou y J. Vives, Barcelona-Madrid, 1959, resuena en varios casos el versículo 23 (cf. el índice bíblico, p. 525), y el Breviario de Ripoll es pródigo en antífonas de todo el planto (Dom J. Lemarié, *Le Bréviaire de Ripoll. Paris, B. N. lat. 742. Étude sur sa composition et ses textes inédits*, Montserrat, 1965, pp. 96, 101, 103). No me he atrevido ni a asomarme a la selva de libros de culto y canto (misales, consuetudinarios, etc.), en su gran mayoría aún inéditos, que podrían documentar en los ritos de difuntos la tradición que la literatura nos insinúa: creo que el asunto exige y merece la atención de un especialista en la materia.

el árbol visualmente, como presencia sensible, como imagen concreta, sino que lo alegaba sin atender a otra cosa que a las implicaciones emblemáticas que en él le habían descubierto las lecturas. Para los imitadores ortodoxos del cordobés la segunda estrofa de las endechas probablemente sonaría a pobre, a resumen de la vasta y recóndita erudición del maestro. El anónimo sin duda tenía presentes las implicaciones en cuestión, pero, como no podía pretender que la simple mención de la conífera fuera suficiente para expresarlas (según sí sucedía, en cambio, con la *palma* y con la *retama*), tradujo el símbolo cultural a realidad simbólica, al estilo de la lírica tradicional: con «pathetic fallacy» nada falaz, el calificativo *triste* convierte al *ciprés* en un correlato de la emoción personal en el mundo objetivo de la naturaleza. Quienes hacia 1450 oían la canción, así, no necesitaban los conocimientos de un Mena: el adjetivo *triste* y la jerarquización de la serie en que se mienta el *ciprés*, de mal en peor ('no eres signo de victoria, sino la amargura de la derrota y de la muerte, y eres incluso...'), bastaban para hacerles captar lo fundamental del mensaje. Un siglo largo después, cuando el P. Abreu recogía los trísticos de boca del pueblo y cuando hasta los analfabetos tenían noticia del significado de los «funestos y altos cipreses» (con ellos comenzaba el divulgado «romance de la tumba escura» [119]), los avatares de la literatura y de la pedagogía habían restituido al árbol del quinto verso una buena medida del valor que tenía en la *Coronación* —y

119. Como llama Cervantes, en el *Viaje del Parnaso*, II, 200, al de Pedro Medina Medinilla impreso ya en la *Cuarta y quinta parte de Flor de romances*, Burgos, 1592, fols. 25-26 (ed. A. Rodríguez-Moñino, *Las fuentes del Romancero general (Madrid, 1600)*, IV, Madrid, 1957): «Funestos y altos cipreses, / frondosas y verdes hayas / cercan un campo cubierto / de abrojos y hierba larga. / En medio estaba un sepulcro, / al pie de una palma ingrata, / que, como da el fruto tarde, / con la muerte se compara ...» Vid. también el *Viaje del Parnaso* anotado por F. Rodríguez Marín, Madrid, 1935, pp. 191-192, donde se señala que «este romance... había logrado gran popularidad».

que sólo indirectamente alcanzaban los primeros oyentes de las endechas—, pero no por ello anulaban la eficacia de la *triste rama* en tanto realidad doblada de metáfora. Nosotros, hoy, podemos asumir, con mayor o menor comodidad, todas esas interpretaciones, pero difícilmente nos es dado leer las coplas sin desprendernos además de las que nos brinda nuestra experiencia de la vida y de la poesía: desde el hecho de que para nosotros el ciprés es parte regular del paisaje de cementerio hasta la vaga impresión de familiaridad que nos produce *No eres palma, eres retama, eres ciprés de triste rama* ..., porque inevitablemente le encontramos un regusto a Lorca o Rafael Alberti, a Blas de Otero o Claudio Rodríguez... [120]

Pero ¿dónde está el auténtico sentido de nuestro *ciprés*? ¿En Mena y los suyos? ¿En la mente del anónimo? ¿En la del grueso de sus contemporáneos? ¿En un compromiso entre la intención del uno y la comprensión de los otros? ¿En la explicación que podían proponer los amigos del endechador o en la que ofrecerían los del P. Abreu? ¿En el eclecticismo con que nosotros acogemos todas esas interpretaciones y las aderezamos con otras impuestas por nuestros prejuicios y actitudes? La sombra del ciprés es alargada, en verdad. Pero no se nos olvide la acotación de D'Ors: «según a qué hora». En otras palabras: todo depende del momento y del lugar en que la midamos. Porque, como sea, no podemos predicar el sentido del *ciprés* como si pendiera en el vacío, fuera del tiempo: a conciencia de que ha dado renuevos en no menos de tres siglos, hemos de decidir en qué punto de las coordenadas lo ponemos.

Ocurre con el *ciprés* y ocurre, obviamente, con el poe-

---

120.   Permítaseme recoger lo que indiqué en *Edad Media y literatura contemporánea* (vid. n. 7), pp. 15-16, al tiempo que reitero, siempre deprisa, un par de puntos rozados en otras ocasiones, de *La novela picaresca española*, I (Barcelona, 1966), pp. CLXXVI-CLXXVII, a *Lázaro de Tormes y el lugar de la novela. Discurso...*, Madrid, 1987, p. 10.

ma todo, con todo poema. Somos dueños de leer las endechas como si fueran de nuestros días o proyectarlas a ciegas sobre un pasado incierto, de devolverlas a los aledaños del 1447 o malatribuirlas al primer tercio del Quinientos. Pero, a conciencia o no, necesitamos asignarles una fecha. (Como nos es imposible apreciar el talento o la belleza de una persona sin calcularle una edad.) La fecha es sólo uno, el más urgente, de los contextos imprescindibles para descifrar el texto. Para descifrarlo y hasta para percibirlo. La correspondencia fonológica de los *placeres* y los *pesares* y su elegantísima vinculación anagramática con *Peraza*, verbigracia, se nos esfuman si no hacemos nuestra la pronunciación medieval y advertimos que la *s*, la *ç* y la *z* eran, las tres, sibilantes (como siguieron siéndolo en las Canarias, donde el cantar perduró durante decenios). El contexto es clave de la misma textura.

Los supuestos requeridos para la interpretación no se quedan en el contexto inmediato y, por decirlo de algún modo, estático. Hay que buscarlos también en el desarrollo de las formas, en la evolución de los géneros, en el hacerse de los motivos, temas, talantes, ideas. En el correr de los tiempos, en suma. La prehistoria y la supervivencia del texto no son ajenas a 'la obra en sí'. Si no supiéramos que el anónimo lo había hallado en Mena, nos preguntaríamos si el *ciprés* era el «cupressus funebris» de los antiguos; sabiéndolo, nos preguntamos si las endechas nos lo presentan como tal y quiénes y cuándo lo entendieron así. Al averiguar que las endechas recrean la pauta del planto de David, conjeturamos que en un principio bien pudieron concebirse y entonarse como dichas por Ferrán Peraza; por el contrario, la posibilidad de que la fuente inmediata sea una pieza litúrgica o paralitúrgica les presta una coloración menos personal y más ritual y comunitaria. La superficie del texto no se muda un ápice, pero los contextos le cambian el acento y el alcance.

Son obviedades, desde luego, y ni siquiera válidas únicamente para la obra literaria, sino para todo enunciado. Los otros textos, sin embargo, difícilmente establecen con tantos contextos un diálogo tan amplio, tan largo y tan fecundo. En él, cada acierto, en cada momento, lleva más allá las fronteras de la literariedad y de la excelencia literaria; y los horizontes así ganados, además de aumentarle a la obra nueva las expectativas y las exigencias, permiten leer la antigua con perspectivas inéditas. En los cancioneros cuatrocentistas se buscarán en vano otros trísticos como los nuestros: no tenían sitio en el parnaso de la época. Pero las endechas por Guillén Peraza, sobre estremecedoramente hermosas, eran un original derroche de maestría en el arte de volverse a la poesía entonces de rango supremo y asimilársela con modos de lírica tradicional. La lección, junto con otras coincidentes, no quedó perdida: en el siglo XVI, los más doctos jardines se perfuman con flores tradicionales, y en las «endechas de Canarias» se estiman a la par «la sonada graciosa y suave» y «una gracia y un peso de gran admiración» (n. 31). Luego, ayer mismo, cuando el planto por el buen sevillano andaba olvidado y una generación de creadores y sabios se encaprichó de esos vergeles renacentistas, el retorno a la poesía que nuestras coplas habían presagiado permitió hacerles justicia también a ellas. En la *longue durée*, texto y contextos se van determinando mutuamente. Si un clásico se reconoce por semejante flujo y reflujo en el tiempo, no por menudo las endechas a la muerte de Guillén Peraza dejan de ser un clásico de cuerpo entero.

Excurso:

EL AMOR PERDIDO DE GUILLÉN PERAZA

Para Andrés Sánchez Robayna

1

Las endechas a la muerte de Guillén Peraza obedecen al conjuro de dos palabras. Dos palabras, en todas las dimensiones de la palabra, en la integridad de la palabra poética: el apellido del héroe y el nombre de la isla donde cayó, en los alrededores del 1447, antes de cumplir los veinticinco años.

Porque Guillén pertenecía a la próspera familia de los sevillanos 'P*eraza*', las coplas, por ejemplo, se dejan fascinar por la fluida magia de una vibrante simple flanqueada de vocales. El camino se abre con 'Ll*ora*d', espejea en la 'c*ara*', avanza los cuatro pasos de '*eres*' y nos lleva hasta las 'fl*ores*' de 'los *are*nales', para nombrar al muerto, con la insistencia de quien no otra cosa puede articular, en la misma tumba. Desde un recodo, contemplamos la luz y la sombra de Guillén, en un claroscuro que lo dice todo con ardides de cancionero y sibilantes (*ç, z, s*) de Andalucía y de Canarias: 'plac*eres*', 'pes*ares*', a punto de ser anagramas de 'P*eraza*'.

'La Palma' crece sobre el topónimo y se hace metáfora: es árbol y es raíz de tantas imágenes como plantas mientan las coplas. Guillén Peraza no llegó a «ganar la palma». Para él, la isla fue un trago «amargo al gusto más

que la retama», cuando el emblema de la victoria se meta-
morfoseó en 'ciprés' funeral. En el tronco áspero, Guillén
Peraza prendió una flor fugaz, al punto ajada: el rostro
por donde súbitamente dejó de correr la sangre, «la flor
marchita de la su cara». Pero, en justa contrapartida, así
habrán de secarse y consumirse las 'flores' de La Palma,
enterradas bajo 'los arenales' que augura la maldición.

De poder a poder, el caballero y el lugar intercambian
atributos. Guillén recibe de La Palma un rasgo vegetal y se
convierte en 'flor'; La Palma le toma un rasgo humano, y
como persona es increpada por la voz plañidera. Cuesta,
por otro lado, traer a la imaginación la estampa de la
palmera, milenario arquetipo de la esbeltez siempre joven,
y no fundirla con un escorzo del mozo guerrero, no entender por un momento que «No eres palma...» se le dice
también a él. Como sea, un destino triste, consumado o
por venir, une a Guillén y a la isla en una común condena,
y la asonancia en *áa* hace sentir ese mal hado desde el
llanto de 'l*a*s d*a*m*a*s' hasta la linde en que 'todo lo *a*c*a*b*a*
l*a* m*a*l*a*nd*a*nz*a*'. Pero el flujo y reflujo de sonidos y figuraciones que se atraen, se trenzan, se confunden, ¿no evo-
cará, por el discreto encanto de las formas simbólicas, la
historia de un amor perdido?

2

El *conquistador*, en castellano, o somete tierras o rinde
mujeres. En las literaturas de España, el conquistador enamorado de la tierra que pretende conseguir, como si de
una mujer se tratara, es por excelencia el rey don Juan que
en el romance de Abenámar ve relucir a lo lejos las torres
de la Alhambra. Bien oiréis lo que decía:

—Granada, si tú quisieses,   contigo me casaría.
Darte he yo en arras y dote   a Córdoba y a Sevilla
y a Jerez de la Frontera,   que cabo sí la tenía.
Granada, si más quisieses,   mucho más yo te daría.

Allí hablara Granada,   al buen rey le respondía:
—Casada só, el rey don Juan,   casada soy, que no viuda;
el moro que a mí me tiene   bien defenderme querría...

Desde Menéndez Pelayo, fundado en Schack, y don
Ramón, respaldado por Kohler, es opinión unánime que
ese galanteo «tiene evidente inspiración morisca. Los poetas árabes llaman frecuentemente 'esposo' de una región al
señor de ella, y de aquí el romance tomó su imagen de la
ciudad vista como una novia a cuya mano aspira el sitia-
dor. Esta imagen no se halla en ninguna literatura medieval sino en la castellana. Sólo después, cuando los soldados
españoles llevan consigo el romancero a Alemania y Países
Bajos, vemos surgir la concepción de la ciudad sitiada como
una novia», en la tardía época del Barroco.

Sorprende una pizca que tal hipótesis, en años recientes, no haya buscado un cierto apoyo en la espléndida
jarcha que Yehudá Haleví, cuando vencía el siglo XI, puso
en boca de los judíos de Guadalajara en la ocasión de una
visita de Yosef ben Ferrusiel, el poderoso ministro de Alfonso VI:

> Des kand mew Sidiéllo béned
> —¡tan bona l-bisara!—
> komo rayo de sol yesed
> en Wad al-hayara.

En el origen, la jarcha hubo de ser una cantiguilla de
amigo: un amigo a quien la chica da el tratamiento cariño-
so de *mio Cidiello*, 'mi señor', en diminutivo, y a cuya
presencia siente que en la ciudad empieza a hacerse de día,
que llega esa alba gentil que junta —y no separa— a los
amantes de la Península. Pero la eterna vivencia de un
mundo sin luz mientras falta el amado se ha transferido en
la jarcha a la Guadalajara judía: Yosef ben Ferrusiel es a
un tiempo el liberador de la aljama y el *Cidiello* del lenguaje amoroso; Guadalajara, la villa y una novia.

Es probable que al ingeniar semejantes bodas Yehudá
Haleví recoja ecos de la lírica andalusí. Sin embargo, apar-

te el caso excepcional de los autores de las moaxajas, la
poesía árabe erudita no ha dejado huellas rastreables en la
literatura europea de la Edad Media, y no hace falta conjeturar que de una tradición tan cerrada y remota se derive
en general la inspiración para representar como amada a la
ciudad, la región o el país. Olvidemos las mañas de la
poligénesis, olvidemos la ubicuidad de las personificaciones
clásicas, olvidemos incluso que en la esposa del Cantar de
los Cantares se vio a menudo a la capital o la nación de
Israel, y echemos un vistazo a la Biblia únicamente por el
principio de los Trenos. Cuando rompe en lamentos por la
caída de Jerusalem, a Jeremías se le ofrece primero como
una viuda desolada y en seguida como la bella que se ha
quedado sin los cortejadores de antaño. En la versión de
Alfonso el Sabio:

¡Cómo sie sola cibdad llena de pueblo!
Fecha es como *vibda* la señora de las yentes,
la que era príncep de las provincias tornada es pechera.
    Llorando lloro en la noche, et las lágrimas della en las
                                                [sus mexiellas.
No es qui la conorte de todos los sos *amadores*;
todos los sos *amigos* la despreciaron...

Luego, para consolarla, el profeta la piropea y la mima
como a una muchacha desdeñada:

¿A quién te eguaré o a quién te daré por semejante,
                                        [*fija* Ierusalem?
¿A quién te daré por egual, e consolarte he, *virgen* fija de
                                                    [Sión?
Ca así es gran el to crebanto como el de la mar tur-
                                                    [viada...

Es innecesario, ahora, seguir la estela bíblica de esa
«imagen tradicional» de «la capital como joven hermosa y
como matrona fecunda» (cito a un estudioso ilustre y a un
amigo admirado, el padre Schökel). Nos bastaría haberla
encontrado en el popularísimo planto de Jeremías para

estar ciertos de que había de tener descendencia en la Edad Media occidental. En la Península, no se precisa ir más allá de uno de los textos cardinales de nuestra mitología y de nuestra historia, la pulida *laus* que San Isidoro cierra fantaseando a una *Virgin Spain* prometida de Roma y a quien después los godos violan con el desespero del amor: «Iure itaque te iam pridem aurea Roma, caput gentium, *concupivit*, et licet sibimet eadem Romulea virtus primum victrix *desponderit*, denuo tamen Gothorum florentissima gens post multiplices in orbe victorias certatim *rapuit et amavit*, fruiturque hactenus inter regias infulas et opes largas imperii felicitate secura». Con padrinos como Isidoro y la Sagrada Escritura, era inevitable que la damita en cuestión rodara por toda Europa, a un lado y a otro de los Pirineos, antes y después de la invasión musulmana.

Los ejemplos españoles más redondos se hallan en el Trescientos y en el Cuatrocientos. Al romance de Abenámar sumaré sólo tres testimonios que tienen la virtud de ilustrar la flexibilidad de la imagen para enlazarse con otros modos y motivos literarios. En el *Poema de Alfonso XI*, así, cuando tiene puesto cerco a Algeciras, el Rey protesta de que los mensajeros la califiquen de «sierpe encantada» y «bívora peligrosa»:

> Non es sierpe peligrosa
> la muy noble Algezira,
> mas donzella, muy fermosa,
> cual mi coraçón sospira;
>   e si está encantada,
> yo só buen escolar:
> con arte buena provada
> la cuido desencantar;
>   e si la ovier conquerida
> en mi terná buen señor,
> ella será enaltecida
> como nunca fue mejor.

Los mensajeros, pues, han pintado a Algeciras en el estilo hermético de las profecías de Merlín que tan decorativo papel desempeñan en el *Poema*, y don Alfonso les responde trasladando las quimeras al ámbito más movido de las aventuras caballerescas: él sabrá «desencantar» a esa supuesta «sierpe» y devolverle su apariencia auténtica de «donzella muy fermosa».

Es lo que hace, digamos, Espèrcius en el *Tirant lo Blanc*, cuando besa al monstruo y «lo drac de continent se tornà una bellíssima donzella». El desencantamiento ocurre ya en las postrimerías del relato, en la última gran empresa del protagonista, cuya muerte pronto llora el Emperador ascendiendo un grado a nuestra metáfora, al caracterizar a Tirant como el 'marido' difunto y a Grecia como su 'viuda', pero sin llamarla así directamente, sino mostrándola bajo el disfraz de la consabida 'tórtola' lacrimosa de la exégesis bíblica, los bestiarios o *Fontefrida*: «Moguen los vents aquesta ferma terra, i les muntanyes altes caiguen al baix, i els rius corrents s'aturen, i les clares fonts mesclantse ab l'arena, tals les beurà la terra de gent grega, com a trista tortra desemparada de l'espòs Tirant...»

La muerte de Enrique III en la Nochebuena de 1406 enfrentó a Alfonso Álvarez de Villasandino con una visión de «grande pavor»: una procesión de «tres dueñas tristes», provistas de coronas de esparto, espadas mohosas y demás quincallería, que resultaron ser la reina doña Catalina, la Justicia y la Iglesia de Toledo. Pero fray Diego de Valencia prefería luego identificarlas con Castilla, el Buen Esfuerzo y la Santa Fe.

> Por ende declaro la dueña primera,
> que trahe corona de esparto muy vil,
> ser dicha Castilla, la reyna gentil,
> que ha poco tiempo que casada era
> con alto e noble, de santa manera,
> el rey don Enrique, desý ['al modo de'] su abuelo ['Enri-
> [que II'].
> Por eso se vista de paños de duelo,
> fasta veynte años de la dicha era.
> E por otros reyes que fueron en ella,
> que son olvidados desta memoria,

por quien fue honrada, segúnt la estoria,
esta biuda e triste que llaman Castilla,
biva llorosa con muy grant manzilla...

Obviamente, Villasandino aspiraba a poner al día su viejo
guitarrillo con la pomposa música alegórica que los tiempos pedían, pero mezclaba con desmaña personas y personificaciones. Fray Diego, siempre pedante, al corregirle la
plana daba entrada a nuestra heroína en el alegorismo más
estricto en que se complacería en mantenerla la literatura
del siglo xv.

3

No precisamos ahora más datos para proponer que las
endechas al doncel de Sevilla se dejan situar en el horizonte recién vislumbrado. Cabría recorrer despacio la órbita
hispana del tema, desde las elegías y los panegíricos medievales (en más de un caso, con otras serias coincidencias
con nuestro poema) hasta el moderno folclore mexicano,
pero podemos tranquilamente quedarnos en esa época, que
es la de Guillén Peraza, y aun en esos últimos textos, que,
según no pocos otros, traen al ámbito de un planto el
perfil de la tierra conquistada como si fuera la dama del
conquistador. Claro está que la imagen no llega a formu-
larse en las endechas, ni en rigor podía ser formulada.
Pero me atrevo a apuntar que sí se deja sentir, precisamente, como ausencia, como imagen que el poeta contempló y
descartó. La muerte de Guillén en la isla de La Palma le
pasó por las mientes como el desenlace de una trágica
historia de amor.
Estamos entre junio de 1445 y abril de 1448. Para
entonces, los Peraza llevaban decenios con la mirada puesta en Canarias, de donde esperaban obtener no sólo esclavos y otras mercaderías, sino sobre todo el señorío territo-
rial que les faltaba para encumbrarse en la nobleza. A
impulsos de ese sueño, que la pérdida de Guillén forzó a

postergar, navegaban los «navíos de armada» que fletaron contra La Palma. No sorprendería que la añeja ambición familiar, o particularmente el entusiasmo del joven heredero, anheloso —escribía fray Juan de Abreu— de «corresponder en sus hechos a sus mayores», se hubiera expresado alguna vez a través de la metáfora amorosa que conocemos. Ni siquiera había que ir a buscarla en los cancioneros, tan familiares al autor de las endechas: el romance de Abenámar, donde se idealizaba la campaña de don Juan II en 1431, seguida desde Sevilla con la comprensible expectación, la había puesto en todas las bocas.

Pero si no ocurrió así, poco importa. El amor frustrado de Guillén Peraza por La Palma está sugerido, más que sutil, subliminalmente (Jakobson me ampare), por el hechizo de las formas. Notaba al principio que 'la palma' atrae al protagonista, para convertirlo en 'flor', y hasta lo hace suyo, superponiéndole su propia silueta en nuestra imaginación, mientras la isla recibe de Guillén un rasgo humano y la voz plañidera les habla por igual a uno y a otra. Notaba también que la asonancia compartida los enlaza entre sí y extiende esa fatalidad por todo el paisaje de las endechas, del primero al último hemistiquio. Ahora me arriesgo a registrar, asimismo del primero al último, que al cobijo de esa asonancia el verbo *amar* se conjuga tercamente (no hay secuencia más tenaz: 'las d*ama*s', 'ret*ama*', 'r*ama*', 'desdicha m*ala*', 'l*a ma*landanza'), al par que se insinúa en el mismo nombre de la amada zahareña ('La P*alma*'). Más allá de la muerte, un último soplo de vida repite constante: *ama, ama*...

Gracias a esas sugerencias de la forma, la imagen en juego se adivina por detrás de la literalidad de las coplas, como primer acto del contenido evidente. La definición negativa del segundo trístico suena a piropo vuelto del revés. Vaga, distante, dolorosamente, «No eres palma...» presupone una declaración de amor, como la de don Juan a Granada y la de don Alfonso a Algeciras: *Si tu quisieses, La Palma, contigo me casaría*... Es, desde luego, una declaración rechazada: *Casada só, el caballero, casada soy, que no viuda...* En situación análoga, don Juan mandaba sacar la artillería: «Échenme aquí mis lombardas...» También Guillén intenta conquistar por la fuerza a la casada fiel, pero la vida se le va en el intento, y al poeta el piropo se le trueca en maldición: «No eres palma, eres retama...» El caballero mozo, decía, no llegó a «ganar la palma». La aventura de La Palma no fue una conquista, sino un amor malogrado, imposible: el amor perdido de Guillén Peraza.

y 4

No pretendo vender por certeza una corazonada. Sin embargo, un estudio largo, minucioso y ceñidamente literal me ha ido revelando en las endechas tantas dimensiones, tanta riqueza de tintas, que no me decido a desechar ninguna posibilidad que les despliegue otras inesperadas sin anular las más obvias. Por ese lado, estoy tranquilo: la lectura que aquí propongo nada les roba, en el peor de los casos, y en el mejor les restituye un trasfondo de perspectivas más anchas, toda una segunda intriga con lejos y matices.

Es el trasfondo de la tradición. La literatura finge tolerar géneros y textos adánicos, en apariencia accesibles al primero que quiera abordarlos, haya o no frecuentado otros afines. No así la poesía. La poesía es el espacio que deslinda la tradición y donde, sólo con entrar, las palabras cobran un alcance que no tendrían repetidas en distinto contorno, porque suenan al tiempo que otras. Otras y las mismas, nuevas y antiguas. Pero la anatomía de las coplas a Guillén Peraza ha mostrado que el poeta opera con una materia tradicional tan densa, del Antiguo Testamento a Juan de Mena, que no es lícito desoír ninguna nota que ponga la suya a compás con otras voces.

Desde que el Pseudo Longino subrayó que «el silencio de Áyax en la *Nekyia* es grandioso y más sublime que cualquier palabra», se ha escrito a menudo sobre la elocuencia del punto en boca. Los últimos años han descubierto el Mediterráneo de la tradición y le han llamado intertextualidad, paratextualidad, metatextualidad... Si mi propuesta vale, quizá valdrá también la pena darle más vueltas al singular diálogo de la tradición y el silencio, o, a grandes rasgos, a las relaciones literarias *in absentia*: el metro que se rechaza, el modelo no seguido (pero tampoco parodiado ni contradicho), la historia que el relato no cuenta, la cita que se echa en falta... No pertenece a la misma categoría el ensayo que no debió ser escrito.

5

UNAS COPLAS DE JORGE MANRIQUE
Y LAS FIESTAS DE VALLADOLID EN 1428

A Keith Whinnom,
in memoriam

Tres órdenes de vida se deslindan y evalúan resueltamente en las *Coplas de don Jorge Manrique a la muerte de su padre*: la vida terrena («temporal, / perecedera»); la menos frágil vida de la honra («otra vida más larga / de fama»); la vida perdurable, en fin, el más allá («estotra vida tercera»)[1].

1. Fue R. Burkhart, «Leben, Tod und Jenseits bei Jorge Manrique und François Villon», *Kölner Romanistische Arbeiten*, I (1931), pp. 201-231, quien primero atendió a cómo la concepción de las tres vidas influye en el curso de la elegía, y Pedro Salinas, *Jorge Manrique, o Tradición y originalidad*, Buenos Aires, 1952[2], pp. 210-214, quien dio resonancia a esa interpretación; con todo, ya en 1930, don Américo Castro, «Muerte y belleza. Un recuerdo a Jorge Manrique» (luego en *Hacia Cervantes*, Madrid, 1960[2], pp. 83-89), había advertido el desarrollo de las *Coplas* «en tres planos de vida». M. R. Lida de Malkiel, *La idea de la Fama en la Edad Media castellana*, México, 1952, pp. 88 y 291, notó un esquema parejo en el *Somnium Scipionis*, y J. E. Gillet, *Torres Naharro and the Drama of the Renaissance*, Filadelfia, 1961, p. 208, insistió muy sagazmente en la dependencia de las *Coplas* respecto de los *Triumphi* de Petrarca (IV, en que la Fama vence a la Muerte; V, el Tiempo a la Fama; VI, la Eternidad al Tiempo). S. Gilman, «Tres retratos de la muerte en las *Coplas* de Jorge Manrique», *Nueva revista de filología hispánica*, XIII (1959), pp. 305-324, recuerda que el *Dit des trois morts et des trois vifs* «creó la tradición de representar la muerte en forma tripartita» y ofrece un rico comentario estilístico de muchos aspectos del poema. [En la exhaustiva edición crítica (Barcelona, 1990) cuyo

No le caben dudas al poeta, cristiano impecable, sobre la
justa prelación:

> Aunque esta vida de honor
> tampoco no es eternal
> ni verdadera,
> mas con todo es muy mejor
> que la otra temporal,
> perecedera;

pero no es un asceta ceñudo —uno de los *contemptores
mundi* tan bien estudiados por R. Bultot—, atento sólo a
pintar sombríamente las miserias «de esta vida trabaja-
da / que tenemos»: le importan más «los plazeres y dulço-
res», «los deleytes de acá», para evocarlos en toda su fugacidad, cierto, pero también en todo su encanto. Así, la
meditación liminar (1-13) en torno a la universal caducidad
de las cosas se resuelve en un bellísimo y muy concreto
retablo (14-24) de los esplendores «de ayer». Desdeña don
Jorge el sobado repertorio que le brindan las «escripturas / ya passadas»[2], y se detiene, para rememorarlas al hilo

texto sigo ahora en todas mis citas, V. Beltrán subraya que el esquema ternario
arrima las *Coplas* a los usos de la predicación. Quizá tampoco sobre recordar que
A. Nebrija y otros humanistas entendieron que en la *Eneida* se trataba de tres
géneros de vida: «privata», «civilis» y heroica, «heroum vita» (*Aeneis*..., ed. Granada, 1545, fol. 2 vo.). Véanse, en fin, los apuntes de Jaime Gil de Biedma (para
una charla «en memoria de J. Manrique», el 19 de diciembre de 1979) reproduci-
dos en *Revista de Occidente*, núms. 110-111 (julio-agosto de 1990, p. 223.]

2.   Piénsese, por no ir más lejos, en el insoportable catálogo de nombres en
el petrarquesco *De otio religioso*, ed. G. Rotondi, Ciudad del Vaticano, 1958,
pp. 60-63, y de fácil consulta en Francesco Petrarca, *Prose*, al cuidado de G. Martellotti *et al.*, Milán-Nápoles, 1955, pp. 596-598. Manrique, no obstante, en
otros momentos del poema, sí recurre a las «estorias»: E. R. Curtius, «Jorge
Manrique und der Kaisergedanke», *Zeitschrift für Romanische Philologie*, LII
(1932), pp. 129-151 (recogido en sus *Gesammelte Aufsätze zur romanischen Philologie*, Berna-Munich, 1960, pp. 353-372, especialmente pp. 356-359), mostró la
deuda de las estrofas 27 y 28 (parangón de don Rodrigo y los emperadores
romanos) con la *Primera crónica general*; la llorada doña María Rosa Lida,
«Para la primera de las *Coplas*...», *Romance Philology*, XVI (1962-1963), p. 171,

de emocionados *ubi sunt?*[3], en las grandes figuras de sus días: Juan II y los infantes de Aragón (16-17), Enrique IV (18-19) y «el ynocente» don Alfonso (20), don Álvaro de Luna (21), don Juan Pacheco y don Pedro Girón (22)[4].

«¿*Qué se hizo el rey don Juan*...?»

A tal desfile de príncipes y magnates pertenecen los versos más celebrados del poema. Conviene aducirlos ahora:

> ¿Qué se hizo el rey don Juan?
> Los infantes de Aragón
> ¿qué se hizieron?
> ¿Qué fue de tanto galán,
> qué fue de tanta invención
> como traxeron?
> Las justas y los torneos,
> paramentos, bordaduras

---

n. 1, apunta nuevas coincidencias. [Sobre la poética del *sermo humilis* en las *Coplas* y la toma de posición de Manrique en el panorama literario del s. XV, con el rechazo de las «escripturas / ya passadas», he hecho algunas consideraciones en mi *Breve biblioteca de autores españoles*, Barcelona, 1990, pp. 286-293.]

3. Véanse recientemente M. Liborio, «Contributi alla storia dell' *Ubi sunt*», *Cultura neolatina*, XX (1960), pp. 114-209, y J. F. Gatti, «El *ubi sunt* en la prosa medieval española», *Filología*, VIII (1962), pp. 105-121; [otras referencias, arriba, pp. 145, n. 96.]

4. Pues estos son «los otros dos hermanos, / maestres tan prosperados», según ya vieron en el siglo XV Luis de Aranda y Garcí Ruiz de Castro, autores de los más valiosos comentarios en prosa (vid. la preciosa serie de *Glosas a las Coplas de don Jorge Manrique*, preparada por Antonio Pérez Gómez, Cieza, 1961-1963, IV, fol. IX; V, p. 54), y recordaron E. Buceta, en *Bulletin Hispanique*, XXIX (1927), pp. 408-412, A. Castro, en *Revista de filología española*, XVII (1930), p. 48, y H. Petriconi, en *Investigación y progreso*, VII (1933), pp. 356-358; otros estudiosos, erradamente, han identificado al maestre de Calatrava con don Beltrán de la Cueva (¡muerto en 1492!): vid. N. E. Sánchez Arce, *Las glosas a las «Coplas» de Jorge Manrique*, Madrid, 1956, pp. 29-30, [así como las notas *ad loc.* en la citada edición crítica de V. Beltrán y en la también muy estimable de A. Serrano de Haro: *Obras*, Madrid, 1986, pp. 272-273.]

y cimeras,
¿fueron sino devaneos,
qué fueron sino verduras
de las eras?
    ¿Qué se hizieron las damas,
sus tocados, sus vestidos,
sus olores?
¿Qué se hizieron las llamas
de los fuegos encendidos
de amadores?
¿Qué se hizo aquel trobar,
las músycas acordadas
que tañían?
¿Qué se hizo aquel dançar?
¿Y aquellas ropas chapadas
que trayan?

Basta reflexionar un momento sobre tan perfectas sex-
tillas, restauradas en su contexto, para apreciarles algunas
peculiaridades: en tanto los demás personajes van apare-
ciendo uno a uno (salvo «los otros dos hermanos», unidos
además por el maestrazgo —don Juan Pacheco precedió a
don Rodrigo Manrique en el de Santiago— y la actuación
convergente), don Juan y los infantes son evocados al par,
rompiendo el orden jerárquico; y si Manrique subraya con
rasgo destacado la dimensión pública de aquellos, en cuanto a estos parece no atender sino a un aspecto de nula
resonancia política. De hecho, frente a la biografía conden-
sada que nos ofrece de Enrique IV o de don Alfonso, el
poeta retrata al pobre rey y a sus belicosos primos de un
solo trazo, recortando su perfil sobre el fondo bien circuns-
tanciado de «las justas y los torneos».

Varias veces (así, por ejemplo, en Medina del Campo,
1418, cuando las bodas de don Juan, o en Valladolid,
1440, cuando las del príncipe) coincidieron el rey y los
infantes en las luchas deportivas que tan cumplidamente

satisfacían la aspiración de la aristocracia a un vivir estilizado[5], pero sólo uno de tales encuentros parece haber pervivido tenazmente en la memoria de todos. En la primavera de 1428 —cuenta veinte años después Gutierre Díez de Games—,

> el ynfante don Enrrique tornóse a Castilla e vino a fazer reberencia al Rey a Valladolid, donde estava a la sazón, e con él su hermano el rey de Nabarra. Estando entonzes en Valladolid, fueron fechas allí grandes fiestas, en que ovo muchas justas e torneos e juegos de cañas, en que tomaron todos grand plazer: en las cuales dizen e dixeron algunos entonzes que se engendraron muchas malquerencias e avorrescimientos, segúnd que dende a pocos días apareció por obra. El ynfante don Enrrique fizo la primera fiesta, muy noble; el rey de Navarra, la segunda; e el rey de Castilla, la tercera...[6]

«Las justas y los torneos»

Detengámonos un momento en los antecedentes de tan «grandes fiestas»[7]. El 6 de setiembre de 1427, don Álvaro

5. Cf. M. de Riquer, ed., *Lletres de batalla*, I, Barcelona, 1963, pp. 47-81 y *passim*, [entre otras muchas aportaciones afines del mismo maestro, y en particular las reunidas en *Cavalleria fra realtà e letteratura nel Quattrocento*, Bari, 1970; ahí, p. 95, el profesor Riquer da por «sicura» la hipótesis propuesta en el presente estudio.]

6. G. Díez de Games, *El Victorial*, ed. J. de M. Carriazo, Madrid, 1940, pp. 328-329.

7. Descritas con notable detención —como por quien participó en ellas activamente— en la *Crónica del Halconero de Juan II, Pero Carrillo de Huete*, ed. J. de M. Carriazo, Madrid, 1946, pp. 18-26, a la que explica más de una vez la *Refundición* del obispo Barrientos, ed. J. de M. Carriazo, Madrid, 1946, pp. 58-64. El ms. de la *Crónica de Juan II de Castilla*, de Alvar García de Santa María, en que se basa el texto de la *Colección de documentos inéditos...*, C, pp. 16-17, aporta varias importantes precisiones, pero sus lagunas dejan en la sombra otros tantos puntos de interés (cf. n. 11); esperemos que no se retrase la edición crítica prometida por don Juan de Mata Carriazo. [Vid. ahora D. Ferro,

de Luna, en cumplimiento de la sentencia de un año y medio de destierro dictada dos días antes por una comisión notoriamente parcial, abandonaba a Simancas para afincarse en su villa de Ayllón. Al bando aragonés, triunfador, se le ofrecía la oportunidad de ensayar tardíamente la política hegemónica concebida por Fernando de Antequera; con todo, nota un sabio especialista, «tres o cuatro meses bastaron para convencer al rey de Navarra [el infante don Juan] de la imposibilidad en que se encontraba de organizar un sistema político estable en Castilla. Siendo jefe de la nobleza, no podía sustituir lisa y llanamente al condestable, hacia el que Juan II mostraba mayor afecto que antes»[8]. Don Álvaro era necesario; y así, a 30 de enero de 1428, los infantes de Aragón firmaron la reconciliación con el Condestable, que el 6 de febrero, en Turégano, se reintegraba a la Corte.

Las justas ponderadas por Díez de Games —contra lo que alguna vez se ha dicho— no se improvisaron en pocas horas; antes bien, Alvar García de Santa María deja constancia de su calmosa gestación (parte no desdeñable a explicar las malquerencias que «estonzes [...] se engendra-

---

Le parti inedite della «Crónica de Juan II» di *Alvar García de Santa María,* Venecia, 1972, y *Crónica de Juan II de Castilla,* ed. J. de M. Carriazo, Madrid, 1982.] La *Crónica de don Juan II* publicada en 1517 por Lorenzo Galíndez de Carvajal (año XXII, VII-X; ed. C. Rosell, Biblioteca de autores españoles, LXVIII, pp. 446-447) trae diversos datos complementarios, que no siempre creo seguros. [Nada añade tampoco a nuestro propósito el cap. 30 de las *Cosas sacadas de la historia del rey don Juan el Segundo,* ed. A. MacKay y D. S. Severin, Exeter, 1981.] Los textos entre comillas, sin más advertencia, los tomo de la *Crónica del Halconero;* en los otros casos, la mención de la página no permite equívoco respecto a la fuente citada. Por lo demás, no pretendo narrar ni estudiar exhaustivamente las fiestas de 1428: me limito a señalar sus aspectos más relacionados con mi objeto presente y a añadir algún comentario para su mejor inteligencia.

8. L. Suárez Fernández, *Los Trastámaras de Castilla y Aragón en el siglo XV (1404-1474), Historia de España* dirigida por R. Menéndez Pidal, XV, Madrid, 1964, p. 101.

ron»): «Porque estas fiestas se ficiesen poco después que el condestable don Álvaro de Luna partiera de la Corte, habían suplicado al Rey el rey de Navarra e mucho más afincadamente el infante don Enrique, su hermano, e de cada día en todo este tiempo fablaban en ellas; pero el Rey nunca diera desempachado consentimiento a ello fasta la venida del Condestable» (p. 15).

Ahora bien, el jueves 29 de abril de 1428, de paso para Portugal, donde la esperaba su prometido el príncipe don Duarte, llegó a Valladolid la infanta doña Leonor, hija de Fernando de Antequera: venían acompañándola desde Medina del Campo sus hermanos los infantes de Aragón, don Enrique, maestre de Santiago, y don Juan, rey de Navarra; y salió a recibirla «fasta las huertas», a media legua de la ciudad, su primo el rey de Castilla. El domingo 2 de mayo, don Álvaro de Luna festejó a la novia con una justa «en arnés real» [9].

La ocasión no podía ser mejor para llevar a término los festejos tiempo atrás proyectados por los Infantes —y empequeñecer de paso los de don Álvaro—. A tal fin, don Enrique mandó levantar en la Plaza Mayor de la villa, «al

---

9. En la *Cadira del honor*, al indagar «si puede tomar armas qualquier persona», explica Juan Rodríguez del Padrón: «Commo los mayores e los menores fydalgos, es a saber, los cavalleros e los escuderos, en las batallas antyguamente llevasen yelmos, por causa de los quales yelmos no podían ser conoscidos, e los frecheros, peones e vallesteros levasen las caras descubiertas, fue convenible cosa que los fydalgos, e non los otros, deviesen en sus escudos traer señales e armas, por donde en los tales fechos se pudiesen conoscer. [...] E commo este modo de batallar fuese de más valentía, en quanto requiere destreza e ardymente e fortaleza más de lo que pide el flechar nin algúnd otro modo de conbatir a pie, fue de los nobles antiguos por más noble escogydo; onde aquestas justas que aún oy se fazen *en arnés real* con los tales escudos en que los nobles antiguos trayan sus armas, son por más nobles avidas que las que se fazen *en arnés de guerra*» (*Obras de J. R. de la Cámara*, ed. A. Paz y Melia, Madrid, 1884, pp. 155-156). No se trata —ni aun se menciona— tal materia en E. de Leguina, *Torneos, jineta, rieptos y desafíos*, Madrid, 1904, ni en el *Glosario de voces de armería*, Madrid, 1912, del mismo autor; [pero vid. M. de Riquer, *L'arnès del cavaller. Armes i armadures catalanes medievals*, Barcelona, 1968, pp. 175-176.]

cantón de la calle que sale de la puerta del Canpo» [10], una fortaleza «de madera e de lienço», con su torre y torrejones, un campanario y un pilar sobre el que se alzaba «un grifo dorado, el qual tenía en los brazos un estandarte muy grande de blanco e colorado»; todo ello rodeado por una alta cerca y su barrera, cada una de cuyas doce torres se destinaba a «una dama vien arreada». La tela o palenque llegaba desde la cerca (junto a la cual había una gran rueda dorada, «que dezían *Rueda de la Ventura*») hasta un conjunto arquitectónico formado por «otras dos torres e un arco de puerta, adonde abían de venir todos los cavalleros aventureros; e dezían unas letras encima deste arco: *Este es el arco del pasaje peligroso de la Fuerte Ventura*» [11]; sobre cada torre debía figurar «un ome con una vozina de cuerno». Todo era obra de «un lombardo que el Infante traía consigo» (p. 16).

El martes 18 de mayo, «mantobo el dicho señor ynfante en arnés rreal, con otros cinco cavalleros»; uno de. los jueces del paso fue Pedro Carrillo de Huete. Antes de

---

10. Es decir, la actual calle de Santiago: cf. J. Agapito y Revilla, *Las calles de Valladolid*, Valladolid, 1937, p. 460.

11. La *Refundición*, p. 60, trae: «un varco donde avía letras que dezían: *Este es el varco...*» Pero naturalmente no se trata de un 'barco' ni de un 'vado', sino de un 'arco', que, como se verá, era el lugar «defendido» por los mantenedores y el que los aventureros no podían franquear sino para competir con aquéllos (sobre las condiciones normales en los pasos, cf. M. de Riquer, ed., *Lletres de batalla*, pp. 75 y sigs.). Al rematar su descripción de la fortaleza y del arco, Alvar García (p. 16) escribe: «Esto facía a semejanza de...»; la laguna del manuscrito (12 renglones) nos impide conocer, por el momento, si el simulacro de la Plaza Mayor pretendía ser realmente el tan mentado palacio de Fortuna o tenía algún modelo literario en concreto. Adviértase que Apolidón también «puso una ymagen de hombre de cobre», con «una trompa en la boca, como que quería tañer» (*Amadís de Gaula*, II, ed. E. B. Place, Madrid, 1962, p. 358 *a*), en el célebre «arco de los leales amadores» (sobre el cual, vid. la erudita nota de Juan Bautista Avalle-Arce, en *Nueva revista de filología hispánica*, VI, 1952, pp. 149-156); aunque su influjo es dudoso en nuestro caso, el *Amadís* dejó honda huella en otras fiestas caballerescas: cf. simplemente Daniel Devoto, «Folklore et politique au Château Ténébreux», en J. Jacquot, ed., *Les fêtes de la Renaissance*, II, París, 1960, en especial pp. 319 y sigs., [y en su libro *Textos y contextos. Estudios sobre la tradición*, Madrid, 1974, pp. 224 y sigs.]

iniciarse la lucha, se danzó y se celebró un generoso convi-
te al pie de la fortaleza; «e después cavalgó el ynfante e
fuese a su posada e traxo un entremés»: lo componían
ocho doncellas, sobre otros tantos corceles de suntuosos
paramentos, seguidas por «una deesa encima de un carro y
doze donzellas con ella, cantando en dulce armonía, con
muchos menistriles» (p. 60)[12]. La diosa fue entronizada
junto a la rueda, con su cortejo, y los mantenedores se
armaron en la fortaleza (donde también paraban «muchos
gentiles omes, con unas sobrecotas de argentería, de la
librea que el señor ynfante avía dado»). Al acercarse al
arco los aventureros, los de las torres «tocavan sus vozi-
nas» y una doncella hacía repicar la campana del castillete:
«e salían luego de la fortaleza una dama encima de una
facanea e un faraute con ella, e dezía: —"Cavalleros, ¿qué
ventura vos traxo a este tan peligroso passo, que se llama
de la Fuerte Ventura? Cúnplevos que vos volbades; si non,

12. Sobre los «entremeses» por el estilo del de don Enrique (verdaderas
cabalgatas o desfiles con carrozas, figuraciones, cantos y músicas, sólo muy
remotamente teatrales), cf. ahora el prólogo de don Fernando Lázaro a su
excelente versión de *Teatro medieval*, Valencia, 1958, pp. 30-40 [especialmente
en la segunda edición aumentada, Madrid, 1965, pp. 47-53], y los de J. Romeu
Figueras a sus eds. de *Teatre hagiogràfic*, I, Barcelona, 1957, pp. 33-35, y *Teatre
profà*, I, Barcelona, 1962, pp. 8-14, [así como N. D. Shergold, *A History of the
Spanish Stage from Medieval Times until the end of the Seventeenth Century*,
Oxford, 1967, p. 601, *s. u.*] C. A. Marsden, «Entrées et fêtes espagnoles au XVIe
siècle», en J. Jacquot, ed., *Les fêtes de la Renaissance*, II, p. 390, nota con
justicia que «l'Espagne est en retard sur d'autres pays d'Europa [...] aussi dans
le développement de ses fêtes. [...] Si nous cherchons une tradition comparable à
celle de la Florence des *Trionfi* [véase ahora (1965) R. M. Ruggieri, *L'umanesimo cavalleresco italiano —da Dante al Pulci*, Roma, 1962; bibliografía reciente,
en *Renaissance Quarterly*, XLI (1988), p. 721], nous ne la trouverons pas. Certes, on peut en rencontrer les éléments —les chars, les arcs, etc.—, mais sporadi-
quement»; precisamente al comentar las invenciones mitológicas de las justas de
Madrid en 1433, señala don Rafael Lapesa, *La obra literaria del Marqués de
Santillana*, Madrid, 1957, p. 153: «Creeríamos hallarnos ante uno de esos desfiles triunfales gratos a la pintura italiana de la época»; la intervención del experto
lombardo aclara en buena parte el carácter innovador del *Paso de la Fuerte
Ventura*. [Vid. también abajo, adición a la n. 18.]

non podredes pasar syn justa". E luego ellos rrespondían que para ello eran prestos». Don Juan II acudió con veinticuatro caballeros, «todos con sus paramientos verdes arpados, e el señor Rey con unos paramientos de argentería dorada, con una cortapisa de armiños muy rrica e un plumón e diademas de mariposas». El rey de Castilla quebró dos varas; el de Navarra, a quien daban escolta doce caballeros con molinos de viento sobre los yelmos, una, y otra don Enrique, con tan mala «ventura», que fue derribado en el encuentro y quedó sin sentido. «Duró esta fiesta del Infante seis días, faciendo sus justas e otras caballerías de cada día» (p. 16): a don Enrique le costó de doce a quince mil florines.

El lunes, 24 de mayo, quien mantuvo fue el infante don Juan, con otros cinco caballeros. «E traýa el señor rrey de Nabarra treze pajes, todos con sus gorjales de argentería labrados e sus caperuças de grana», en tanto el de Castilla llevaba un venablo al hombro y una corneta a la espalda, y sus diez caballeros, «todos con sus paramientos de azeytuný pardillo e sus gentiles penachos», portaban lanzas de monte y bocinas: atavío muy propio, por cuanto abrían la comitiva un león y un oso[13], «con muchos monteros, e canes que yvan ladrando». Don Enrique justó dos veces, y la segunda salió «solo en su cavallo e syn tronpeta nenguna, con unos paramientos muy rricos, vordados de oro; la qual vordadura eran esperas, e unos rrótulos con letras en que dezía: *Non es*»[14]. El rey de Navarra ofreció

---

13. De los parques zoológicos medievales trató doña María Goyri de Menéndez Pidal, «Leones domésticos», *Clavileño*, núm. 9, pp. 16-18, con adecuada noticia de las fieras exhibidas el 24 de mayo de 1428.

14. La *Refundición*, p. 63, indica que el Infante salió como caballero incógnito («desconocido») —según tan frecuentemente se hacía, en la realidad y en la ficción, desde el mismo Chrétien de Troyes (cf. por ejemplo, *Le chevalier de la charrete*, ed. M. Roques, París, 1958, pp. 170 y sigs.)—, «con unos paramentos [...] y en ellos bordado unas peras y letras que dezían: *Non as*». Según Barrientos, pues, ¿la empresa debía entenderse: «non ásperas»? ¿O bien el mote era «non es» y lo bordado «peras», rezando la empresa «non esperas»? Creo que

una cena en una sala suntuosamente ornada; luego, mientras se danzaba, «entraron dos alvardanes, con sendos talegones de rreales a cuestas, dando bozes y diziendo: "¡Esto nos fizo prender por fuerça el señor rrey de Navarra!"» (p. 63), por «hacer largueza» (p. 447 *a*). Acabada la fiesta, todos se retiraron a dormir «en ciertas cámaras que el rrey de Navarra les avía mandado aparejar cerca de aquella sala donde avían cenado y dançado» (p. 63).

También para honrar a su prima, don Juan II organizó «una justa en arnés rreal», el domingo 6 de junio. En la Plaza Mayor mandó disponer un alfaneque o tienda de campaña «con diez y ocho gradas de vien rricos paños de oro, e puso una tela de paño de cestre ['Chester'] colorado, e a la otra parte de la tela un cadahalso cercado de paños franceses». El rey de Castilla venía «como Dios Padre, y luego doze cavalleros [15] como los doze apóstoles»

la interpretación correcta es otra: la letra diría, en efecto, «non as», pero lo bordado serían «esperas», es decir, 'esferas'; recuérdense los reproches de Rabelais, *Oeuvres*, I, ed. A. Lefranc *et al.*, París, 1912, p. 99, a «ces glorieux de court et transporteurs de noms, lesquelz, voulens en leur divises signifier *espoir*, font portraire une *sphere*...»; el mismo juego [presente ya en el *Detto d'Amore*, 191-192: «Perch'i'a quella spera / ò messa la mia spera» (ed. G. Contini, Dante, *Opere minori*, I, i, Milán-Nápoles, 1984, p. 812), y luego traído y llevado en muchas empresas (vid. Ludovico Scrivá, *Veneris tribunal*, ed., R. Rohland de Langben, Exeter, 1983, p. 20, y A. Warburg, *La rinascita del paganesimo antico*, trad. ital., Florencia, 1980, p. 188 y n. 3)], se registra en Gil Vicente: «tomarão / espera por sua divisa» (para esta cita y la pronunciación de *ph* que posibilitaba el equívoco, cf. J. E. Gillet, ed., *Propalladia and other works of B. de Torres Naharro*, III, Bryn Mawr, 1951, p. 662). Habrá que comprender, según ello: «non as esperas», 'no esperas', referido a la dama por quien se sacó la invención o el corazón, a la pasión, del propio Infante.

15. Uno de ellos don Pero Niño, y nada menos que de San Pablo; cf. *El Victorial*, p. 329. La simulación urdida por el rey —un tanto desazonadora para la religiosidad moderna— cobra todo su sentido a la luz de sus copiosos correlatos en el ambiente coetáneo. Para encarecimiento de la dama o de la pasión del galán, la lírica cancioneril y sus hondas filtraciones en el vivir cortesano recurren reiteradamente al muy familiar lenguaje latréutico (cf. últimamente F. Márquez Villanueva, *Investigaciones sobre Juan Álvarez Gato*, Madrid, 1960, pp. 233-239; M. R. Lida de Malkiel, *La originalidad artística de «La Celestina»*, Buenos

(p. 63), con diademas y rótulos donde se indicaba el nombre y el martirio del apóstol que contrahacía cada uno: «e todas sus cubiertas de los cavallos de grana, e dáragas ['adargas'] bordadas, e unos rrétolos que dezían: *lardón*. Así que [fue] bien entendida la invención»[16].

Pues a tan santa cuadrilla se opuso el infante don En-

Aires, 1962, en el índice, *s.u.* «hipérbole»; O. H. Green, *Spain and the Western Tradition*, I, Madison, 1963, en el índice, *s.u.*), en tanto el elogio de reyes y señores desmesura el carisma divino que unge y constituye a toda autoridad de la época (recuérdese cómo en Jaén, «todos, grandes y chicos, adoravan en él [Miguel Lucas] como en Dios», *Hechos del Condestable don M. L. de Iranzo*, ed. J. de M. Carriazo, Madrid, 1940, p. 268). «La hipérbole sacroprofana —indicaba doña María Rosa Lida, *Revista de filología hispánica*, VIII (1946), p. 129, al recordar la ocurrencia de Juan II— no es un azar literario presente sólo en la lengua y en la literatura, sino un rasgo de todas las formas artísticas de la vida»; a lo que cabe añadir que la conducta del rey, ya satisfecho con la vuelta de don Álvaro, tal vez significara algo así como una autoafirmación y una discreta llamada al orden enderezada a sus primos los infantes: concluidas las fiestas, gastó menos rodeos para librarse de don Enrique y despedir a don Juan para Navarra, con conciencia de que «en un reyno no parescían bien dos reyes» (p. 448 *b*). [En un excelente artículo, Angus MacKay, «Ritual and Propaganda in Fifteenth-Century Castile», *Past and Present*, núm. 105 (mayo de 1985), pp. 4-43, observa que el Corpus de 1428 cayó en 3 de junio y comenta que «the fact that John II's *fiesta* immediately followed Corpus must surely explain those features which distinguish it from the preceding ones. (...) Immediately after Corpus, therefore, this courtly *fiesta* not only included an *invención* involving God and the twelve apostles but also the first documented appearance of a *roca* —the term *roca*, rarely used in Castile, being almost indistinguishable from *entremés* and closely associated with both Corpus and courtly festivities» (p. 38).] A título de curiosidad, recordaré cuán duramente se persiguió unos años más tarde el brote vizcaíno de la Hermandad del Libre Espíritu, cuyo grupo rector lo constituían doce varones, que remedaban a los Apóstoles, y una mujer, como la Virgen (cf. J. B. Avalle-Arce, «Dos notas de heterodoxia. I. Los herejes de Durango», *Filología*, VIII, 1962, pp. 15-21 [sustancialmente revisado en sus *Temas hispánicos medievales*, Madrid, 1974, pp. 93-123]).

16.   El sentido era 'dará galardón'. [La invención pertenecía, pues, al género menos ingenioso, cuando la «devisa» o «cuerpo» (vid. abajo, n. 21) había de completarse con una o varias sílabas sin sentido propio, como en la célebre empresa sevillana (*No8do*, donde el signo *8* está por *madeja*: 'no m'ha dejado') o en la del Vizconde de Altamira en la ocasión en que «traýa una figura de San Juan y en la palma una *a*, y dixo: 'Con esta letra de más / de la figura en que vo, / si miras conoscerás / el nombre de cuyo só'» (*Cancionero general*, núm. 125; vid. abajo, n. 17).]

rique, «con doze cavalleros, todos por orden uno delante otro, los seys sus sobrevistas de llamas de fuego [17] e los otros seys todos cuviertos de fojas de moral»; y aún tornó más tarde a la tela, «desconocido», con sobrevistas de carmesí aterciopelado y brocado de oro y un codo de guarnición de armiños, sin más séquito que tres pajes enmascarados, «con cortapisas de martas»: hizo tres carreras, «delibráronlo, e volvióse». Más admiración seguramente debió de despertar el rey de Navarra, presentándose «en una rroca metido, encima un cavallo, e encima de la rroca un ome con un estendarte, e cinquenta cavalleros, todos armados en arnés de guerra [cf. n. 9], que yban guardando la rroca, los veynte y cinco delante e los otros detrás, e otros lançando truenos, a pie, de fuera de la rroca» [18]: así dieron dos vueltas por el campo. La justa duró hasta que hubo estrellas en el cielo [19].

17. La divisa tal vez se acompañara de una letra por el estilo de la que explanaba «unos fuegos encendidos» que lució en cierta justa don Pedro de Acuña: «De los fuegos encendidos / que'en mi coraçón están, / sallen éstos que aquí van» (*Cancionero general* de Hernando del Castillo, Valencia, 1511, núm. 562; puede verse ahora en el facsímile publicado por la Real Academia Española, con espléndido prólogo de don Antonio Rodríguez-Moñino, Madrid, 1958). Por otro lado, para aludir a los poco peligrosos incendios eróticos era corrientísimo ostentar, en «paramentos, bordaduras / y cimeras», llamas, velas, hogueras, «lanternas», antorchas, centellas, lámparas (cf., sin salir de los dos mayores repertorios de invenciones, *Cancionero general*, núms. 496, 521, 535, 544, 548, 550, 562; *Cuestión de amor*, ed. M. Menéndez Pelayo, Nueva biblioteca de autores españoles, VII, pp. 45 *a*, 46 *b*, 55 *a*, 86 *b*, 89 *a*, 92 *a*, 93 *a*).

18. La *Crónica de Juan II*, p. 446 *b*, trae: «el rey de Navarra [...] mandó hacer una roca, la qual levaba sobre carretones, y era tan grande, que él venía dentro della armado de arnés real encima de un caballo muy grande e muy ricamente arreado, e llevaba por timble otra roca». Creo que esta es la más antigua noticia (al parecer no aprovechada modernamente) sobre la existencia en Castilla de las *roques* profanas que desde decenios antes venían alegrando las celebraciones públicas en la corona de Aragón (cf. sólo F. Lázaro, *Teatro medieval*, pp. 30-32 [y las adiciones a la anterior n. 12]); y no es casual, desde luego, que fuera un infante *de Aragón* quien contribuyera con una a las fiestas de Valladolid.

19. Todavía antes de que doña Leonor partiera a velarse en el monasterio de La Mejorada, tuvo lugar otro espectacular acto caballeresco (8 de junio): las

«Aquellos y no otros»

Juan Antolínez de Burgos, «el primer historiador de Valladolid» (c. 1557-1638), no olvidó consignar en la crónica de su ciudad natal la noticia de tan «grandes fiestas», con particular detenimiento en el *Paso de la Fuerte Ventura*:

> ... dentro del castillo estaba el infante y los caballeros que eran de su facción, y sobre la puerta pendía una campana para que cada uno de los aventureros mandase dar tantos golpes cuantas carreras quisiese hacer, a los cuales el infante y seis caballeros de su casa que con él mantenían habían de satisfacer, según contenía el cartel puesto en palacio. Hiciéronse en estas fiestas cosas muy señaladas y solemnes [...]. De ser tan lucidas estas fiestas tomó motivo aquel insigne caballero don Jorge Manrique para aquellas célebres coplas que escribió, tan llenas de desengaños como de gravedad y dulzura de estilo, que dicen así: «¿Qué se hizo el rey don Juan?», etc [20].

En la parte descriptiva Antolínez de Burgos se limita a modernizar el lenguaje de la *Crónica de don Juan II* sacada a la luz por Galíndez de Carvajal; pero la apostilla sobre las *Coplas* manriqueñas —ya sea conjetura propia, ya recoja una tradición local más o menos docta— no es por ello desdeñable.

Con todo, no aspiremos ingenuamente a concordar pun-

---

armas «retretas» de Gonzalo de Guzmán y el aragonés mosén Luis de Falces, que aún recordaba don Quijote (I, 49); y «acabadas las fiestas susodichas, el Condestable hizo un torneo de cinquenta contra cinquenta, blancos e colorados, [...] en el qual, comoquiera que todos anduvieron muy bien, el Condestable se mostró mucho más ardid» (p. 447 *b*).

20.   J. Antolínez de Burgos, *Historia de Valladolid*, ed. J. Ortega y Rubio, Valladolid, 1887, pp. 128-129; sobre Antolínez y su obra, cf. N. Alonso Cortés, *Miscelánea vallisoletana*, Valladolid, 1955, I, pp. 483-508, y II, pp. 353-366.

to por punto las estrofas de don Jorge y el relato de las
crónicas: invenciones[21], trovas, galanterías, danzas, indumentaria suntuosa...[22] fueron «devaneos» comunes a todas

21. *Invención* (cuando no se prescinde por completo de la voz, como en el
glosario de la ed. de A. Cortina, en Clásicos Castellanos, XCIV) suele entenderse 'novedad', 'moda o innovación de gusto' (así E. Benito Ruano, *Los infantes
de Aragón*, Madrid, 1952, p. 66); en realidad, el verso de don Jorge («¿Qué fue
de tanta invención?») debe referirse a algo menos vago. Cuando se trataba de
diversiones cortesanas o caballerescas, *invención* era con frecuencia sinónimo de
lo que en el siglo XVI se llamó cai uniformemente *empresa*: una armónica combinación de imagen (*devisa, cuerpo*) y palabra (*mote, letra, alma*), denotadora del
pensamiento o el sentimiento de quien la lucía (así la explicada en la n. 14); pero
el término podía especializarse para sólo la *devisa* (piénsese en el epígrafe de la
quinta sección del *Cancionero general*: «Invenciones y letras de justadores») o
designar una empresa compuesta meramente por *cuerpo* plástico o pictórico, sin
alma literaria (según admitieron varios teóricos renacentistas: cf. R. Klein, «La
théorie de l'expresion figurée dans les traités italiens sur les 'imprese', 1555-1612»,
Bibliotèque d'Humanisme et Renaissance, XIX, 1957, pp. 325-327), como —si
no llevaban letra— las «llamas de fuego» del acompañamiento de don Enrique
(cf. n. 17; ¿aludirá tal vez a ellas la pregunta del poeta sobre «las llamas / de los
fuegos encendidos / de amadores»?). Tales eran las invenciones ostentadas pre-
ferentemente en «paramentos, bordaduras / y cimeras»; a este propósito espigo,
de entre muchos, un texto de interés, en el que Ponç de Menaguerra, entre 1479
y 1493 (*Lo Cavaller*, ed. P. Bohigas, en *Tractats de cavalleria*, Barcelona, 1947,
p. 194), aconseja al justador novel sobre la manera de presentarse en la tela:
«No·s oblide portar guarnició ben consertada, o paraments chapats, brocats o de
seda, lo més rich y pompós que li sia possible; les armes netes, febrides, ben
guarnides d'or y de seda; lo escut brodad o pintat de alta y galan invenció. Vaja
cenyit per lo mig a l'usanca, y, sobre tot, bella cimera, la letra de la qual, si serà
ben acertada, en moltes parts escrita la done, en lo primer arremetre, a les gents
que saber la declaració de les invencions naturalment desigen». Por otro lado (a
veces posiblemente por marcar el acento en el *cuerpo* autónomo, significativo
por sí solo), con el término *invenciones* cabía aludir a 'disfraces' o 'mascaradas',
'simulaciones' o pasos de armas en los que se copiaba un episodio mitológico o
novelesco, y, por ahí, a entretenimientos semejantes a los entremeses como el de
don Enrique o a las rocas como la de don Juan (ejemplos de estas acepciones,
limitándonos a una sola fuente, pueden hallarse en los *Hechos del Condestable
don Miguel Lucas*, pp. 50, 55, 58-59, 110, 161, 262, 378; cf. también, aunque no
siempre exacto —creo—, Ch. V. Aubrun, *Bulletin Hispanique*, XLII, 1942, pp.
52 y sigs.). [Vid. asimismo más abajo, pp. 189 y sigs.]
22. La *Crónica de don Álvaro de Luna* (redactada en varios momentos
desde 1445 y completada a fines del xv), ed. J. de M. Carriazo, Madrid, 1940,
pp. 67-68, escribe: «Non fue de pequeño prescio el arreo e rico guarnecimiento
que para el Condestable e los caballeros e escuderos de su casa se aderesçó e fizo

«las justas y los torneos», en tiempos de don Juan II. Son otros aspectos de la elegía los verdaderamente reveladores. En su precioso libro ya citado, comentaba don Pedro Salinas a propósito de las famosas coplas 16 y 17: «Apenas nombrado don Juan el poeta lo abandona y moviliza ante nuestra imaginación el fabuloso y alegre espectáculo del vivir palatino. Jorge Manrique ha encontrado algo de más alcance significativo que un varón eminente, emperador o rey, para encarnar su ejemplo» (p. 174). Pero tal interpretación, según la cual lo evocado por Manrique sería la imprecisa vida cortesana del medio siglo de un reinado, no parece del todo satisfactoria, y sí en cambio muy exacta otra apreciación de Salinas: «Manrique siente que a cada nombre [de la segunda sección del poema, ordenada jerárquica más que cronológicamente] debe acompañar algún detalle que le determine, que le distinga, facilitando la operación psicológica buscada: el evocar. El personaje aparece rodeado de sus cosas, de un cierto número de particularidades que proyectan sobre él una luz distinta» (pp. 172-173). Para el lector coetáneo, la pregunta inmediata por los infantes de Aragón y el esplendor de las celebra-

---

para aquella entrada en la Corte [en Turégano]. Allí fueron traýdos plateros, argenteros e bordadores e sastres de la corte del Rey e aun de fuera del reyno, los quales muchos días fueron ocupados en fazer guarniciones de oro e de plata, e cintas e cadenas e ropas e otras bordaduras muy ricas, quales antes non avían parescido en la Corte. [...] El Condestable iba vestido de camino, de muy nueva manera e muy rica, e llevaba tras sí muchos pajes, [...] e los unos pajes le llevaban la lança e iban a la gineta, e otros a la guisa, en valientes caballos, todos cubiertos de paramentos bordados, e otros brocados e *chapados, por la manera que por ese tiempo se usaba* en Castilla». Lo notable es que «ese tiempo» sea justamente febrero de 1428; y cabe preguntarse si Manrique también consideraba las «ropas chapadas» como especialmente propias de aquellos años. Don Enrique, «entre las otras cosas, dio a los suyos cuarenta e cincuenta crochas, todas cubiertas de argentería» (p. 16), es decir, chapadas. [Vespasiano da Bisticci, *Le vite*, ed. A. Greco, I (Florencia, 1970), p. 440, cuenta que Nuño de Guzmán, para presentarse en Florencia en 1439, «fecesi più veste di brocato d'oro alto et basso, d'una gentilissima maniera *che si usava in quello tempo*».]

ciones proyectaría, en efecto, «una luz distinta» sobre la figura de don Juan, aislándola en una escena de su tragicomedia vital; una luz que alumbraría un momento bien definido en la historia de la Castilla cuatrocentista.

Pues si no responde al deseo de singularizarlos, de relacionarlos y fijarlos en el espacio y en el tiempo, ¿qué sentido puede tener la mención conjunta (frente al proceder seguido con los otros personajes del retablo) de don Juan y sus primos, en el marco de unas fiestas cortesanas? Las de Valladolid en 1428 —puntualiza un buen conocedor del período— «sólo encuentran parangón en el relato de las Crónicas coetáneas con los festejos que honraron las propias bodas principescas del heredero castellano»[23], el futuro Enrique IV. Tal medida de atención no es gratuita, por supuesto, antes la justifican la novedad de las celebraciones y —testigo Díez de Games— el duradero recuerdo de los «avorrescimientos» en ellas madurados. Entre justa y baile —si así puede decirse—, don Álvaro de Luna debió de ir perfilando su desquite, atrayéndose a los miembros del Consejo Real recién reformado; acabadas las fiestas en honor de la Infanta, el Condestable, ya adalid de la oligarquía nobiliaria, se apresuró a poner en práctica su bien meditado plan: el maestre de Santiago y el rey de Navarra fueron alejados de la Corte con escasas contemplaciones (de donde, andando el tiempo, la guerra con Aragón) y la nobleza se volcó en apoyo de don Álvaro (incluido el adelantado Pedro Manrique, hasta entonces tan fiel a la causa aragonesa). «De este modo —resume Suárez Fernández— la situación política había dado una vuelta completa»[24].

Todo ello, y probablemente sin necesidad de recurrir a las «estorias», sería cosa harto sabida para Jorge Manrique

23. E. Benito Ruano, *Los infantes de Aragón*, p. 47.

24. L. Suárez Fernández, *Historia de España*, dirigida por R. Menéndez Pidal, XV, p. 104.

(y otros muchos contemporáneos), cuyos mayores vivieron intensamente aquel decisivo año de 1428. Al contemplar cuán callando pasó «lo de ayer», las fiestas de Valladolid —con el brillo de la espectacularidad a flor de piel y latentes en su seno las tinieblas de las rivalidades— pudieron cifrar a ojos del poeta el claroscuro del reinado de Juan II: todas las fuerzas en debate —el Rey, el Condestable, los infantes de Aragón— justaron «en arnés real» en la Plaza Mayor (años después, don Álvaro volvería a ella, también para mostrarse muy «ardid», en bien distinta circunstancia: «no cunple que dél se fable, / sino sólo que lo vimos / degollado»). La alusión específica a las fiestas de 1428, así, se enriquecería con un amplio valor de símbolo.

El cotejo con las crónicas y la afirmación de Antolínez de Burgos —lógicamente deseoso de acrecer las glorias de su villa natal— no permiten al estudioso medianamente cauto aseverar que efectivamente son los festejos vallisoletanos los esbozados por don Jorge en las coplas 16 y 17. «La crítica literaria —como toda disciplina de humanidades— no puede aspirar a la verdad absoluta, sino más bien a una verdad relativa y provisional dentro de las limitaciones del estado presente de conocimiento», escribía doña María Rosa Lida[25]. Difícilmente, por la propia naturaleza de la hipótesis, surgirán testimonios adicionales favorables o contrarios a la relación postulada. Pero no puedo dejar de insistir en que con tal interpretación el poema manriqueño se enriquece artísticamente. Con genial intuición se detenía don Antonio Machado en la copla 17, para apuntar: «No pueden ser ya cualesquiera damas, tocados, fragancias y vestidos, sino aquellos que, estampados en la placa del tiempo, conmueven —¡todavía!— el corazón del poeta [...], aquellos y no otros» (*Cancionero apócrifo*). Don Antonio,

25. M. R. Lida de Malkiel, *Two Spanish Masterpieces. The «Book of Good Love» and «The Celestina»*, Urbana, 1961, p. 1.

claro está, descuidaba la cronología; pero su honda percepción del «acento temporal» del poema no podía engañarlo: la emoción se concentra en «aquel trobar», «aquel dançar», «aquellas ropas chapadas», únicos e irrepetibles; aquellos y no otros, y por eso llenos de vida, prestos a transmitirnos el temblor de lo pasado.

6

UN PENACHO DE PENAS
De algunas invenciones y letras de caballeros

A Erich Kohler,
in memoriam

Nada tal vez tan ajeno a la mentalidad caballeresca como la doctrina del arte por el arte. En 1434, Suero de Quiñones ocupaba al maestro de Santa María de Regla, el espléndido Nicolao Francés, en modestas tareas de señalización del tráfico, tal la de tallar y pintar «un faraute de madera», cuya mano derecha «tenía un mote de letras que dezían: *Por ahí van al Paso*» [1]. Todavía en la Florencia del más exquisito Renacimiento, los estandartes de la famosa *giostra* de 1475 exigían el trabajo de un Botticcelli, y al supremo humanista de la época lo mareaban con menudencias propias de un humilde *poursuivant*: «Quello vuole un motto per il pomo della spada e per l'emblema dell'anello, quell'altro un verso da porre a capo del letto o in camera, questo un'impresa, non dico per la sua argenteria, ma pei cocci di casa. E tutti via subito dal Poliziano!» [2].

1. Biblioteca de El Escorial, ms. f-II-19, fol. 21 (y ahora P. Rodríguez de Lena, *El Passo Honroso de Suero de Quiñones*, ed. A. Labandeira, Madrid, 1977, pp. 102-103). Vid. también F. J. Sánchez Cantón, *Maestre Nicolás Francés*, Madrid, 1964, pp. 10-12.

2. Cf. R. M. Ruggieri, «Letterati poeti e pittori intorno alla giostra di Giuliano de' Medici» (1959), en su libro *L'umanesimo cavalleresco italiano da*

Escultores, pintores, poetas, músicos, orfebres, todos, en efecto, debían sujetarse a parejas servidumbres: en el largo, inacabable, tal vez inacabado otoño de la Edad Media, apenas se reconoce frontera entre los oficios artesanos y la libre creación artística. Las luchas deportivas en general y los pasos de armas en particular, en el designio de dar goce a todos los sentidos de una refinada aristocracia[3], caminaban con plena naturalidad hacia la integración de las artes; y en el marco de esas diversiones señoriales, ni 'poesía ilustrada' ni 'imagen parlante', sino equilibrada conjunción de *cuerpo* visual (*devisa*) y *alma* literaria (*mote, letra*), descollaban triunfales las *invenciones* o *empresas* de los caballeros[4].

Sin invenciones, «las justas y los torneos», las cañas o los momos, los más celebrados entretenimientos de corte, en suma, se habrían quedado en nada. Todos los ojos se iban tras los «tocados» y «vestidos» de las damas y tras

---

Dante al Pulci, Roma, 1962, pp. 163-198. La cita de Poliziano, en *Prose volgari inedite e poesie...*, ed. I. del Lungo, Florencia, 1867, p. 204. La jerarquía de los oficiales de armas, de mayor a menor, queda clara en Gutierre Díez de Games, *El Victorial*, ed. J. de M. Carriazo, Madrid, 1940, p. 241: «reys d'armas e araotes e purxibantes»; véase M. de Riquer, *Heráldica castellana en tiempos de los Reyes Católicos*, Barcelona, 1986, pp. 38 y sigs.

3. Es obvia la referencia al libro clásico de Johan Huizinga y a los fundamentales trabajos de Martín de Riquer: vid. sólo los citados aquí, notas 2, 5, y arriba, p. 173, n. 5.

4. Cf. P. Le Gentil, *La poésie lyrique espagnole et portugaise à la fin du Moyen Age*, Rennes, 1949-1953, I, pp. 214 y sigs. y II, pp. 290 y sigs.; F. Márquez Villanueva, *Investigaciones sobre Juan Álvarez Gato*, Madrid, 1960, pp. 213 y sigs.; aquí mismo, arriba, p. 183, n. 21; y, ahora, G. Ledda, *Contributo allo studio della letteratura emblematica in Spagna (1549-1613)*, Pisa, 1970, pp. 11-33; K. Whinnom, *La poesía amatoria de la época de los Reyes Católicos*, Durham, 1981, pp. 47 y sigs., y J. Battesti Pelegrin, «Court ou bref», en *Les formes breves (Actes du Colloque International de la Baume-les-Aix, 26-28 novembre 1982)*, Aix-en-Provence, 1984, pp. 99-121. Tengo noticia de que J. González Cuenca prepara una compilación de invenciones castellanas, e ignoro si ha llegado a publicarse el libro de P. F. Campa anunciado por E. J. Brill: *Emblematic Perspectives in the Spanish Golden Age*, con un capítulo sobre «Proto-Emblem Books and Renaissance Spanish Imprese».

los arneses y atavíos de los galanes. En «paramentos, bordaduras» y, especialmente, «cimeras»[5], los contendientes y su séquito podían exhibir las figuraciones más insospechadas: no ya pequeñeces del estilo de un puente, una campana o una luna, sino poco menos que retablos enteros, como «unos cántaros de los cuales sacavan dos niños suertes», «un físico que le tentava el pulso» al enamorado o «hasta un dragón con media dama tragada, y el gesto ['rostro'] y la meytad se mostrava de fuera» (*figura 1*)[6]. Recamados en las telas, inscritos en rótulos o, más regularmente, en papelillos que se distribuían entre la concurrencia[7], solían venir unas pocas palabras o unos pocos versos que remataban la divisa. Ciertas cimeras llamativas fueron tan estimadas, que se las perpetuó en los timbres del escudo, todavía ajenos al rigor de la heráldica (*figura 2*).

Los caballeretes como Calisto gastan muchas horas en preparar laboriosamente tales distracciones y no traen en la boca conversación más frecuente: «Vamos allá, bolvamos

5. Vid. M. de Riquer, *L'arnès del cavaller. Armes i armadures catalanes medievals*, Barcelona, 1968, pp. 119-122; *Heráldica castellana*, pp. 25-27, y en su edición de *Tirante el Blanco*, Madrid, 1974, vol. III, pp. 79-80.

6. Nótese que las cimeras más fantasiosas solían ser de cartón o pergamino cocidos, es decir, de un material semejante a nuestro *papier mâché*. Los tres ejemplos que he citado proceden de la sección correspondiente del *Cancionero general* (Valencia, 1511), fols. CXXXX-XCLIII vo., que manejo en el facsímile «sin retoque alguno» publicado por la Real Academia Española (Madrid, 1958), gracias a los desvelos de don Antonio Rodríguez-Moñino, autor de la impecable introducción bibliográfica, amén de índices y apéndices.

7. Véase el texto de Ponç de Menaguerra citado arriba, p. 183, n. 21. El uso siguió vigente a lo largo de todo el siglo XVI: «Las letras que arroja al vulgo / así declaran su pena...», «Corrieron de dos en dos, / dieron sus letras e impresas ...» (Lope de Vega, *El maestro de danzar*, I, en *Obras dramáticas*, XII [Madrid, 1930], pp. 477-478); «Llevaba el gallardo mantenedor sembradas muchas estrellas de oro finísimo por todas las ropas y vestiduras ..., con una letra que decía: 'Sola yo, sola mi dama ...' Esta misma letra se divulgaba por la plaza» (Ginés Pérez de Hita, *Guerras civiles de Granada*, en Biblioteca de Autores Españoles, III, p. 531 *b*); «y llevaba por empresa / una muy seca guirnalda / y al pasar deja esta letra / por las partes do pasaba: / 'Es imposible que acierte ...'» (Pedro de Padilla, en Biblioteca de autores españoles, X, núm. 83, p. 42).

acá, ande la música, pintemos los motes, canten canciones, invenciones justemos. ¿Qué cimera sacaremos o qué mote?». Nada se les antoja más grato que «recontar las cosas de amores y comunicarlas» (*La Celestina*, I) pintando «en las ropas motes por dar a ver quán pintadas estén sus entrañas de herydas»[8]. En verdad, las invenciones son uno de los más elocuentes lenguajes de la pasión: «por las mujeres se inventan ... las discretas bordaduras, las nuevas invenciones», el cortejador muestra «en invenciones / quién es y por quién moría», «en galas y envinciones» publican su «cuidado» un Durandarte o un Soria[9]. Los moralistas, inevitablemente, deploraban el ingenio derrochado en «platicar y aun sutilizar las invenciones vanas y divisas», por más que ni ellos se libraran de caer en el pecado[10]. Pero la literatura cortesana se abría gustosa a semejante frivolidad: si Gutierre Díaz de Games se detenía a 'devisar la devisa' del Duque de Orléans (la luego celebérrima divisa del puercoespín), si los libros de caballerías les hacen a las empresas un sitio cada vez mayor, si Diego de San Pedro se recrea en alegar unas cuantas, la *Penitencia de amor*, el *Veneris tribunal*, el *Tratado* de Nicolás Núñez o la *Cuestión de amor* a ratos no pasan de un pretexto para engarzar invenciones.

8. Ludovico Scrivá, *Veneris tribunal*, ed. R. Rohland de Langbehn, Exeter, 1983, p. 46; sobre la identidad del autor, por ahora sólo caben las evidencias que más abajo recuerdo en el texto y la casi certeza de que pertenecía a la familia valenciana de los Escrivà (como el célebre autor de «Ven, muerte, tan escondida ...», quizá padre de Ludovico y sobre el cual véase la ponencia de M. de Riquer en prensa en las actas del III Congreso de la Asociación Hispánica de Literatura Medieval).

9. *Cárcel de amor*, ed. K. Whinnom, Madrid, 1972, p. 164; Quirós, en *Cancionero castellano del siglo XV*, ed. R. Foulché-Delbosc, II (Madrid, 1915), núm. 564, p. 294; Soria, *ibidem*, núm. 555, p. 272 (en glosa al romance de *Durandarte*), respectivamente. Nada sería más hacedero que multiplicar las citas análogas.

10. La cita es de Erasmo, *El Enquiridion o manual del caballero cristiano*, trad. A. Fernández de Madrid, ed. Dámaso Alonso, Madrid, 1932, p. 305; en carta a Alfonso de Valdés, con todo, el propio Erasmo sutilizaba a propósito del *Concedo nulli* que él había adoptado como empresa (*Opus epistolarum*, ed. P. S. y M. H. Allen, VII [Oxford, 1928], núm. 2.018, pp. 430-432).

Hernando del Castillo se complació en coleccionarlas a lo largo de veinte años, para al cabo reunirlas en la quinta de las nueve partes del *Cancionero general* (Valencia, 1511): «Invenciones y letras de justadores». A juzgar por las reimpresiones y sobre todo por la estela de reminiscencias, fue una de las secciones más apreciadas. Cuando aún no había perdido por completo el buen gusto, Juan de Valdés, sin embargo, opinaba que «en las invenciones hay qué tomar y qué dexar»[11]. ¿Le desazonaba quizá la monótona repetición de unos pocos motivos? Ciertamente es para desazonar tropezarse, entre una centena, con nada menos que tres empresas de divisa casi idéntica y mote muy similar:

El Condestable de Castilla
trae por devisa en bordadura
unos penachos o penas, y dize:

Saquélas del coraçón,
porque las que salen puedan
dar lugar a las que quedan.

Del mismo
[Vizconde de Altamira]
a una pena:

Quien pena sepa mi pena
y havrá la suya por buena.

Don Pedro Dacuña
sacó un penacho de penas y dixo:

En secreto manifiestan
ser sin cuento más que muestran.

11. *Diálogo de la lengua*, ed. J. F. Montesinos, Madrid, 1953, p. 169.

Esa *pena* reiterada es, evidentemente, y de ahí el donaire, «una palabra de dos cortes y un significar a dos luces» [12]: *penna* y *poena*, 'pluma' y 'sufrimiento, pesar, cuidado'. Por otra parte, que Hernando del Castillo la saque a relucir hasta tres veces en unos pocos folios implica que hubo de ser comunísima en las invenciones de la época. Que dos de esas tres veces no vaya expresa en el mote, sino la supla la materialidad de la divisa, del contexto, quiere decir, en fin, que en la acepción de 'pluma', insólita en castellano, era más que familiar a los aficionados al género.

Por si cupieran dudas, todos esos extremos se nos confirman en una recargada página del *Veneris tribunal*. De los «dos cortesanos galanes» que se le presentan en sueños a Ludovico Escrivá, «el más anciano, o por mejor dezir el más lleno de ansias», calaba una «agraciada gorra», «de terciopelo negro», «con pennacho colorado, en el qual, a la una parte, en el no breve breve ['¿placa o lámina, a modo de cédula o buleto, para una inscripción?'] de oro de martillo ['labrado, repujado'] smaltada esta letra parescía:

Esta muestra
mi penar por culpa vuestra.

A la otra parte, por la colorada pluma arriba, subían las negras, las no mudas vocales, diziendo:

Su color
porná fin a mi dolor».

En cuanto al segundo galán, «poco menos perseguido de desgracias», portaba un «sayón ... de terciopelo negro ... sembrado de reales coronas entretalladas de brocado ver-

12. *Agudeza y arte de ingenio*, XXXIII.

de, el una dentro de la otra a manera de cadena. En la
manga izquierda la maestra mano scrito havía:

> ¿Qué más gloriosa pena
> que la corona ser cadena?

Dos escogidas plumas, una amarilla y otra negra, hazían
único arreamiento al negro terciopelo de la bien hecha
gorra. A la parte negra, por el al cabo un poquito quema-
do penacho, en un estrecho letrero de hoja de oro, en lo
de fuera se leýa en la parte de la negra pluma:

> Quien alto quiere bolar
> por gran penar
> no deve desesperar.

Por lo amarillo de la otra traspuntava una tristura de ricas
letras atal:

> Boló
> tan alto, que se quemó.

Frizada era la capa en lo de dentro», y las demás vestiduras y aderezos se plegaban a las mismas fantasías flamí-
geras[13].

Adiestrados en el *Cancionero general*, las invenciones
de Escrivà nos resultan casi cristalinas. La *pena* implícita
en el «pennacho» del «más anciano» denota, obviamente,
«penar», como para don Pedro de Acuña. (Pero tampoco
sería imposible que «fin a mi dolor», en el siguiente mote,
pudiera interpretarse, además, como 'fin a mi *pena*', con

---

13.   Edición citada, pp. 19-21. Otra de las invenciones del mismo personaje consistía en «una sonante consonancia de agudas vocales que assí sonava: 'Es
tan justo mi penar, / que su dolor / es mi gloria mayor'»; pero no acabo de ver
si debe enlazarse con las que he copiado en el texto o más bien con los motes que
menciono en la nota siguiente.

equívoco de tercer grado: pues no en balde las vocales negras [¿o son notas?] ascienden «por la colorada *pluma* arriba».) En el caso del galán más joven, la «pena» del ánimo, asociada básicamente a la regia «cadena» del amor, se vuelve también tangible en las «dos escogidas plumas» a cuya sombra crece, mientras a continuación se apunta por partida doble que «bolar» con «negra pluma» supone fatalmente «penar», con el riesgo añadido (Gracián nos lo comprobará) de quemarse las alas como Ícaro.

Todas esas sutilezas, y verosímilmente tantas otras análogas que se nos habrán esfumado como los olores de las damas manriqueñas, giran en torno al eje de *pena* con el valor de 'pluma'[14], en acepción, insisto, insólita en castella-

14. Parece sumamente probable que algunos motes glosados en el mismo *Cancionero general* —por no ir a otras fuentes— se acompañaran en algún caso de una pluma por divisa: así «Haya la pena por gloria», «Cualquier pena por más gloria» o «Vós la culpa, yo la pena» (fols. CXLIIII VO.-CXLV VO.), sobre cuya compleja filiación cabría volver en otro momento.

Pero uno a veces espera encontrarla donde de hecho no comparece por ningún lado, como cuando la última letra que he alegado se dice ilustrada por «unas manos con unas esposas» (Biblioteca de Palacio, ms. 570, *apud* J. Castillo, ed., *Cancionero de Garci Sánchez de Badajoz*, Madrid, 1980, p. 290), o bien cuando la *Questión de amor* aduce el mote de Flamiano, «Claro descubre mi pena / mi tristeza y el ajena», y lo pinta como anejo a «una loba frisada forrada de damasco negro ['mi tristeza'] acuchillada toda por encima de manera que por ella mesma se mostrasse la forradura con las cuchilladas todas atadas con unas madexas de seda negra ['el ajena']» (en Nueva Biblioteca de Autores Españoles, VII, p. 45 *a*; de la *Questión* lo toma, en español, para comentarlo, G. Ruscelli, en *Raggionamento di Mons. Paolo Giovio ... sopra i motti e disegni d'arme e d'amore ..., con un discorso di Girolamo Ruscelli ...*, Milán, 1569, fol. 64).

Un caso extremo ocurre en el *Tratado* de Nicolás Núñez sobre la *Cárcel de amor*. En el sueño de Leriano, Laureola «traýa más unos alcorques con unas nemas y unas letras que dezían: '¡Qué pena, más en tu pena / que en la mía! / Más mereció mi porfía'» (ed. K. Whinnom, *Dos opúsculos isabelinos*, Exeter, 1979, p. 62). En la nota *ad loc.*, el llorado profesor Whinnom explica: «Los *alcorques* eran sandalias de corcho, las *nemas* las correas que los sujetaban a los pies. La letra no parece aludir a la prenda en que está escrita». Pero yo nunca he encontrado *nema* con otro valor que «la cerradura de la carta» (Covarrubias), y, habida cuenta de la letra (tan difícil de interpretar y puntuar, por otro lado) y de la posibilidad de adornar el calzado con plumas, es inevitable cavilar que Laureola llevaría más bien «unos alcorques con unas [p]enas» y fue el impresor

no. En un primer examen, y supuesto que el *penna* latino «no se conservó en el sentido de 'pluma'»[15], el filólogo no vacila en incluir la *pena* de marras entre los infinitos cultismos que corrían en los aledaños del 1500. Pero sucede que la literatura de entonces no registra ejemplos de la palabra, si no es tan dudosa como ocasionalmente[16], en contraste, por ende, con la llamativa acumulación con que se nos ofrece en las empresas —y sólo en las empresas— del *Cancionero* de Castillo y el *Tribunal* de Escrivà. Los mismos

quien sustituyó el segundo sustantivo por otro que a él —al fin hombre de letras— le resultaría más conocido. Con todo, *nemas* también puede tomarse por *lectio difficilior*: en la *Cuestión de amor*, p. 89, incluso, «sacó el Marqués de la Chesta una ropa de raso leonado forrada con una chapería de oro de unos sellos de sellar cartas secretas», ya que no *nemas*.

Con esa perspectiva, se comprenderá que no crea inserta en nuestra historia la esparza de Hernán Mexía «a su amiga porque le dio una pena» (*Cancionero castellano del siglo XV*, I, núm. 189, p. 287), sin referencia suficiente a pluma alguna («traigo ... la pena en el coraçón»), pese a G. Mazzocchi, en G. Caravaggi, M. von Wunster, G. Mazzocchi y S. Toninelli, *Poeti cancioneriles del secolo XV*, L'Aquila, 1986, p. 254.

15. Cito a Joan Corominas, *Diccionario crítico etimológico de la lengua castellana*, Madrid-Berna, 1955 ss., vol. II, p. 391 *a*. Sí pervivieron, en cambio, diversos derivados más resistentes a la acción de otras familias léxicas de radical *peñ-* (cf. el preciso deslinde de Y. Malkiel, «The Luso-Hispanic Triad *pente(m), pende(jo), (em)peine*», *Boletim de filologia*, XIV, 1953, p. 77), como documenta bien el propio Corominas, en colaboración con J. A. Pascual, en el *Diccionario crítico etimológico castellano e hispánico*, Madrid, 1980 y sigs., vol. IV, pp. 477-480; para varios derivados de *penna* en el occidente peninsular, vid. D. Catalán, *Revista de filología española*, XXXIX (1955), pp. 422-423.

16. En la *Cárcel de amor*, ed. cit., p. 100, Leriano, «usando de la discreción y no de la pena, no escrivió más largamente»; posiblemente acertara el editor al ver ahí una variante del juego de palabras que nos ocupa. Juan de Padilla, *Los doze triumphos de los doze apóstoles*, III, II, 11, habla de «cosas muy gratas, / altas y dignas y tan elevadas, / que hazen bolar a las mentes penatas»; O. Macrí, en *Boletín de la Biblioteca Menéndez Pelayo*, XXX (1962), p. 331, y, parece, el editor más reciente, E. Norti Gualdani (Messina y Florencia, 1975-1983, vol. III, p. 171), incluyen esa forma entre la descendencia de *poena*, pero es seguro que se trata del equivalente sabio del dialectal *peñatas* (cf. P. Sánchez Sevilla, «El habla de Cespedosa de Tormes», *Revista de filología española*, XV, 1928, p. 275, y J. Casares, *Cosas del lenguaje*, Madrid, 1961, pp. 52-57) y está modelada sobre Boecio y la Vulgata (vid. referencias en mi *Lectura del «Secretum»*, Padua, 1974, p. 256, n. 27).

epígrafes del primero, por otro lado, con sus coletillas explicativas («unos penachos *o penas*», «un penacho *de penas*»), dan fe de lo inusitado del término con el valor en cuestión y nos certifican que era extraño al patrimonio de la lengua cotidiana [17].

A buena parte de quienes asistían a las diversiones caballerescas, y desde luego a todos los miembros de la alta sociedad, había de bastarles «con la gramática de un santoral y [con el] latín de himnos y oraciones» [18] para acoger y descifrar la *pena* romance como una diáfana adaptación de *penna*. Sin embargo, no acaba de entenderse que la voz se convirtiera en poco menos que un tecnicismo, un uso exclusivo de las invenciones y letras de justadores. ¿No lo provocaría —se pregunta uno— la intervención, a modo de catalizador, de una cierta tradición poética o de un modelo lingüístico en que el equívoco se diera con toda naturalidad? ¿Nos enfrentamos con un cultismo o más bien con un préstamo [19]? La singular textura semántica de

17. Don Rufino J. Cuervo, *Obras*, II, Bogotá, 1954, p. 108, no conocía más ejemplos españoles de *pena* 'pluma' que los del *Centón epistolario* (23, 35, 51, 69), y estos los incluía entre las «numerosas formas, voces y locuciones italianas que no se han usado en castellano» sino en el apócrifo mamotreto. Más abajo aduciré algún ejemplo antiguo que no creo atribuible a una trivial omisión de la tilde (constante, por ejemplo, en el *Cancionero de Gallardo*, ed. J. M. Azáceta, Madrid, 1962, donde se leen cosas como «Aforrado en pena vera ...», p. 84); señalo ahora que en *El Victorial*, p. 127, del gallego Díez de Games, *penas* parece valer 'púas' y debe quedar al margen de nuestro interés.

18. Cristóbal de Villalón, *El scholástico*, ed. R. J. A. Kerr, I (Madrid, 1967), p. 66.

19. Es alternativa no rara, sagazmente diagnosticada e ilustrada por Yakov Malkiel, «Préstamos y cultismos», *Revue de Linguistique Romane*, XX (1957), pp. 1-61: «la relación (ya afinidad, ya oposición) entre préstamos y cultismos ... puede asumir formas muy distintas. Como las lenguas meridionales se han alejado del latín menos que el francés, ante todo respecto de la armazón fónica, la tardía adopción en la Francia del Norte de un número elevado de voces de abolengo latino, ligeramente transformadas en esos idiomas conservadores, puede coadyuvar indirectamente a acercar el francés al latín clásico o humanístico ...»; «es sin duda superfluo y hasta arriesgado en un diccionario etimológico español, atender al remoto prototipo griego de *agrónomo*, palabra que interesa

pena ¿responde a un contexto no inmediatamente obvio? Indaguémoslo primero en el dominio de un par de lenguas quizá no extranjeras para algunos de nuestros justadores.

Entre Portugal e Italia

No es imposible, así, que don Pedro de Acuña, uno de los caballeros que lucieron la azacaneada empresa, fuera portugués [20], y un simple vistazo a la literatura castellana

---

al estudioso de la cultura española principalmente en su calidad de galicismo tardío (*Word*, XII, 1956, 49)», etc.

20. El *Cancionero del Museo Británico*, ms. Add. 10431, fols. 39 vo.-40, núm. 107 (ed. H. A. Rennert, en *Romanische Forschungen*, X, 1895, p. 47 *b*), trae una anodina canción de cierto «Pedro de Cuña» cuyo solo primer verso («No por más os *servo* yo, / dama de dulce memoria, / sino por solo la gloria / de pensar que vuestro só ...») parecería ya revelador en relación con la mencionada posibilidad, si la misma compilación no repitiera el poemilla más abajo (núm. 307) atribuyéndolo esta vez al catalán «Torrellas». Pero claro está que el nuestro también podría ser don Pedro de Acuña, primer conde de Buendía —suplente de Suero de Quiñones en el Paso Honroso y caballero errante por Europa— o uno de sus numerosos deudos homónimos (cf. solo F. Fernández de Bethencourt, *Historia genealógica y heráldica de la monarquía española*, III, Madrid, 1911, pp. 142 y sigs., y N. Alonso Cortés, *Don Hernando de Acuña*, Valladolid, 1913, pp. 21 y sigs.), y sobre todo el prior de Messina a quien me referiré más abajo.

En cuanto a los autores de las otras tres, para Ludovico Escrivà, véase la anterior n. 8. El «Condestable de Castilla» no puede ser don Álvaro de Luna, a quien la misma sección del *Cancionero* cita antes por su nombre, ni, seguramente, don Miguel Lucas de Iranzo, entusiasta de todo género de fiestas cortesanas, pero cuya crónica particular no recuerda nuestra invención; ahora bien, el «Rey» que sacó «en otras justas un yunque por cimera» (fol. CXXXX vo.) es con certeza Fernando el Católico (abundan los testimonios al respecto), de suerte que puede suponerse que el «Condestable» lo sería también en 1510, durante la impresión del *Cancionero*: en ese caso, nos las habríamos con don Bernardino Fernández de Velasco, tercer conde de Haro (cf. Salazar de Mendoza, *Origen de las dignidades seglares de Castilla y León*, Toledo, 1618, fol. 132 [*sic*, por 130], y ahora I. Macpherson, «The Admiral of Castile and Antonio de Velasco: *cancionero* cousins», en *Medieval and Renaissance Studies in Honour of R. B. Tate*, Oxford, 1986, pp. 95-107, especialmente 98 y n. 8). En la primera versión del presente trabajo, al tiempo que deshacía la inveterada confusión entre el Vizconde y el

en los días de Hernando del Castillo y de Ludovico Escrivà permite documentar *pena* como lusismo, y no como latinismo, cuando menos en la obra de un gran poeta bilingüe:

> Moço.   —Ó mestre, cousa é sabida,
> se vos lembra o entender,
> que amar quem vos nam quer
> é seta d'amor perdida
> pera quem se quer perder.
>
> Clérigo.   —No juzgaste buena trecha,
> o moço, que te condenas,
> que la saeta sin *penas*
> no va rezia ni derecha:
> siempre las *penas* son buenas.
>
> Moço.   —Que presta a seta *empenar*
> sem ter da caça esperança?
>
> Clérigo.   —Siempre la gloria se lança
> por las puertas del *penar*
> daquel que huye mudança [21].

En tiempos, el prestigio de la lírica galaico-portuguesa había consolidado *ledo* —frente al *liedo* castizo—, había

---

Conde de Altamira, me inclinaba a reconocer en aquel —como coetáneo de Hernando del Castillo— a don Juan de Vivero, tercer señor de Fuentidueña, más bien que a su inmediato predecesor, Alonso Pérez de Vivero (1458-*c.* 1508); pero J. B. Avalle-Arce, *Temas hispánicos medievales*, pp. 316-338, y «Algo más sobre el poeta Vizconde de Altamira», *Crítica hispánica*, II (1980), pp. 3-12 (completado en algún punto por G. Mazzocchi, *loc. cit.* en mi nota 14, pp. 171-197), ha mostrado doctamente que las cosas son al revés de como yo entonces sugería y ha trazado un cumplido itinerario del personaje.

21.   Gil Vicente, *Auto dos físicos*, versos 65-79, en la *Reimpressão «fac-similada» da edição de 1562*, Lisboa, 1928, fol. 246 *a*. Vid. P. Teyssier, *La langue de Gil Vicente*, París, 1959, pp. 445-446; y sobre *trecha* (v. 70), D. Alonso, ed., *Tragicomedia de don Duardos*, I, Madrid, 1942, pp. 187-189.

amparado *coita* pasajeramente y hecho tolerables *dona* 'dueña', *cor* o *preto*, en tanto favorecía *alguién*, *alguien*, al arrimo de *alguém*. Mas, para decirlo con un mote famoso, *pasó solía*: bajo los Reyes Católicos, de tal prestigio no subsistía sino la sombra de algunos lusismos efímeros, y, en cambio, eran muchos los portugueses que optaban por el castellano triunfante como vehículo de arte y cultura: tantos, como para haberse llegado a hablar de una 'Aljubarrota lingüística de Portugal'. No parece probable, pues, que la *pena* ambigua entrara en justas y torneos desde el occidente de la Península. Si Pedro de Acuña venía de allá, es bastante fácil, sí, que se animara a calcar el equívoco que veía en las invenciones castellanas por sentirlo particularmente acomodado a su propia lengua; mucho menos fácil me parece que fuera esta la que lo impulsara —a él o a un paisano suyo— a introducirlo en aquellas como novedad destinada a perdurar luego entre los caballeros españoles [22].

Con los mayores pudo ocurrir igual que con los mínimos. Todo un Camoens aprovecha repetidamente la polisemia de *pena*, «soit sous forme de convergence en éventail de signifiants homonymes, mais porteurs de signifiés diffé-

---

22. Sobre los portuguesismos anteriores al siglo xv, vid. solo la magna *Historia de la lengua española*, Madrid, 1980[8], pp. 254-255, y, del mismo don Rafael Lapesa, *La obra literaria del Marqués de Santillana*, Madrid, 1957, pp. 9-10; también las muchas aportaciones de Yakov Malkiel, cómodamente rastreables en su *A Tentative Autobibliography*, número especial de *Romance Philology*, 1988-1989, a través de los minuciosos índices. De la mencionada 'Aljubarrota lingüística' es buen síntoma que en las grandes justas de Évora (1496) la mayoría de las invenciones de los caballeros portugueses llevara letras en castellano, con más o menos lusismos (cf. *Cancioneiro geral de Garcia de Resende*, ed. A. J. Gonçalves Guimarães, pról. A. Crabbé Rocha, Lisboa, 1973, vol. III, pp. 331-338, y P. Le Gentil, *op. cit.*, p. 215, n. 4). Una de las compuestas enteramente en la lengua del país, la de Pero de Abreu, que «trazia huũa aguea», parece desdeñar la posibilidad de un juego de palabras a costa de *pena*: «Nam t'espantes do que faça, / sigueme ben e veras: / eu te matarey a caça / e tu a depenaras» (p. 337).

rents, soit sous la forme d'un unique signifiant dans lequel plusieurs signifiés coexistent et s'interpénètrent en situation»[23]. La primera de esas direcciones marca el desarrollo de las hermosas *voltas* al «mote alheio» que rezaba «Perdigão perdeu a pena, / não ha mal que lhe não venha»:

> Perdigão, que o pensamento
> subiu em alto lugar,
> perde a *pena do voar*,
> ganha a *pena do tormento*.
> Não tem no ar nem no vento
> asas com que se sustenha:
> não há mal que lhe não venha.
>
> Quis voar a ũa alta torre,
> mas achou-se desasado;
> e, vendo-se *depenado*,
> de puro *penado* morre.
> Se a queixumes se socorre,
> lança no fogo mais lenha:
> não há mal que lhe não venha.

En cierta *Carta a ũa dama*, la segunda dirección inspira los reproches al dios Amor, una *pena* de cuyas alas presta a la poesía del autor instrumento, tema y vuelo inmortal:

> E logo como a tirou,
> me disse: «Aviva os spritos,
> que, pois em teu favor sou,
> esta pena que te dou
> fará voar teus escritos».
> E dando-me a padecer
> tudo o que quis que pusesse,
> pude, enfim, dele dizer

23. Según Luciana Stegagno Picchio, *La méthode philologique. Écrits sur la littérature portugaise*, París, 1982, vol. I, p. 152.

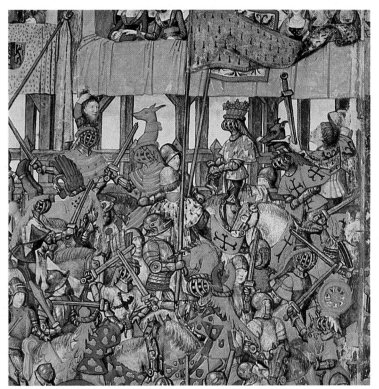

Cortesía de Quaderns Crema / Sirmio

Figura 1. «Si examinamos con detención las magníficas miniaturas de 'la entrada de los caballeros en las lizas' y de 'la *melée*' del manuscrito 2692 de la Bibliothèque Nationale de París del *Livre des tournois* de René d'Anjou (entre 1460 y 1465), advertimos cimeras con árboles, cabezas de caballo o de asno, osos, ciervos, perros con un hueso en la boca, piernas de negro, hombres barbudos, crestas de gallo, cestillos con flores, etc.» (Martín de Riquer, ed., *Tirante el Blanco,* Madrid, 1974, vol. III, p. 78, n. 19). En el cuarto inferior, a la izquierda, del fragmento reproducido, las alas de plumas que luce un justador pudieron acompañarse de un mote como el de Moner: «Los que quisieren volar / ármense del coraçón, / que las alas aquí son» (*Obras,* Barcelona, 1523, fol. A5 vo.); pero también pudieron ser una excelente divisa, más allá de los triviales penachos, para una invención que jugara con la polisemia de *pena* como, por ejemplo, en el *Veneris tribunal*: «Quien alto quiere volar / por gran penar / no debe desesperar».

Figura 2. Escudo de don Diego López Pacheco, Marqués de Villena, pintado en el coro de la catedral de Barcelona, en ocasión de un capítulo de la Orden del Toisón de Oro (1519); en el timbre, «un fènix de sa color sobre lenya cremant de or» (M. de Riquer, *Heráldica catalana,* p. 719). En una justa, el Marqués salió con «una mata de una yerba que dizen siempreviva» (véase el cestillo con flores de la *figura 1*) «y dixo: 'Muera la vida / y la fama siempre viva'» (*Cancionero general,* fol. CXXXXI vo.). El timbre del escudo es una versión docta de exactamente el mismo motivo.

Figura 3.   Juan II de Castilla, en el armorial del manuscrito 4790, fol. 82, de la Bibliothèque de l'Arsénal (hacia 1434). Las armas de los reinos de don Juan se conjugan con el castillo y la torre de amor presentes en tantas otras cimeras (véase la *Nota complementaria*).

Figura 4. «Una torre por cimera» (véase la *Nota complementaria*).

> que me deu com que escrevesse
> o que me deu a escrever.

La extrema conceptuosidad del zeugma de los últimos versos se atempera en las *Trovas* a otra dama

> (Que um contino imaginar
> naquilo que Amor ordena
> é pena que, enfim, por pena
> se não pode declarar ...)

y se atenúa hasta la transparencia en las quintillas «Sôbolos rios que vão ...»:

> Nem na frauta cantarei
> o que passo e passei já,
> nem menos o escreverei;
> porque a *pena* cansará
> e eu não descansarei.

> Que, se vida tão pequena
> se acrescenta em terra estranha,
> e se Amor assi o ordena,
> razão é que canse a *pena*
> de escrever *pena* tamanha.

> Porém se, para assentar
> o que sente o coração,
> a *pena* já me cansar,
> não canse para voar
> a memória em Sião [24].

---

24. Los cuatro poemas citados llevan respectivamente los números 91, 6, 1 y 117 en la primera parte (*Redondilhas*) de la edición de A. J. da Costa Pimpão, *Rimas*, Pedrulha, Coimbra, 1973; pero sobre la tradición textual camoniana hay valiosas novedades en A. L.-F. Askins, *The Cancioneiro de Cristóvão Borges*, París, 1979.

En cuanto alcanzo, la tradición gallego-portuguesa medieval no registra casos de nuestro *calembour*; pero don Luis no solo era un apasionado de la poesía castellana del Cuatrocientos, sino que se complacía especialmente en la antología de Hernando del Castillo, y más en concreto en la sección de «Invenciones y letras de justadores», de donde espiga, por ejemplo, el mote «Todo es poco lo posible», para glosarlo en una copla tan repleta de elementos cancioneriles como el resto de sus composiciones en octosílabos. ¿Será, pues, blasfemo insinuar, siquiera sea como hipótesis remota, que al jugar del vocablo de manera tan acorde con la lengua de que era supremo artífice Camoens podía estar en parte respondiendo a una sugerencia castellana?

No es imposible —decía— que Pedro de Acuña fuera portugués y también a él le hubiera sucedido otro tanto. Pero multipliquemos las cautelas, porque parece más plausible que en realidad nos las hayamos con un homónimo italoespañol, «muy servidor de las damas», elegante como pocos y «lindo trovador en la lengua toscana y en la castellana»: el prior de Messina, de la Orden del Hospital, que, capitán de cincuenta hombres, «vertió su sangre hasta quedar fecho un cadáver despedaçado», heroicamente, en la batalla de Ravenna, en 1512[25]. Es una eventualidad singularmente atractiva, no solo porque el italiano da pie más ágilmente que el español a una agudeza pareja a la de don Pedro en el *Cancionero general*, sino asimismo porque el tal prior era tan diestro en «invencionar» como narra Fernández de Oviedo y tan aficionado a las empresas como nos consta por la *Cuestión de amor*, y porque Castiglione

25.   La identificación fue propuesta al paso por Benedetto Croce, *La Spagna nella vita italiana durante la Rinascenza*, Bari, 1968[5], pp. 138, 141 y sigs. (y vid. 70, 138, 150). Las frases entrecomilladas las tomo de la excelente semblanza del Prior que traza Gonzalo Fernández de Oviedo, *Batallas y quinquagenas*, ed. J. B. Avalle-Arce, Salamanca, 1989, pp. 355-357 (y vid. el índice, *s. u.*). Nótese aún que el *Cancionero general* recoge invenciones de varios caballeros italoespañoles: sin ir más lejos, «el Duque de Valentinoy» (fol. XLIII), es decir, César Borja.

refiere «che egli scriveva ad una sua signora [una lettra] il soprascritto della quale dicea: 'Esta carta s'ha de dar / a quien causa mi *penar*'» [26], en términos, pues, no sin afinidad con las invenciones que nos ocupan. Italoespañol, según denuncian tanto el nombre como los escenarios y el lugar de impresión de su novelita, tuvo que ser igualmente el «Ludovico Scrivà» que firma el *Veneris tribunal* estampado en Venecia en 1537. Pero el ingrediente italiano de nuestra historia no tiene por qué limitarse al dudoso Acuña ni al indudable Escrivà. Según documenta Hernando del Pulgar, el segundo conde de Haro, don Pedro Fernández de Velasco, Condestable de Castilla, había adoptado para su divisa un endecasílabo de Petrarca: «Un bel morir tutta la vita honora» (*Canzoniere*, CCVII, 65) [27]. No debiera sorprendernos, por tanto, que también el Condestable de Castilla del *Cancionero general* —probablemente hijo suyo, si no el propio segundo conde de Haro— hubiera pergeñado la bordadura y el mote en cuestión, en coincidencia con Acuña y Escrivá, a vista de un modelo italiano.

No creo, sin embargo, que ese modelo pudiera ser el que tal vez se nos antojaría candidato obvio: el anillo con tres plumas usado como empresa, entre otras, por Lorenzo el Magnífico y heredado con la misma función por los Medici posteriores [28]. A tal divisa se le ha buscado corres-

26. B. Castiglione, *Il libro del cortegiano*, II, 78, ed. E. Bonora, Milán, 1981, p. 184.

27. *Letras*, ed. J. Domínguez Bordona, Madrid, 1958, p. 61. El texto exacto que da Pulgar es «un *bel* morir toda la vida honra», donde, por si duda hubiera, el *bel* nos certifica que no se trata de una adaptación directa de la *Pro P. Quinctio*, XV, 49: «Mors honesta saepe vitam quoque exornat». El mismo verso usaron más tarde, con idéntico fin, el rey don Sebastián de Portugal (cf. J. E. Gillet y O. H. Green, *Torres Naharro and the Drama of the Renaissance*, Filadelfia, 1961, p. 207) y los condes de Revillagigedo (vid. J. de Liñán y Eguizabal, *Motes, lemas, leyendas y divisas*, Madrid, h. 1920, p. 85).

28. Vid. A. Warburg, «Delle 'imprese amorose' nelle più antiche incisioni fiorentine» (1905), en *La rinascita del paganesimo antico* (trad. ital. de sus *Gesammelte Schriften*), Florencia, 1980, pp. 184 y 188.

pondencia en el mote «diamante in paenis» (*sic*), pero se trata de una interpretación sumamente tardía[29]: la leyenda que de hecho la flanquea en los testimonios renacentistas es un sencillo «*Semper*», y no otra conoce todavía Paolo Giovio, para quien las «tre penne di diversi colori» no denotan sino las tres virtudes teologales, «la speranza verde, la fede candida, la carità ardente cioè rossa»[30].

A decir verdad, las invenciones fundadas en la dilogía de *pena* que encuentro en Italia en fechas más antiguas son españolas, y no toscanas. La una la hemos leído ya en el *Veneris tribunal*; de la otra nos da noticia Messer Lodovico Domenichi en el *Ragionamento* que desde 1556 se imprimía con el *Dialogo dell'imprese* de Paolo Giovio:

> A las justas que hizo el señor Pero Luis Fernés en Plasencia ['Piacenza'], en el año de MDXLVI, acudieron

29. Warburg remite al *Dictionaire des devises* (1878) de Chassant-Tauzin, quien se apoya en *Le Mausolée de la Toison d'Or*, 1689, p. 100. Es invención hermana de «la del diamante falso» (Gracián, *Agudeza*, LVII; vid. también Rabelais *Pantagruel*, XXIV) y de infinitos equívocos jocosos.

30. *Dialogo dell'imprese militari e amorose* (compuesto en 1551), ed. M. L. Doglio, Roma, 1978, p. 63.

quasi todos los más valerosos y esforçados cavalleros de
Italia, y entre los otros vino el señor Nicolò Pusterla, milanés, cavallero de aquellas buenas partes que todos saben.
Sacó, pues, aqueste cavallero a las justas una muy gentil
librea, como se accostumbra, y todo él y el cavallo muy
emplumado [«coperto ... di piume»], que cierto era cosa
de ver por la variedad de los plumages que trahía; pero
viéndolo sin mote alguno, dixe que éste le convernía mucho:

Más son las del coraçón.

Es a saber —aclara el traductor—, que más eran las *penas*
de su coraçón, de dentro, que las que trahía defuera, porque a la pluma llaman los italianos *pena* [31].

No tiene nada de extraño que Domenichi propusiera un
mote en español para el milanés «coperto ... di piume».
Muchos caballeros de Italia exhibían invenciones con letras
en castellano, convencidos como allí estaban —acá era al
contrario— de que «los motes de las empresas se han de
hazer en lengua diferente de la que nosotros hablamos»,
«porqu'el sentido sea algo más cubierto» [32], y general como

31. Uso aquí la traducción de Alfonso de Ulloa, según la edición de Venecia, 1573, p. 152.
32. La primera cita es de Domenichi y la segunda de Giovio, en la mentada traducción de Ulloa, pp. 111 y 16. Dice Giovio: «La invención o empresa,
para que tenga buena gratia, es menester que tenga cinco condiciones ... La
segunda, que no sea tan obscura, que sea menester llamar la Sibila para enten-
derla, ni tan clara, que qualquier hombre vulgar la entienda ... La quinta y
última: ha menester un mote, que es el ánima del cuerpo y quiere ser ordinariamente de una lengua distinta del que haze la empresa, porqu'el sentido sea algo
más cubierto». Sin embargo, le advertían a Domenichi, pp. 124-125: «Los cavalleros hespañoles todos o la mayor parte accostumbran ha hazer los motes de sus
armas en su propia lengua»; y él notaba: «En effecto, no se puede negar que la
lengua spañola no sea hermosa y muy dulce, tanto quanto otra, mayormente la
castellana ..., y hazen muy bien en approvecharse della ..., pues que es lengua
muy commún a todas nationes y que tiene un no sé qué de magestad y principado sobre las otras lenguas vulgares; pero no loo esta costumbre que tienen,
porque la mayor parte de los que hazen empresas accostumbran a hazer los

era la opinión de que «nelle scritture spagnuole se n'hanno
moltissime impresse di mirabil' artificio», porque «gli spag-
nuoli sono ancora in questa parte per certo grandemente
ammirabili»[33]. Los tratadistas, Giovio, Domenichi, Ruscelli..., en efecto, no solo conocían y celebraban las inmorta-
les invenciones de un Fernando el Católico o un Carlos V,
sino que también se fijaban en las de sus vasallos sin especial renombre, al tiempo que escudriñaban con ojos avizo-
res los repertorios del *Cancionero general* y la *Cuestión de
amor*[34]. De nuevo, pues, desembocamos en una conclusión
similar a la de nuestro viaje a Portugal: probablemente es
más verosímil considerar que la empresa de Pusterla y Domenichi, primera atestiguada en Italia con la *pena* polisé-
mica (dejemos ahora aparte el *Veneris tribunal*), procede
de las de Pedro de Acuña y el Condestable de Castilla, que
suponer que fueron estos quienes buscaron un dechado en
la península hermana.

La caballería de Francia

Paolo Giovio no ignoraba que la estirpe del género se
dejaba remontar hasta Grecia y Roma y perseguir a través
de los Pares de Francia, el rey Artús y los «baroni ... cele-
brati ne' libri della lingua spagnuola, Amadís de Gaula,
Primaleón, Palmerino e Tirante il Bianco», pero tampoco
se le ocultaba de dónde procedía la última moda de las
invenciones: «A questi tempi nostri, dopo la venuta del re

---

motes en lengua differente de la propria, y esta costumbre está el día de oy tan
adelante, que ha tomado fuerça de inviolable ley».

33. Así Girolamo Ruscelli, en el volumen citado arriba (n. 14), fols. 61 vo.
y 63 vo.

34. Vid. solo P. Giovio, *Dialogo*..., pp. 52-57; G. Ruscelli, ed. cit., fols.
63-66, y A. Soria, «Poesía española en las *Imprese* de Paolo Giovio», *Annali
dell'Istituto Universitario Orientale, Sezione romanza*, XXX (1988), pp. 273-286.

Carlo VIII e di Lodovico XII in Italia, ognuno che segui-
tava la milizia, imitando i capitani francesi, cercò di ador-
narsi di belle e pompose imprese, delle quali rilucevano i
cavalieri, appartati compagnia da compagnia con diverse
livree, perciò che ricamavano d'argento di martel dorato i
saioni e le sopraveste, e nel petto e nella schiena stavano
l'imprese de' capitani, di modo che le mostre delle genti
d'arme facevano pomposissimo e richissimo spettaco-
lo ...»[35] Una confirmación óptima podía habérsela brinda-
do la *pena* al viento cuyo vuelo venimos rastreando. Porque el azar irónico quiere que uno de los más altos «cavalieri» italianos deslumbrados por Carlos VIII, Ludovico el
Moro, entretuviera el cautiverio a que lo había reducido
Luis XII, en Loches, en dibujar una cimera con plumas
(*pennes*) y una hoja de acedera (*feuille de patience*) que
había concebido y explicaba luego, precisamente, en francés:

Je porte en prison pour ma devise que je m'arme da
pacience par force de pene que l'on me y fait porter[36].

Para esos años, cuando despuntaba el siglo XVI, el juego
de palabras «par force de pene» era en lengua de oíl más
que provecto. Anunciaba, por ejemplo, Baudouin de Condé:

Or vos dirai du bacheler;
s'il vuet grant prouesce querre,
il li convient près et loing querre
et le cors d'armes moult *pener*,
avant qu'il se puisse *empaner*
des *pennes* de haute proesce[37].

35. *Dialogo...*, pp. 36-37.
36. Lo tomo de D. L. Drysdall, «An early use of devices: René Bertaut de
la Grise, *La Penitence Damour*», *Renaissance Quarterly*, XXXVIII (1985),
pp. 473-487 (477).
37. *Dits et contes de Baudouin de Condé et de son fils Jean*, ed. A. Sche-
ler, I (Bruselas, 1866), p. 49.

Pero concretamente en las invenciones debió de ser tan reiterado, que provocó las iras de Rabelais con el mismo ardor que se las encendía la «oultrecuidance» y la «besterie» de *Le Blason des couleurs*:

> En pareilles tenebres sont comprins ces glorieux de court et transporteurs de noms, lesquelz, voulens en leur divises signifier *espoir*, font protraire une *sphere*, des *pennes* d'oiseaulx pour *poines* [var. *penes*] ..., que sont homonymies tant ineptes, tan fades, tant rusticques et barbares, que l'on doibvroit atacher une queue de renard au collet et faire un masque d'une bouze de vache à un chascun d'iceulx qui en vouldroit dorenavant user en France, après la restitution des bonnes lettres. Par mesmes raisons (si raisons les doibz nommer et non resveries) ferois je paindre un *penier*, denotant qu'on me faict *pener* ... [38]

Una buena muestra de hasta qué punto eran triviales en Francia las empresas con tan 'fade homonymie' la proporciona la versión de la *Penitencia de amor* de Pedro Manuel Ximénez de Urrea perpetrada hacia 1530 y pico, en los días del *Gargantua*, por René Bertaut de la Grise. Bertaut, secretario del Cardenal Grantmont, había pasado un año en España (en parte, huésped forzoso del Emperador) y le había cogido gusto a la literatura de la tierra, hasta arriscarse a traducir a Urrea y a fray Antonio de Guevara. Para engordar un poco la enteca *Penitencia*, se le ocurrió echar mano de algunos pasajes del *Grisel y Mirabella*, mas sobre todo se aplicó a ornar el relato triplicando la decena de invenciones insertas en el original [39]. Era

38. *Gargantua*, IX, en *Oeuvres de François Rabelais*, ed. A. Lefranc *et al.*, I (París, 1912), pp. 98-100; cf. M. A. Screech, «Emblems and Colours: The Controversy over Gargantua's Colours and Devices», *Mélanges d'histoire du XVIᵉ siècle offerts à Henry Meylan*, Ginebra, 1970, pp. 65-80, y, para las divisas en que se hace «portraire une *sphere*», arriba, p. 179, n. 14.

39. Vid. P. M. Ximénez de Urrea, *Penitencia de amor*, ed. R. L. Hathaway, Exeter, 1990; D. L. Drysdall, *loc. cit.* (en la n. 36), aunque el desconoci-

Bertaut, sin embargo, hombre de escasas luces, e, incapaz de imaginar de suyo el número suficiente de divisas y motes, se contentó con entrar a saco en la *Cuestión de amor*: en concreto, de las veintiséis que añade, sólo dos o tres no trasladan a la letra las sutiles empresas de la refinada novelita [40]. Pero, de esas dos o tres, una es justamente la que nosotros andamos curioseando. Pues en la *Penitence d'amour* «le Seigneur Pardille» se pavonea con «une robbe de satin broché violet doublée de satin incarnat, les bandes de mesmes, semées de pennes blanches», con una letra que reza

En peine mon esperance.

Incluso a un francés de *esprit* tan pobre como René Bertaut, pues, la primera invención que se le venía a las mientes, a falta de un modelo donde copiar a libro abierto, era la que tanto encrespaba al gran Rabelais.

No descuidemos que se le venía, además, en la variante más rudimentaria. Para sacarle todo el partido a ese mismísimo mote, un ingenio más despierto podía haber elucubrado, por ejemplo, una divisa que presentara un globo del mundo y el asa de algún cacharro rodeados de plumas. Todavía en 1583, si obligados a ponerle *cuerpo* a un *alma* tan sosa, así hubieran procedido los galancetes a quienes reprendía Êtienne Tabourot por pintar orgullosos «une sphere et une anse de pot au ciel, avec des pennes sur la terre», para denotar «*Espérance au ciel et peines en terre,*

---

miento de la *Cuestión de amor* produce un grave desenfoque de todo el artículo, y «The French Version of the *Penitencia de amor*», *Celestinesca*, IX (1985), pp. 23-31.

40.   A no ser que Bertaut manejara una edición (o bien otra traducción) con variantes respecto a la publicada en la Nueva Biblioteca de Autores Españoles, en cuyas pp. 45-47 se encontrará la inmensa mayoría de los materiales transvasados a la *Penitence*.

qui est le plus fade et badin qu'on sçauroit excogiter; et neantmoins jusques aujourd'huy les courtisans encor en usent ordinairement, comme aussi du *lacs d'amour* pour signifier *las d'amour*, et *demy A* pour dire *Amy ou amitié*, car on dit my a et moitié d'a»[41]. O así, sin duda, el caballero que «pour dire *J'ay peines en travail*» representaba «des pennes dans un travail ou l'on a accoustumé de mettre les chevaux devant la boutique des mareschaux».

Los sarcasmos del «Seigneur des Accords» están en deuda patente para con «le gentil, sçavant et gracieux Rabelais». Pero no nos fiemos demasiado de un pícaro tan resabiado: con la excusa de leer la cartilla a los petimetres de la época, Tabourot, en el capítulo «Des rebus de Picardie», da rienda suelta a una pasión personalísima por las prestidigitaciones lingüísticas y a veces intenta vendernos

41. *Les Bigarrures du Seigneur des Accords (Premier Livre)*, facsímil de la edición de 1588, al cuidado de F. Goyet, Ginebra, 1986, fol. 15 vo. (y 13 y 16, respectivamente, para las empresas que cito en seguida). No he tenido al alcance esa edición, salvo para las páginas del vol. I que generosamente me ha fotocopiado mi buen amigo Nicholas Mann.

como ajenas las «folastres inventions» que son solo suyas. O mucho me engaño o entre ellas ha de contarse la del «jeune homme environné de *vautours* qui laissent choir leurs *pennes*, signifi[ant] *Vos tours me donnent peines*» [42].

Volvamos un siglo atrás. Los recuerdos de Paolo Giovio, cuando cerraba los ojos un instante, «parendomi —decía— di tornare un'altra volta giovane», y evocaba cómo entraron en Italia las «belle e pompose imprese» con los ejércitos de Carlos VIII y Luis XII, debieran recordarnos también a nosotros que la cultura de la caballería medieval fue fundamentalmente la cultura de la caballería francesa (para el Cuatrocientos, sobre todo en la espectacular versión borgoñona, pórtico de una nueva edad quizá mejor que despedida de la vieja [43]). En el Marqués de Santillana vemos hoy en primer lugar al entusiasta de las letras italianas, que ciertamente, como gran novedad del momento, lo marcaron en una medida decisiva; pero tal vez tenía más sabida, le era más hondamente familiar la poesía de Francia, y, como quiera que fuese, cuando lo contemplaban en la tela o en la liza, los contemporáneos preferían caricaturizarlo

con habla casi extranjera,
armado como francés ...[44]

Juzgo que todo indica que las *penas* españolas del *Cancionero general* y sus alrededores llegarían de donde llegó el

42. Cf. la reproducción inserta en M. Praz, *Studi sul concettismo*, Florencia, 1946, p. 84, o *Studies in Seventeenth-Century Imagery*, Roma, 1974[3], p. 72.

43. Para España, hay varias indicaciones interesantes al respecto en T. Knighton, «Northern influence on cultural developments in the Iberian Peninsula during the fifteenth century», *Renaissance Studies*, I (1987), pp. 220-237.

44. *Coplas de la Panadera*, versos 209-210, en *Cancionero de Gallardo*, p. 91.

último grito de las empresas, a lo largo y especialmente en los postreros decenios del siglo xv: del mismo mundo de la caballería francesa en que parecen haber estado singularmente enraizadas. Hubo de tratarse, claro, de un ejemplo no libresco, sino asimilado en pasos de armas, torneos, capítulos de órdenes militares, fiestas y diversiones aristocráticas... No hay que insistir en que esa caballería fue andante y cosmopolita casi por definición [45], ni en que el ceremonial de las luchas deportivas, marco por excelencia de las «invenciones y letras de justadores», era básicamente de importación francesa: desde la exhortación inicial, «Laissez-les aller pour faire leur devoir!», a la continua intervención de *farautes*, *trompetas* y *purxivantes*. Naturalmente, los motes en francés estaban *un peu partout*. Por no remover el sinuoso *Peine pour joie* del condestable don Pedro [46], echemos solo un vistazo a la estampa de Suero de Quiñones en el Paso Honroso,

encima de un cavallo fuerte que traýa unos paramentos azules broslados de la divisa e fierro de su famosa empresa, e encima de cada divisa estavan brosladas unas letras que dezían:

Il faut déliberer ...

En el braço derecho, cerca de los morcillos, llevava su empresa de oro ricamente obrada, la qual era tan ancha como dos dedos e tenía sus letras azules enderredor, que dezían:

Si à vous ne plaist de ouyr [¿avoir?] *mesure,*
Certes, je dy
Que je suy
Sans venture [47].

45. De nuevo es imprescindible remitir a los estudios de Martín de Riquer, y en particular al volumen citado arriba, p. 173, n. 5.

46. Cf. arriba, n. 14, y P. Le Gentil, *op. cit.*, p. 216.

47. Manuscrito citado, fols. 26vo.-27 (y ahora ed. A. Labandeira, pp. 113-114); pero doy las dos letras según la abreviación de fray Juan de Pineda, *Libro del Passo Honroso defendido por el excelente caballero Suero de Quiñones*, Salamanca, 1588, fols. 17-18 (y edición de Madrid, 1970, con prólogo de M. de Riquer, p. 48), en este punto preferible.

O vislumbremos a Juan Rodríguez del Padrón, igualmente «sin ventura padeciente por amar», que en la corteza de los árboles «fallava devisado» su mote «escripto por letras: *Infortune*», mientras Ardanlier y los suyos vestían «ricas sayas de Borgoña, cotas de nueva guisa, de la una parte bordados tres bastidores e de la otra *seule* y *de blatey*, escripto por letras, empresa de puntas retretas, sangrientas, a pie y a cavallo, a todo trance ..., en batallas, justas, torneos, fechos y obras de gentileza ...»[48]

En ciertas zonas precisamente de este mundo se habían introducido y comparecían de modo ocasional algunas *penas* inequívocamente venidas de más allá de los Pirineos. Pieza importante de muchos escudos eran, en efecto, «los forros de pieles empleadas en vestiduras lujosas, que en francés reciben el nombre de *pennes*»[49]. Mossén Diego de Valera las llamaba *peñas* con toda naturalidad, pues *peñas* era palabra de antiguo aplicada en castellano a las pieles de la realidad que recreaba la heráldica[50]: «es de saber que en armería se traen dos peñas, las quales no se dizen ni se deben dezir metales ni colores, así como armiños o veros ...»

48. *Obras*, ed. A. Paz y Melia, Madrid, 1884, pp. 48 y 54 (y cf. las notas de las pp. 416-417, así como O. T. Impey, en *Romance Philology*, XLI, 1987-1988, p. 176, y César Hernández Alonso, ed. J. Rodríguez del Padrón, *Obras completas*, Madrid, 1982, pp. 175, n. 170, donde se señala que en el manuscrito «puede quizás leerse *blarey*»). El texto del segundo mote parece corrompido sin remedio (ni siquiera cabe decidir si la *y* que sigue a *seule* forma parte de él o lo divide en dos partes), como no lo tendrían algunos versos del de Suero de Quiñones si solo dispusiéramos del manuscrito escurialense; pero adviértase que, si inmediatamente después del primero, *Infortune* (que no ha faltado quienes explicaran ¡como latín!), se escribe «yo solo que estava en poder de la *grand tristura* ...», el pasaje que he copiado en el texto continúa así: «*solo* Ardanlier posseía la *gloria*».

49. M. de Riquer, *Heráldica castellana*, p. 82; de ahí mismo, pp. 83 y 263, tomo las citas de Diego de Valera y Garcí Alonso de Torres (quien repite en otros textos la forma *penas*).

50. Vid. J. Corominas-J. A. Pascual, *loc. cit.* en la n. 15, y M. García Blanco, «El *petit gris* y las *pennas grises*», *Correo erudito*, núms. 35-36 (¿1954?), pp. 197-198.

Pero otros reyes de armas, en vez de traducir las *pennes*
heráldicas a las *peñas* de la indumentaria real, optaron por
calcarlas crudamente, y, así, Garcí Alonso de Torres asegura que «en derecha armoría ay dos enforros, que en
francés se dicen *penas*, y todos los oficiales d'armas las
llaman y deven llamar *penas*».

En un ámbito contiguo a ese y todavía más cercano al
de las empresas asoman también en algún caso aislado las
penas que nos atañen. En la fastuosa corte de Miguel Lucas de Iranzo, se exhibieron en 1461 unos momos a guisa
de peregrinos, tocados, entre otros perifollos, con «sonbreros de Bretaña, [y] en ellos penas y veneras» [51]. Las tales
penas podrían ser, desde luego, 'forros' o, mejor, peque-
ños jirones o colgantes de piel, como en las *pennes* que
jaspean los fondos de tantos escudos [52]. Pero se diría más
probable que se trate de 'plumas', las plumas siempre frecuentes en los sombreros, y que el origen o el estilo de los
mentados chapeos baste para explicar la forma insólita.

Ahora bien: si los calcos crudos se daban cuando existían en castellano equivalentes cómodos y ceñidos, ¿qué no
ocurriría si las *pennes* francesas se presentaban con valor
dilógico en un mote o en una divisa, jugando del vocablo
y de la imagen, y si para desentrañar la polisemia y animar-
se a imitarla mediante un cultismo sobraba con dos cuartos de latín? No tengo testimonio cierto de que en fecha
anterior al *Cancionero general* se conocieran en España
invenciones francesas con los rasgos en cuestión, pero creo
necesario postular que así fue. En un área próxima a la

51. *Hechos del Condestable don Miguel Lucas de Iranzo*, ed. J. de
M. Carriazo, Madrid, 1940, p. 53. Véase la *Adición de última hora*.

52. «La piel del armiño se empleó para confeccionar los forros de mantos
y vestiduras suntuosas, y en heráldica se representa por medio de un fondo
blanco, o de plata, cubierto de manchitas negras, que pretenden figurar las colas
del mustélido, colocadas a intervalos muy regulares; y que se estilizarán en
forma de tres puntos dispuestos en triángulo del que pende una cola que acaba
en puntas» (M. de Riquer, *Heráldica castellana*, p. 83).

heráldica y a la indumentaria, como ellas a imagen y semejanza de los usos de Francia y asimismo elemento primario
de la vida caballeresca, tuvieron que brotar las *penas* de
nuestro penacho[52b].

Otoño de la Edad Media y primavera del 'Barroco'

Del libro más moderno alegado hasta aquí, las *Bigarrures* de Êtienne Tabourot, se hicieron alrededor de treinta
ediciones entre 1583 y 1628. Si no tuviéramos pruebas fe-
hacientes, el dato nos bastaría como indicio de que la
«homonymie» tan escarnecida por Rabelais no podía estar
olvidada un siglo después. Pero, bien al contrario, nos
consta que la *pena* «de dos cortes» seguía enhiesta en la
teoría y en la práctica. En la teoría, porque había sido
codificada en los repertorios, en los manuales para uso de
galanes, al modo de *Il mostruosissimo mostro* de Giovanni
de' Rinaldi:

> *Penna sola* significa *pene*, affanni e dolori per causa di
> amore[53].

En la práctica, porque incluso en las páginas exquisitas de
la *Astrée* —en uno de los éxitos, pues, más clamorosamen-
te definitorios de la época— se celebraba todavía al «glorieux de court» que portaba

> une *penne de geay* voulant signifier *'peine j'ay'*[54];

y el Critilo gracianesco, inmediatamente antes de dar cuenta
de ciertas «plausibles empresas» inscritas en una columna en
que también se veía grabada la fábula de Ícaro, ponderaba:

52b.   Véase la *Adición de última hora.*
53.   Uso la edición de Venecia, 1611, fol. 64 vo.; la *princeps* es de 1584.
54.   Doy el texto aducido en nota por A. Lefranc (vid. arriba, n. 38).

Éste fue otro arrojado ... que no contento con saber lo
que basta, que es lo conveniente, dio en sutilezas mal fundadas, y tanto quiso adelgazar, que le mintieron las plumas
y dio con sus quimeras en el mar de un común y amargo
llanto: que va poco de *pennas a penas*[55].

No es únicamente que el equívoco más que centenario
hubiera ido rodando de un mote a otro, de una divisa
a otra, hasta llegar a los autores nuevos: es también
que los autores nuevos no dejaban de beber en las viejas
fuentes. Porque lo tenía bien sabido, concedía Lope de
Vega que «en el *Cancionero* antiguo que llaman *general*
hay desigualdades grandes»; pero aun así «las sentencias,
conceptos y agudezas» de «los antiguos poetas españoles»
le provocaban una admiración sincerísima y alimentada
también, en concreto, por el capítulo de «invenciones
y letras de justadores», donde veía «lucir el ingenio,
como del Condestable de Castilla en las plumas bordadas
que traía, que entonces las llamaban *penas*, como los
latinos:

> Saquelas del corazón,
> porque las que salen puedan
> dar lugar a las que quedan;

55. *El Criticón*, I, v. Gracián reitera los juegos afines: «sepultado entre
peñas y entre penas» (I, II), «lágrimas muelen penas» (I, XII, sobre «lágrimas» o
«dádivas quebrantan peñas»), etc. Pero quizá no sea casual que una de las veces
en que insiste en ellos («*Apenas* llegó al infierno, que allá siempre se va *a
penas*», *Agudeza y arte de ingenio*, XXXIII, con obvias resonancias calderonia-
nas) lo haga también inmediatamente antes de referirse a una invención tan
famosa como *Son mis amores*, que todavía Luis de Salazar y Castro recordaba
como la «antigua empresa de un magnate de Castilla en unas fiestas» (cf. L. Rosales, *Pasión y muerte del Conde de Villamediana*, Madrid, 1969, pp. 141-142),
y de contar una anécdota en que unas *malvas* se interpretan '*mal vas*', con
equívoco aprovechado ya por el Arcipreste de Hita (104*c*), pero especialmente
común en las divisas (así en el *Cancionero general* de 1514 y en el *de Resende*,
por partida doble en la *Cuestión de amor*, etc.) y popularizado gracias a estas,
desde Paolo Giovio a *La pícara Justina* y aún más acá.

y en los arcaduces de la noria que sacó el Conde de Haro:

> Los llenos, de males míos;
> de esperanza, los vacíos»[56].

Lope no estaba abriendo a ciegas el *Cancionero general* y alegando las primeras piezas que le saltaban al paso. Como citaba muy meditadamente la esparza del Comendador Escrivà, «Ven, muerte, tan escondida ...», por delante de cualquier otro poema, como particularmente viva que se conservaba en la literatura del momento [57], igualmente citaba invenciones que andaban en la memoria de todos. Paolo Giovio consideraba la empresa de los arcaduces, no ya «bellissima», sino «forse unica tra quant'altre ne sono uscite non solo di Spagna ma d'altronde»[58]. Para comprobar que esa opinión era aún largamente compartida bien entrado el Seiscientos, no tenemos más que fijarnos en cómo nos cuenta un enamorado, en *Al pasar del arroyo*, las angustias de la pasión:

> Ya es noria mi pensamiento,
> mas tales vasos alcanza:
> los vacíos, de esperanza,
> y los llenos, de tormento;

contemplar los giros de otra noria en los *Cigarrales de Toledo*, «y a un lado della, junto a la canal donde se desocupaban los arcaduces, el bien empleado y mal correspondido don Nuño, señalando en la circunferencia de la rueda esta letra:

56. *Introducción* a la *Justa poética al bienaventurado San Isidro* (1620), en Biblioteca de Autores Españoles, XXXVIII, p. 145; la empresa del Conde de Haro, en el *Cancionero general*, fol. CXXXXI.

57. Al respecto, remitiré únicamente a las indicaciones de M. de Riquer en la ponencia aludida en la anterior n. 8.

58. *Dialogo dell'imprese*, p. 54.

Buscan sin seso los engaños míos
pena en los llenos, gusto en los vacíos»;

o bien distinguir en un romance de Quevedo la superposición de la divisa del Conde de Haro a la rueda de la «Fortunilla, Fortunilla»:

bestia de noria, que, ciega,
con los arcaduces andas,
y en vaciándolos, los llenas,
y en llenándolos, los vacias ... [59]

No es cosa de seguirles las vueltas en la poesía del siglo XVII, ni a esos afamadísimos arcaduces ni a otras empresas del *Cancionero general* que se mantenían perfectamente frescas como fuentes de inspiración. Tampoco es preciso dedicar un análisis literario más extenso a la *pena* varia de las invenciones coleccionadas. No la vale. Con más o menos paronomasias, más o menos envuelta en zeugmas y flanqueada de otras silepsis, en el fondo está siempre una dilogía harto elemental, para mi gusto tanto más atractiva cuanto más sobriamente formulada: como en la letra del Condestable de Castilla o, en primer término, en el elegante octosílabo puesto en boca de Lodovico Dome-

59. Elijo solo sendos ejemplos, entre los varios que se registran en la obra de Lope, Tirso y Quevedo: *Al pasar del arroyo*, en *Obras de Lope de Vega*, XI (Madrid, 1929) p. 255a; *Cigarrales de Toledo*, ed. V. Said Armesto, Madrid, s. a., pp. 98-99; F. de Quevedo, *Obra poética*, ed. J. M. Blecua, vol. II (Madrid, 1970), núm. 746, versos 5-8, p. 503. (Pero no puedo vencer la tentación de añadir que en la delicada *Arcadia*, ed. E. S. Morby, Madrid, 1975, p. 365, Lope presenta la letra «De tormento, / y vacía de contento» y le da por divisa una «barca en forma de ballena». Gracias a Dios, al punto refiere: «Los sabios jueces y discretos circunstantes comenzaron a discurrir por el mote de Coridón en materia de empresas, símbolos, emblemas y hieroglíficas, queriendo reprehender el haberse aprovechado del cuerpo de la empresa para el alma de las palabras del mote, cuyas leyes hasta ahora han tenido tanta licencia cuanta ha sido la ignorancia de sus dueños.)

nichi (pero difícilmente suyo), mejor que en los rompeca-
bezas del «Seigneur des Accords» e incluso en las filigranas
de Camoens. Si algo disculpa las páginas anteriores y tole-
ra prolongarlas brevemente es si acaso reconocerle un sentido a la trayectoria que hemos ojeado, más allá del juego
de palabras en sí: por el contexto antes que por los textos.

Con mínimas excepciones, los ejemplos aducidos no
proceden de una investigación sistemática, sino que han
ido surgiendo en lecturas inconexas, orientadas a veces con
otros fines, a veces sin ninguno. Pero quizá el mismo albur
que los ha reunido los convierte en una muestra significativa del inabarcable panorama total. Como quiera que sea,
cuando se me ocurrió tomar nota de los casos que recordaba, pensé que los que me aparecieran luego ilustrarían sobre
todo los precedentes de los justadores del *Cancionero general*. Es patente que no ha sido así: la mayoría de nuestras
penas corresponde a los mismos días de Hernando del Castillo y a los cien años largos que vienen después, nos aleja de
la Edad Media y nos introduce en el Renacimiento y en esa
transitoria descomposición del Renacimiento últimamente
apodada 'Barroco'. Creo que no se debe solo, ni principalmente, al azar que me las ha puesto ante los ojos.

Es de sobras sabido que a medida que la caballería
medieval fue perdiendo la función militar que le había
dado origen fue también refugiándose con mayor entusiasmo en la imitación ornamental de sí misma. Símbolo de
los nuevos tiempos pudieran ser las extravagantes cimeras
de tantas invenciones: de cartón piedra o, cuando mucho,
de oro o plata «de martillo», y a menudo tan embarazosas
y frágiles, que quien las llevaba era un criado o una cabal-
gadura. En efecto, si la guerra no es ya la guerra de los
caballeros, ¿por qué no hacerla caballeresca de mentirijillas
en torneos y pasos de armas, cañas, sortijas, entradas,
saraos? Los caballeros de Carlos V y de Felipe II —el propio Emperador, el propio Prudente— matan muchas horas

jugando a los caballeros medievales. De esos sueños nacen y en ellos se nutren los libros de caballerías del Quinientos, que, rebasadas ya las barreras del *roman courtois*, dan la relativa firmeza de la imprenta a un mundo, irremediablemente, cada vez más atrás. Los caballeros (como las damas) los leen con fervor, los reconstruyen o los recrean en justas y mascaradas, se dan entre sí los nombres que les piden prestados, en cofradías y maestranzas se reparten los papeles de los protagonistas (Alonso Quijano no hará sino tomarse el suyo más en serio)[60]. Con esos entretenimientos se hacen la ilusión de que el tiempo no ha pasado y todavía tienen ante sí el viejo orden feudal y el libre horizonte de la aventura. Pero el *Amadís* de Montalvo se publica por los mismos días del *Cancionero general* y lo acompaña con éxito más que notable, considerada la diferencia de géneros, en buena parte de su camino triunfal[61].

El dato es importante. La prosa tiene siempre un punto de referencia esencial en la poesía contemporánea. En el caso de la prosa de caballerías y la poesía cancioneril, los ligámenes son singularmente estrechos. El repertorio lírico compilado por Hernando del Castillo da una savia que en multitud de puntos fecunda de afectos y conceptos las ca-

60. Véase en particular el bello trabajo de Maxime Chevalier «El público de las novelas de caballerías», en su libro *Lectura y lectores en la España de los siglo XVI y XVII*, Madrid, 1976, pp. 65-103. En relación con las hermandades caballerescas, no suficientemente estudiadas, recojo al paso la noticia de que la barcelonesa de San Jorge organizó en 1566 un torneo en que Alemany Callar actuó como «Camillote» (A. Duran i Senpere, *Els cavallers de Sant Jordi*, Barcelona, 1964, pp. 65-67): es un refuerzo a la hipótesis de Dámaso Alonso sobre la deuda cervantina con el *Primaleón* («El hidalgo Camilote y el hidalgo Don Quijote», en *Del Siglo de Oro a este siglo de siglas*, Madrid, 1962, pp. 20-28). Cf. también Aurora Egido, «Las cofradías zaragozanas del siglo XVII y su proyección literaria (con un escolio al *Quijote*)», en *Les parentés fictives en Espagne (XVIe-XVIIe siècles)*, ed. A. Redondo, París, 1988, pp. 145-158.

61. Las nueve ediciones del *Cancionero general* hasta 1573, sin contar las múltiples compilaciones que se derivan de él, van sintomáticamente paralelas a las diecisiete del *Amadís* hasta 1575, fecha después de la cual la novela solo conoce las de 1580 y 1586.

ballerías de libro. «La razón de la sinrazón que a mi razón
se hace ...» Espuria y todo, la parodia de Feliciano de
Silva en el *Quijote* es, no obstante, la muestra por excelencia de esa tradición. Pero, en rigor, ¿no es asimismo la
manera arquetípica del *Cancionero general*, la manera de
la reiteración, el políptoton, el «redoblado»? [62] En el fondo, es más poesía que prosa: la poesía del manriqueño «Es
amor fueça tan fuerte / que fuerça toda raçón ...» o, en el
microcosmos de nuestros motes, del «Quien pena sepa mi
pena ...» del Vizconde de Altamira.

Ahora bien: la luenga supervivencia de la poesía cancioneril debe entenderse como un fenómeno inseparable de la
fortuna de los libros de caballerías. Ni la una ni los otros
son solo literatura: son también dimensiones fundamentales
de un modo de vivir y soñar que constituye a su vez una
supervivencia de otra época; y por ahí, para los individuos y
para la clase que los aglutina, forman parte *de hecho* de ese
modo arcaico de vivir y soñar. Pero las «invenciones y letras
de justadores» equidistan de los libros de caballerías y de
los versos de cancionero y los concretan fácilmente en la
realidad: cómodas, portátiles, polivalentes —no nos duela
hacerles publicidad—, tienen un uso práctico inmediato, ma-
terializan a bien poca costa, por modestamente que sea, las
fantasías caballerescas. No satisfacen únicamente un gusto
literario: desempeñan un menudo pero efectivo papel social.

Cuando se señala una fuerte veta cancioneril en la ge-
nealogía del conceptismo y otras corrientes coetáneas
—como con especial claridad la han señalado, por ejemplo,
don José Manuel Blecua y don Rafael Lapesa [63]—, se atien-

---

62. Véase la bibliografía citada arriba, pp. 137-139, notas 82 y 85, y, aquí
mismo, la nota siguiente.

63. J. M. Blecua, «Corrientes poéticas en el siglo XVI» (1952), en sus
ensayos *Sobre poesía de la Edad de Oro*, Madrid, 1970, pp. 11-24, y R. Lapesa,
«Poesía de cancionero y poesía italianizante» (1962), en *De la Edad Media a
nuestros días*, Madrid, 1967, pp. 145-171.

de tanto a los recursos y actitudes comunes cuanto, de forma más inequívoca, a la perduración de muchos textos de la Edad Media tardía en la plenitud de la edad 'barroca'. Es muy cierto. Pero hay que añadir que en una parte no desdeñable también perduran funciones y contextos. Pues, en efecto, ¿por qué los poemas del *Cancionero general* siguieron leyéndose y diciéndose un siglo después? ¿Por qué no los barrieron por completo los géneros y los estilos más recientes? Me atrevo a proponer que una de las causas fundamentales de tal pervivencia es la que acabo de apuntar: la lírica de cancionero, con las invenciones anejas y junto a los libros de caballerías y las novelas sentimentales, subsiste porque es elemento significativo de la más amplia 'morada vital' (como con distinto alcance podía haber dicho don Américo Castro) que precisamente para subsistir se ha construido el viejo estamento caballeresco.

Como aquí no es posible razonar y documentar adecuadamente esa propuesta, se me perdonará que me limite a apoyarla en un último ejemplo. En concordancia con otros testimonios seiscentistas, Tallemant des Réaux refiere que el Conde de Villamediana se presentó en palacio en cierta ocasión «avec une enseigne à son chapeau, ou il y avoit un diable dans les flammes, avec ce mot qui se rapportait à lui: *Más penado, menos arrepentido*»[64]. No creo que un hombre tan singular como don Juan descendiera a copiar con pareja puntualidad una invención desde 1511 impresa en el *Cancionero general*:

64. Gédéon Tallemant des Réaux, *Historiettes*, ed. A. Adam, París, 1967, vol. I, p. 187. La Condesa D'Aulnoy parafrasea evidentemente el mismo «mot», cuando narra que Villamediana se apropió una vez la limosna de las ánimas, comentando: «Mi amor será eterno, mis penas serán también eternas; las de las almas del purgatorio acabarán, y esa esperanza las consuela; en cuanto a mí, estoy sin esperanza y sin consuelo ...» (copio la traducción reproducida en Luis Rosales, *Pasión y muerte del Conde de Villamediana*, Madrid, 1969, p. 13). Pero el Padre C.-F. Menestrier, *La Philosophie des images*, París, 1682, vol. II, p. 185, desmiente ya la atribución al Conde y restituye la empresa a Garcisánchez.

Garcisánchez de Badajoz
sacó por cimera un diablo y dixo:

Más penado y más perdido
y menos arrepentido.

Pero sí es probable que dedicara una glosa a la letra en cuestión, y seguro que le obsesionaba y repitió hasta la saciedad una antítesis afín a ella, la antítesis de *pena* y *gloria* [65], que fue clásica en los motes caballerescos y en más de una ocasión debió de llevar unas plumas por divisa (arriba, notas 14 y 46).

En cualquier caso, a Villamediana indudablemente pertenece, claro está, *La Gloria de Niquea* representada en Aranjuez «por la Reina, nuestra Señora, la señora Infanta María y sus damas», en abril de 1622, para festejar los diecisiete años de Felipe IV. *La Gloria de Niquea* llevaba al tablado un episodio del *Amadís de Grecia*, de Feliciano de Silva, con todo el fausto de la nueva escenografía y también con más de un eco del humilde teatro de corral. Pero no la llamemos «comedia»: «en palacio se llama 'invención'», porque «estas representaciones no admiten el

65. La glosa ha sido publicada por L. Rosales, *op. cit.*, p. 17 (quien conjetura que, de ser de Villamediana, «pertenecería a la primera época del Conde»). El mote de Garcisánchez (*Cancionero general*, fol. CXLIII) ahí glosado lo recuerdan asimismo Andrés Rey de Artieda, *Discursos, epístolas y epigramas de Artemidoro*, ed. A. Vilanova, Barcelona, 1955, p. 9, y Alonso López Pinciano, *Philosophía antigua poética*, ed. A. Carballo Picazo, Madrid, 1953, vol. I, p. 300; también Lope de Vega, pero no doy ahora con el pasaje a que aludí en «Villamediana, octava de gloria», *Ínsula*, núm. 282 (mayo de 1970), p. 13. Mote y divisa se representan además en la techumbre del castillo de Dampierre-sur-Boutonne, de hacia 1550; cf. G. de Tervarent, «De la méthode iconologique», *Mémoires de l'Académie Royale de Belgique, Classe des Beaux-Arts*, XII (1961), fasc. 4, pp. 34 y sigs.; J. Castillo, ed. cit., p. 9, n. 1, y J. Van Lennep, *Arte y alquimia*, Madrid, 1978, fig. 178.

Como digo, el recurso a la mencionada antítesis es continuo en Villamediana: «en la gloria lo acerbo de la pena, / no ha de poder faltarme en pena gloria» (*Obras*, ed. J. M. Rozas, Madrid, 1969, p. 80), «puestos gloria y pena en su balanza» (p. 82), «pues en la mayor gloria del sentido / halla causa de pena el sentimiento» (p. 152), y así a cada paso, en todos los metros y géneros.

nombre vulgar de 'comedia', y se le da de 'invención'» [66].

Villamediana, pues, se nos aparece exactamente en el ámbito que acabo de esbozar: entre «invenciones y letras de justadores», barajando conceptos del *Cancionero general*, reviviendo —con la propia Reina de protagonista sin voz— escenas de los libros de caballerías de Feliciano de Silva en piezas llenas de novedades materiales, pero que «en Palacio» se resisten a llamar de otro modo que con el rancio término de «invenciones» (arriba, p. 183, n. 21), porque para los nietos del Condestable de Castilla y el Vizconde de Altamira no difieren sustancialmente de los viejos entretenimientos caballerescos. No entenderemos por qué perduraron los textos, si se nos escapa cómo sobrevivió el contexto.

66.   Según explica Antonio Hurtado de Mendoza, a propósito de *La Gloria de Niquea*, en la relación de la *Fiesta que se hizo en Aranjuez...*, en *Obras poéticas*, ed. R. Benítez Claros, Madrid, 1947, vol. I, pp. 22 y 7. El texto de la pieza de Villamediana figura ahora en su *Poesía impresa completa*, ed. J. F. Ruiz Casanova, Madrid, 1990, pp. 1.149-1.227.

Adición de última hora

En las páginas anteriores he insistido en que la *pena* de marras «hubo de ser comunísima en las invenciones». Cuando el presente libro estaba ya compaginado por entero, Pedro M. Cátedra me lo confirma alargándome nada menos que otra media docena de ejemplos procedentes de un solo texto: las *Obras* de Moner *nuevamente imprimidas* en Barcelona, en 1528, alrededor de cuarenta años después de la muerte del autor. En una *Momería concertada* ahí inserta (fols. Eij vo.-Eiij; elimino los catalanismos gráficos), los seis caballeros que la protagonizaban aparecían «dentro de un cisne» tocados con «sombreretes franceses y penas negras» y con los rostros «cubiertos de velos negros», «cada cual con su letra, y todos sobre las penas, con sus achas también negras».

*Los motes o letras fueron estas que se siguen,
sobre las penas:*

No me da pena la pena,
mas pensar quién me condena.

La mía por ser publica
ya s'estima,
mas lo secreto lastima.

Es mi pena tan crescida,
tan grave, biva y fuerte,
que su vida me da muerte.

Entre las penas, la pena
que más me pena y aquexa
es porque bivir me dexa.

Que, si della se sirvyera,
aun porque ella muriera
no me diera.

Si del bien de su servicio
mi vida no se templara,
con estas me igualara.

Conviene notar que las mentadas *penas*, y precisamente en tal forma, adornan «sombreretes franceses», como en los *Hechos del Condestable don Miguel Lucas* las «penas y veneras» iban en «sonbreros de Bretaña». No se olvide que, «tratándose de modas que arraigaron, en muchos casos decir 'a la francesa' sería lo mismo que decir 'a la última moda'... Si buscamos el origen de las que en España se llamaban modas 'francesas', debemos prescindir del concepto actual de Francia y 'francés'. El centro creador que influyó en nuestro gótico final, en la moda como en el arte, estaba en las tierras que formaban los dominios de los Duques de Borgoña...» (Cito a Carmen Bernis Madrazo, *Trajes y modas en la España de los Reyes Católicos*, Madrid, 1978-1979, vol. I, p. 30, entre multitud de otras noticias al respecto; una muestra de «sombreretes franceses» guarnecidos con grandes plumas, en el vol. II, fig. 109, y vid. p. 38.)

También como en los *Hechos de don Miguel Lucas*, los sombreros y las *penas* en cuestión se lucen en unos momos. El *momo*, escribe don Eugenio Asensio, «era a un tiempo una mascarada y el enmascarado que en ella iba. Los enmascarados eran la flor de la corte, desde el rey hasta el paje, y desplegaban un lujo asiático en vestidos y joyas. La tramoya y montaje requería artistas inventivos, casi ingenieros teatrales... Los momos tomaban sus argumentos ordinariamente del mundo caballeresco... De la maravillosa abertura imaginativa del comienzo saltaban con desenfado a la crónica mundana, a los galanteos de damas y galanes allí presentes. Parecía que la raza de los caballeros andantes y de los grandes enamorados encarnaba en los asistentes al serão» («De los momos cortesanos a los autos caballerescos de Gil Vicente» [1958], en sus *Estudios portugueses*, París, 1974, p. 33; vid. igualmente P. M. Cátedra, «Teatro fuera del teatro», en prensa en las actas del I Festival de música y teatro medieval celebrado en Elche en noviembre de 1990).

Las coincidencias entre los testimonios de Moner y de los *Hechos* corroboran que nuestras azacaneadas *penas* surgieron «en un área próxima a la heráldica y a la indumentaria, como ellas a imagen y semejanza de los usos de Francia y asimismo elemento primario de la vida caballeresca».

Nota complementaria:

UNA TORRE POR CIMERA

«¿Dó son consumidos los galanes trajes de los torneos y justas en favor de vuestras amigas hechos? ¿Dó las luzidas invenciones …? ¡Oh, qué desaventura es acordarnos de tantas glorias pasadas!» Los aficionados a la literatura del largo otoño medieval no pueden sino compartir la queja y las preguntas del Rey de Persia «a los amantes d'Espanya», en el *Triunfo de Amor* de Juan de Flores (BNM, ms. 22019, fol. 30). Porque en la Península escasean las reliquias y aun los testimonios gráficos de los «paramentos, bordaduras y cimeras» que daban realce a «las justas y los torneos» y que, junto a «las danças y música haziendo días de las desveladas noches» (habla de nuevo Juan de Flores), convertían las fiestas caballerescas en cifra espectacular de *todas* las artes. El verso y —quizá más— la prosa narrativa del período con frecuencia están concebidos en esa misma clave. Por ahí, sin una idea adecuada de las celebraciones cortesanas cuesta entender el uso y la graduación de sugerencias plásticas, musicales y poéticas en muchas páginas de entonces; y, desde luego, a falta de imágenes de las *devisas*, no siempre es fácil apreciar según cumpliría las *letras* o *motes* pródigamente conservados. Desmañado e ingenuo, así, no carece de curiosidad el dibujo que ahora publico (un pelo reducido) en el encarte. Figura en el pergamino aprovechado para la encuadernación de un libro quinientista (de donde se lo robé a un amigo resignado); la tinta, débil, ha requerido la ciencia extraordinaria de Gonzalo Menéndez Pidal para dejarse reproducir tolerablemente. O los dedos se me hacen huéspedes o tal rasguño refleja (toscamente) una de las especies de *invención* más estimadas en la vieja España: una de esas complicadas combinaciones de morrión y cimera, con acompañamiento de entre uno y cuatro versos (a veces, glosados aparte) que eran el orgullo de los justadores. No en balde Ponç de Menaguerra prescribe a *Lo cavaller*: «sobre tot, bella cimera, la letra de la qual, si serà ben acertada, en moltes parts escrita la done, en lo primer arremetre, a les gents, que saber la declaració de les invencions naturalment desigen». (¡Y quién le iba a decir a Aristóteles que la *Metafísica* se vería envuelta en parejas frivolidades!) Hubo cimeras aplaudidas durante siglos: el yunque de Fernando el Católico, el diablo de Garcisánchez de Bajadoz o —posiblemente en primer término— la noria del Conde de Haro y don Jorge Manrique. Otras, por adocenadas, no podían soñar con semejante destino. La vida guerrera y la tradición literaria, por caso, multiplicaron los almetes y cimeras con motivos de arquitectura militar y, anejas, las letras en torno al inevitable *Chastel d'amours*. Poco ingenio argüía echar manos de cosas por el estilo (como la muralla del Vizconde de Altamira, pongamos), salvo para introducir alguna variación llamativa: la «torre haziendo almenaras» de cierto Estúñiga, «una puente levadiza» que sacó «otro galán» (todavía en el *Cancionero general*), o, con alegoría doblada, los «castillos de cartas» de Camilo de Leonís (en la *Cuestión de amor*). El morrión y la cimera de nuestro apunte caen en ese terreno harto trillado. No hay gran riesgo en suponer que tampoco el mote correspondiente revelaría demasiada originalidad: de Macías a *La Celestina*, docenas de textos enseñaban a apurar las correspondencias simbólicas de cualquier especie de recinto fortificado —para el ataque o la defensa— con el Amor, el amante o la amada. Un detalle nos invita a elegir, de entre tantas posibles, una interpretación relativamente precisa para el alcázar ahora estampado: los proyectiles que lanza. En la poesía cancioneril —madre o hermana mayor de toda *letra de invención*—, en efecto, cuando el torreón se presenta a la ofensiva, suele ofrecerse como trasunto de la dama, dispuesta a «ferir desde los muros / con fonda de fermosura» (Gómez Manrique), con «la gran pedrería de su menosprecio», con el mortal «trabuco de su señoría» (Barba). Quien a vista del grabado objete (obscenidades aparte) que el «Castillo de amor» manriqueño enarbola la insignia del galán, deberá advertir que, si ahí ondea «un estandarte / que muestra por vasallaje / el nombre de su señora / a cada parte», con mayor razón habrá otro tanto en la ciudadela de la dama.

ÍNDICE DE NOMBRES *

* Al cuidado de Sebastiano Burba.

TABLA